EL ADULTERIO

¿Qué hago?

DAVID HORMACHEA

EL ADULTERIO

¿Qué hago?

GRUPO NELSON
Una división de Thomas Nelson Publishers
Desde 1798

NASHVILLE DALLAS MÉXICO DF. RÍO DE JANEIRO BEIJING

Publicado en Nashville, Tennessee, Estados Unidos de América.
Grupo Nelson, Inc. es una subsidiaria que pertenece
completamente a Thomas Nelson, Inc.
Grupo Nelson es una marca registrada de Thomas Nelson, Inc.
www.gruponelson.com

Diseño de la portada: *Chris Ward*
Fotografía de la portada: ® *iStock / Dreamstime*

Diseño al español: *Grupo Nivel Uno, Inc.*

ISBN: 978-1-60255-365-1
Impreso en Estados Unidos de América
09 10 11 12 13 HCI 9 8 7 6 5 4 3 2 1

Contenido

Dedicatoría

No sé si alguna vez habrá leído un libro dedicado a los pecadores, pero si no lo ha encontrado, le presento este. Quien escribe es un amante de la Palabra de Dios y de su gracia, las cuales nunca pueden separarse. Si usted exprime la Biblia, saldrán incontables gotas de gracia; pero si la hojea, descubrirá miles de historias de pecado.

Al terminar de escribir me pregunté: ¿A quién le dedico un libro sobre un pecado tan común y tan serio como el adulterio? Por supuesto, no quería poner un nombre conocido, aunque vinieron muchos a mi mente. Podría habérmelo dedicado a mí, pero ningún autor se dedica su obra a sí mismo, o podría haberla dedicado a los cientos de pastores que me han consultado sobre el tema, y que han caído en las garras de tan tierno monstruo. O a las víctimas de un pecado que las ha dejado agonizando, o a quienes están atrapados en los dulces brazos y hermosas palabras de una relación amorosa pecaminosa, o a quienes están en peligro pues están siendo seducidos por la popularidad y simpatía de sus líderes, o por mujeres que buscan un hombre que las ame y las estimule, aunque no sea su marido. Sin embargo, decidí mejor dedicarlo a algunas personas, con nombre y apellido.

Dedico mi libro al adúltero mental, al adúltero posible, al adúltero atrapado, al adúltero escondido, al adúltero arrepentido y al adúltero rebelde. Si usted no cae en ninguna de estas categorías, prometo dedicarle mi próximo libro sobre los mentirosos.

Hablando en serio. Todos enfrentamos la posibilidad de adulterar, por lo que todos nos preguntamos: ¿Qué hago? En este libro ofrezco algunas respuestas. No pude encontrarlas todas, solo hay Uno que las tiene.

Introducción

Escribir esta obra fue una de las tareas más difíciles que jamás haya enfrentado pero, a la vez, una de las expresiones más honestas de mi vida, de nuestras vidas y de nuestra realidad como iglesia. He sido consultado tantas veces por tantas personas, que estoy convencido de que los pecados relacionados con nuestra sexualidad son sorprendentemente comunes. La tentación sexual es una realidad que todos vivimos, que todos quisiéramos evitar; y un tema del que pocos hablan con sinceridad, en forma directa y admitiendo su propia realidad.

Este libro no es un manual que entrega una serie de pasos que le asegurarán el triunfo sobre las tentaciones, sino un examen de nuestra realidad, una evaluación de nuestra humanidad, una mirada a nuestra pecaminosidad e imposibilidad de vivir una vida de santidad total. Además, presenta una serie de sugerencias y consejos bíblicos para luchar con todas nuestras fuerzas de modo que evitemos uno de los pecados que produce las más terribles consecuencias.

Creo que existen pasos que debemos dar, hay formas de protegernos, existen actitudes y acciones que debemos elegir, y que nos ayudan a evitar ser tan vulnerables, pero también debemos comprender que cualquier descuido, cualquier experiencia en la que se junten una serie de elementos peligrosos, puede provocar nuestra caída.

Estoy convencido de que todos somos vulnerables y de que existen situaciones en que todo parece juntarse para que se dé el momento preciso para nuestra caída. De esa trampa muy pocos se salvan. Cuando debido a nuestras ocupaciones decidimos no dar prioridad a nuestra intimidad con Dios, cuando somos jóvenes inexpertos, cuando atravesamos la crisis de la mediana edad, cuando hemos tenido una etapa planificada u obligada de abstención en nuestras relaciones sexuales, cuando nos encontramos con una mujer que es el prototipo de persona que nos agrada y nos atrae, y cuando somos atractivos para esa mujer que se encuentra en la misma situación que nosotros, nos encontramos en el momento más vulnerable, en el que precisamente Satanás influenciará nuestros pensamientos para motivarnos a tomar las decisiones más terribles.

Seguramente muchos quisieran que los pecados sexuales fueran definidos por el presidente Bill Clinton, que declaró bajo juramento que no había tenido relaciones sexuales con Mónica Lewinsky, pero después explicó que él no consideraba que el sexo oral estuviera dentro de la categoría de relaciones sexuales. Por ello él, de acuerdo a su definición, nunca cometió acto de adulterio. Pero Jesucristo dijo algo muy diferente, y puso una barrera que es imposible de saltar sin su ayuda soberana.

Lamentablemente, para las pretensiones de quienes quieren pecar, o para quienes quieren ver la paja en el ojo ajeno, y excusarse de pecados sexuales, solo porque no han tenido relaciones sexuales físicas, nuestro espejo no es la definición clintoniana de adulterio o relación sexual, sino la estricta definición de Jesucristo.

Jesucristo declara que todo el que mira a una mujer y, por lógica, toda mujer que mira a un hombre para codiciarlo en su corazón, ya cometió adulterio, y cuando realizó tan drástica declaración nos puso una seria imposibilidad.

Piensen en las siguientes preguntas: ¿Existirá alguna persona que nunca, en toda la historia de su vida, haya apetecido, anhelado, ambicionado, repetido pensamientos sobre la posibilidad de acariciar, besar el cuerpo o una parte del cuerpo de una persona que no es su cónyuge? ¿Existirá alguna persona que nunca se ha masturbado, que nunca ha tenido pensamientos impuros, que nunca ha visto páginas pornográficas, que nunca ha codiciado a una mujer seductora y desnuda de una revista pornográfica? Si usted nunca ha pensado dos o tres veces en una parte del cuerpo de una mujer, o no ha pensado algunas veces, y con codicia, en un hombre amoroso que le ayudó, respetó, abrazó, acarició cuando usted se sentía despreciada, cuando más necesitaba; si nunca ha mirado dos o tres veces, imaginándose algo no debido, entonces, nunca ha cometido adulterio. Pero, si nos evaluamos pensando en la detallada descripción del adulterio que realizó Jesús, ¿habremos pecado todos los que en algún momento hemos suspirado, hemos disfrutado la compañía de alguna persona y luego anhelado volver a verla, y pensado en —y deseado a— esa persona, o tocado su mano o abrazado, besado en la mejilla con un deseo y una sensación diferente del saludo normal de los sentimientos naturales que experimentamos cuando nos relacionamos con la mayoría de las personas?

Debo confesar una vez más que soy un amante del amor divino. Es mi intención que si usted exprime este libro, le saque gotas de amor. El amor divino es maravilloso y, por ello, es mi deseo que perciba que en este libro muestro en forma práctica ese amor incomparable; ese amor que se manifiesta en la misericordia para no destruirnos a todos los que hemos pecado y seguiremos pecando. A quienes hemos dicho cosas que no eran verdad, pensado cosas que no deberíamos y actuado de una forma que Dios rechaza. ¿Usted no?

Deseo que en mi escrito vea la gracia de Dios, esa gracia sublime que permite que quienes hemos pecado sigamos ministrando, y que quienes pecan reciban protección y cuidado divino, a pesar de sus errores. Esa gracia sublime que permite nuestra restauración y restitución, que permite que se reinicie el matrimonio de quien adulteró. Quiero que también vea otro atributo del amor que es la justicia divina. Esa justicia que condena el pecado, que disciplina a los desobedientes; y permite consecuencias dolorosas a quienes han decidido rebelarse. Esa justicia que a veces aleja a un cónyuge que decide permanecer en adulterio y que deshabilita a un ministro para seguir ministrando. Quiero que en este libro vea que, mediante su gracia, Dios nos da lo que no merecemos; que mediante su misericordia no nos da lo que merecemos y que mediante su justicia nos da lo que merecemos.

Debido a mi profesión, he escuchado cientos de experiencias como las descritas. Tengo el privilegio de ser consejero familiar, escritor y conferencista sobre temas de familia, y por ser hombre de radio y pastor reconocido y respetado, usted no se imagina la variedad de preguntas y consultas que recibo. Jóvenes, adultos, solteros, casados, personas en proceso de caer en adulterio, personas que han caído, personas que no pueden olvidar su pecado, personas que desean confesar, personas que tienen pensamientos codiciosos, pastores, políticos, personas que fueron engañadas por sus cónyuges, personas que se han separado por el pecado y desean volver a su relación matrimonial, personas que han sido heridas pero que piden una nueva oportunidad, y otros que no quieren volver, líderes de congregaciones, integrantes de juntas administrativas de las congregaciones, todos, en algún momento, en distinta circunstancia, me han preguntado lo mismo que yo me he planteado en algunas etapas y circunstancias de mi vida: ¿Qué hago?

He examinado mi vida y me he dado cuenta de que tengo muchas respuestas, y que con un poco de esfuerzo puedo encontrar en la Biblia las que no conozco, pero no tengo respuesta para saber cómo podemos dominar, siempre y en toda circunstancia nuestra naturaleza pecaminosa.

Si usted piensa que estoy abriendo la puerta para que quienes lean este libro entiendan su imposibilidad y se inclinen a la pecaminosidad, permítame decirle que está equivocado. Alguien con mucha sabiduría dijo que si uno predica acerca de la gracia y no hay alguien que quiera aprovecharla, realmente no ha predicado de la gracia. Estoy seguro de que lo mismo ocurre al hablar clara y francamente de nuestra realidad en la vida sexual.

Sé que algunos inmaduros podrían pensar: «El pastor Hormachea también ha pecado y ha admitido que ha cometido pecados sexuales, entonces ¿quién soy yo para no cometerlos?» Otros dirán que mi escrito abre las puertas para más caídas. Por supuesto que siempre habrá personas que querrán utilizar cualquier excusa para seguir pecando o justificar sus pecados; pero no creo que deba ser una razón para evitar hablar, reconocer y admitir nuestra pecaminosidad. Quienes quieren vivir en sus pecados y no vivir una vida de victoria, siempre hallarán excusas para ser dominados por sus debilidades; pero quienes aman a Dios genuinamente, y desean vivir santamente, al conocer que el problema es generalizado, y no solo personal, y entender la realidad que vivimos, estarán más preparados para enfrentar su tendencia a la maldad.

Usted que me está leyendo, acompáñeme en mi intento de hablar con honestidad, sencillez y profundidad acerca de nuestra inevitable realidad. Aprenda a identificar con claridad a un enemigo al que mientras menos conocemos y más negamos, más vulnerables nos volvemos. En mi escrito hablaré sobre algunos pasos bíblicos que todos debemos dar, aunque no son fáciles de implementar, pero son el único medio establecido por Dios para lidiar con la pecaminosidad que se manifiesta con tanta regularidad e insistencia en nuestra sexualidad.

Capitulo 1

NUESTRA PECAMINOSIDAD: UNA REALIDAD INNEGABLE

La pregunta no es si vamos a pecar o no,
sino en qué momento lo haremos;
y si estamos dispuestos a reaccionar erróneamente,
produciendo peores consecuencias y más destrucción,
o humilde y bíblicamente y buscando nuestra restauración.

Mientras más examino mi Biblia, más extraordinaria me parece la revelación divina. Mientras más estudio a mi Dios, más me sorprende su amor, su gracia y su misericordia. Mientras más estudio las demandas divinas para nosotros los pecadores, más me convenzo de la imposibilidad de tener una vida que nos permita alcanzar la salvación y de la dificultad de llevar una existencia que por nuestros esfuerzos y nuestra santidad nos permita mantener la salvación recibida. No podemos ganar, mantener ni pagar nuestra salvación.

Cuando leo versículos como este, me veo forzado a pensar en los elevados estándares divinos:

> *Pero fornicación y toda inmundicia, o avaricia, ni aun se nombre entre vosotros, como conviene a santos.*
>
> —Efesios 5.3

Me encanta saber que Dios nunca olvida lo que a menudo olvidamos nosotros. Él nunca olvida que no podemos vivir en perfección y que nuestro caminar por el mundo incluirá una serie de pecados. Dios nunca olvida que vamos a fallar. Nosotros casi lo olvidamos ya que constantemente nuestros propios momentos pecaminosos nos recuerdan nuestra realidad. Es en esos momentos cuando deseamos ser perdonados. Quien cayó en adulterio y está arrepentido sinceramente, anhela que su cónyuge recuerde que es un ser humano pecador, pero cuando nuestro cónyuge cae en adulterio tendemos a olvidar que también fallará, que también pecará. Dios nunca olvida que la maldición del Edén es permanente y demoledora.

En nuestros sueños sobre la vida matrimonial tendemos a olvidar nuestra pecaminosidad y la inmensa necesidad de una confesión regular y el perdón periódico. Mientras disfrutamos de nuestra espiritualidad, tendemos a olvidar nuestra pecaminosidad; y en nuestros anhelos por tener matrimonios bíblicos, saludables y ejemplares —especialmente los ministros— olvidamos que tenemos que trabajar largas jornadas, como producto de la maldición del Edén, y que nos cansamos. Casi olvidamos que tendremos tendencia a enseñorearnos de nuestras esposas y que ellas tenderán a tomar nuestro lugar de liderazgo y autoridad, que los deseos de la carne, los deseos de los ojos y la vanagloria de la vida nos conducirán a hacer lo que no queremos, y a no hacer lo que debemos.

Este es un libro que nos recuerda nuestra humanidad, no solo hace un llamado a la santidad. Es una obra que nos recuerda que sin Dios y su poder, sin los medios de gracia y nuestro esfuerzo personal, no podemos vivir en santidad; y que a pesar de nuestros mejores esfuerzos, todavía caeremos.

Este libro nos recuerda que tenemos una naturaleza pecaminosa que se manifiesta en pecados. En nosotros, los hombres, en una fuerte tendencia a disfrutar de las pasiones sexuales y la conquista de nuevas ideas, trabajos, automóviles, cosas y personas. En las mujeres, una fuerte tendencia a la vanidad, la búsqueda de la belleza, el deseo de poseer cosas bonitas, la fuerte presión a preocuparse por su figura para ser queridas y admiradas. Cuando limitamos esas tendencias a sabios principios y encontramos la satisfacción dentro de la relación conyugal, podemos tener una relación grandiosa; pero cuando el cansancio, la depresión, la inmadurez juvenil, la crisis de la mediana edad, la menopausia, la maternidad, la vejez van haciendo estrago en nuestras vidas, nos convertimos en personas vulnerables. Nunca he visto un libro sobre adulterio, escrito en español ni por un autor hispano. Es posible que exista y que no lo haya visto; o no he puesto la debida atención, pero no creo que me equivoque si me imagino que son escasos. ¿Se ha preguntado por qué? Cuando me hicieron la propuesta para escribir este, pasó por mi mente una ráfaga de pensamientos. Cuando acepté la propuesta, seguí pensando mucho más en el inmenso desafío que había aceptado. Sin duda, este es uno de los pecados más destructivos, uno de los que generan consecuencias más terribles; y además, es más común de lo que uno se imagina.

Tiempo atrás las editoriales me pidieron tres títulos sobre libros que deseaban que escribiera, en algún momento conversamos sobre un tema que había estado trabajando: el adulterio. Cuando se concretó el pedido, precisamente, los canales de televisión daban la noticia del triste rompimiento de los votos de castidad del querido y respetado sacerdote Alberto Cutié. Ese fin de semana había conversado con un amigo que me contaba con tristeza sobre la caída en adulterio de un prominente líder evangélico de la Florida, un pastor a quien no he tenido el privilegio de conocer, pero por quien he orado para que se someta al proceso bíblico con humildad y dé todos los pasos necesarios para que un liderazgo sabio lo guíe bíblicamente hasta que llegue al momento de ser restaurado. También, justo unos días antes de entregar mi escrito a la editorial, apareció la noticia de la visita a su amante en Argentina de uno de los gobernadores republicanos de los Estados Unidos.

Después de ver la entrevista al sacerdote Cutié, pensé en lo difícil que debe ser para los sacerdotes mantener su celibato y me imagino que muchos de ellos son fieles a sus votos hasta la muerte. Además, pensé en que —a medida que pasan los años— no siempre estamos dispuestos a cumplir los votos o compromisos que hicimos en el pasado, pues todos vamos cambiando, experimentando cosas diferentes y dejando de creer otras que antes defendimos.

La experiencia de un hombre público, como el sacerdote Cutié, nos pone a todos a pensar. Vi a algunas personas condenarlo con cierto dejo de odio, lo que de ninguna manera es correcto. Pero tampoco lo es no responder sabiamente después de haber cometido un acto de adulterio. Creo que cuando uno ha sido sorprendido en pecado, y está arrepentido, es mucho mejor dominar su carácter y mantener una actitud de dolor, humildad y contrición debido al arrepentimiento. Algunas personas me comentaron que no vieron eso en él, aunque sí creían que el sacerdote expuso una buena explicación de su realidad.

Ese tipo de entrevistas llama la atención pública, pero no creo que sea la mejor forma de enfrentar la situación.

La entrevista mostró la realidad que todos vivimos. Creo que aunque tal vez no todos, la mayoría aceptamos que los seres humanos vamos cambiando y que nuestras convicciones van en un proceso de transformación. Las convicciones del sacerdote cambiaron. Cuando joven creía que podía cumplir con el celibato y realizó su sincero compromiso, pero el tiempo y el enamoramiento le demostraron que no podía.

Es fácil decir por qué cambió si tenía un compromiso con Dios, pero si pensamos que todos hemos cambiado algunas convicciones adquiridas en la juventud, podemos comprender más su situación. Es fácil preguntarse, si habían cambiado sus convicciones y se había enamorado, ¿por qué no renuncio a su sacerdocio, se retiró de la iglesia y se casó? Eso hubiera sido lo correcto pero, como él mismo señaló, es fácil mirar atrás y criticar un error, pero es difícil mantener su compromiso de fidelidad cuando ha llegado al corazón una profunda y sincera atracción.

El poder de la atracción puede movernos a ignorar toda convicción, y lo hermoso del enamoramiento puede llevarnos a todos a un terrible acto de rebelión. Las personas más consagradas a Dios, podemos elegir la maldad en un momento de debilidad y ni usted ni yo somos la excepción.

Las personas sinceras, con grandes valores morales; los que amamos a nuestras familias, a nuestro cónyuge y a Dios, en algún momento nos dejaremos seducir por nuestras propias pasiones. Nuestra motivación diaria debe ser luchar contra el pecado, aunque a veces pequemos, nuestra actuación sabia debe ser arrepentirnos y restaurarnos bíblicamente todas las veces que actuemos de manera pecaminosa.

Creo que las personas sinceras, los que amamos a Dios, aun la persona más consagrada en algún momento comete pecado. Las buenas personas, los amantes de Dios, también somos seres humanos que fallamos y, debido a que todos cometemos pecados, y muchos anhelamos tener control de nuestra vida, en muchas ocasiones cuando fallamos nos preguntamos: ¿Qué hago? Como consejero he escuchado esta pregunta en innumerables ocasiones.

Se supone que debido a mi profesión debo tener la respuesta, después de todo, para eso me busca la gente. Me buscan para preguntarme qué hacer cuando han fallado o cuando otros fallan; qué hacer para evitar pecar. Las personas me preguntan qué hacer cuando sufren, cuando reciben mucho dinero, cuando no tienen, cuando están actuando bien y cuando otros actúan mal;

así como cuando otros actúan bien y ellos mal. Le digo la verdad, he realizado mi mejor esfuerzo preparándome bíblica y profesionalmente para tener respuestas sabias que guíen a la gente a ser mejores y a encontrar soluciones efectivas.

Sé que las miles de personas que leen mis escritos, escuchan mis conferencias y los programas de radio, tienen un alto nivel de confianza en mí y en mi consejo; y si mis respuestas son erradas les guiaré erróneamente. Ustedes saben que no lo sé todo, que no soy inmune al pecado y que no acierto siempre, pero también saben que soy sincero y que he compartido con ustedes mis confusiones, mis dolores, aun algunos de mis errores y pecados, y que lucho con todas mis fuerzas para tener respuestas reales y bíblicas.

En muchas ocasiones también me he preguntado: ¿Qué hago? En unas he buscado la ayuda profesional y en otras me he quedado con la pregunta y he tomado decisiones arriesgadas. No siempre sé todo lo que tengo que hacer, pero reflexiono; es más, cuando joven —y en muchas ocasiones— tomé decisiones que me llevaron a cometer pecados, y aunque hoy me siento más fuerte, más preparado, no creo ser inmune al pecado.

Mientras cruzábamos ideas sobre el título de este libro, se me ocurrió simplemente: «Adulterio: ¿Qué hago?» Y es porque esta es una interrogante que todos nos hacemos, y que muchos me plantean. Las preguntas que he recibido son tan variadas, como variados son los pasos que nos conducen al adulterio.

He escuchado muchas veces preguntas como estas:

—A veces veo a una chica que me gusta y me imagino cosas que no debo, ¿qué hago?

—Hay una amiga con la que me llevo muy bien, pero estoy comenzando a verla con otros ojos; al punto que me he masturbado en tres ocasiones pensando en ella, ¿qué hago?

—Estoy viviendo en victoria, contento, sirviendo al Señor, pero tengo miedo de caer en adulterio, ¿qué hago?

—Me llevo súper bien con un amigo del trabajo, no tengo malos pensamientos, pero no quiero fallar, ¿qué hago?

—Estoy tratando a una compañera de trabajo de una manera especial y me encanta estar con ella, pero no quiero caer en adulterio, ¿qué hago?

—Tengo una relación con mi jefe, no hemos tenido relaciones sexuales pero nos hemos besado en varias ocasiones, ¿qué hago?

—Estoy en adulterio, nadie se ha dado cuenta y estoy comenzando a sentirme incómodo, ¿qué hago?

—Fui descubierto en una relación pecaminosa, ¿qué hago?

—He notado actitudes y acciones sospechosas de mi esposa, creo que tiene una relación peligrosa, ¿qué hago?

—Descubrí a mi cónyuge en el mismo acto de adulterio, estoy destruido. ¿Qué hago?

—Mi esposo me pidió perdón por su adulterio, pero no quiere que vuelva a tocar el tema y no le gusta que le pregunte nada, dice que no quiere que lo controle, ¿qué hago?

—Mi esposo está en adulterio, quiero confrontarlo, pero es muy violento y sé que se irá de la casa y me abandonará. Yo no he trabajado nunca fuera de casa, tengo temor. ¿Qué hago?

—Descubrí que mi líder tenía una relación adúltera, ¿qué hago?

—Nuestro pastor cometió adulterio. ¿Qué hacemos?

—Mi esposo es pastor y está en adulterio, ¿debo decirlo?, ¿debo solo tratarlo con él? ¿Qué hago?

Me imagino que en esta cantidad de preguntas existe por lo menos una que se ajuste a su realidad; y, a la vez, me imagino que la gran mayoría tenemos la respuesta a muchas de esas interrogantes. Le digo la verdad, yo tengo la respuesta a todas, pero puedo asegurarle que mi problema, igual que el suyo, no siempre es la falta de respuestas, sino —en muchas ocasiones— las muchas pasiones y tentaciones. La mayoría de nosotros sabemos lo que debemos hacer, pero la vida sexual es un mundo tan pasional que es imposible que vivamos en total santidad.

Escribir un libro como este es un gran desafío, desafío que acepto porque me brinda otra oportunidad de mostrar lo que soy; otra oportunidad para que me conozca mejor y que una vez más aparezca mi humanidad, mi pecaminosidad, mi profundo amor por el Señor, mi pasión por las Escrituras y mi sinceridad. Después de todo, todos los seres humanos somos así, sea que lo reconozcamos o no.

Si ha leído alguno de mis libros, ya conoce mi estilo y este le volverá a probar que me encanta ver la realidad, condenar el pecado —aun los míos—, sumergirme en la maravillosa gracia de Dios y ser un canal por donde ella fluya hacia mis lectores y radioescuchas.

He notado dos errores con respecto a nuestra relación con los libros. En muchas ocasiones, personas que han estado en mi oficina me han preguntado si he leído todos los libros que están en mi biblioteca. Por supuesto que no. Hay libros de consulta, libros que me han regalado y nunca he leído, libros que he iniciado y no me han gustado y los que he leído de tapa a tapa. El segundo error es pensar que cuando alguien escribe un libro de orientación es totalmente sabio o ha vivido con tal excelencia y ha sido un ejemplo en toda su vida. Por supuesto que no. Por lo menos, no es mi caso. Cuando uno predica, debe predicar todo el consejo de Dios, pero nadie vive todo el consejo de Dios. Existen áreas de nuestra vida en las que nosotros mismos estamos batallando y otras que son ideales, que aún no logramos, pero luchamos con todas nuestras fuerzas por alcanzarlas y seguir mejorando.

Me gusta mostrar la realidad, examinar profundamente la Biblia para entender la verdad, analizar las situaciones para comprender los problemas, admitir mis errores con honestidad y dar consejos útiles para orientar a los demás. Yo escribí *Cómo ser padres buenos en un mundo malo*, *Cómo disciplinar a mis hijos sin abusar de ellos*, y *Padre o progenitor* y en ellos admití que había cometido errores, había aprendido a corregir muchos y escribía para ayudar, pues no quería que mis lectores los cometieran.

En mis libros *¿Conoce usted a su esposa?*, *¿Conoce usted a su esposo?*, y *Para matrimonios con amor*, admití que en algunas ocasiones de mi vida conyugal no había sido el marido que Dios quiere que sea, pero los libros son explicaciones de mis vivencias y mi búsqueda de sabiduría para aprender a vivir.

En *Cartas al joven tentado* y *Noviazgo con propósito* reconocí que aunque llegué virgen al matrimonio, realmente fue por la gracia de Dios, la sabiduría de quien ahora es mi esposa y no solo por mi fortaleza. En *Tesoros de intimidad* y *Sexualidad con propósito*, admití que llegué al matrimonio ignorante de lo que Dios permitía y prohibía, y cometí errores que no quisiera mencionar. En *El asesor familiar* reconocí que en ciertos momentos de mi vida di consejos erróneos, aunque sin mala intención, pero igual de erróneos por mi falta de preparación. Mi libro *La mujer: Sus tensiones y depresiones* me permitió enseñar sobre algunas cosas que no he vivido porque no soy mujer, pero que comprendo por haber estudiado y tener empatía con el mundo difícil que ellas deben enfrentar. Y, finalmente, *Cartas a mi amiga maltratada* fue muy diferente. Nunca he experimentado la violencia familiar, pero tuve que investigar y orientar a las personas sobre los procedimientos, y enseñar a dar pasos que yo nunca he dado.

Durante años de dedicación a escuchar a las personas y orientarlas, he ayudado en pecados que nunca he cometido, he aprendido cosas que nunca he vivido y me he identificado con situaciones, pecados y errores que yo mismo he cometido y que, con la ayuda de Dios y mi esfuerzo personal, he logrado vencer.

Como producto de la evaluación de mis pecados, virtudes, defectos, desafíos, problemas, éxitos y derrotas, y de las mismas realidades ajenas, y como resultado de mis escritos y la aplicación de no todas, pero muchas de las cosas que he enseñado, hoy soy mejor padre, mejor esposo, mejor pastor, mejor amigo, mejor consejero, mejor conferencista y mejor escritor.

Ahora, tengo frente a mí esta nueva tarea. Escribir sobre uno de los pecados más destructivos, sobre una de las situaciones más difíciles de vencer y sobre un pecado que no creo que existan muchos seres humanos que no lo hayan cometido. Si yo le dijera que no he cometido pecados sexuales le mentiría, y estoy seguro de que no me creería. Si le revelo todos mis pecados usted se sorprendería, así como yo me sorprendería de los suyos, y creo que de ninguna manera le ayudaría. Pero si le digo que soy un ser humano, pecador, con un corazón engañoso, con una carne que me lleva a hacer lo que no quiero y una naturaleza pecaminosa que me crea problemas para hacer lo que quiero, entonces, pensará que soy una persona honesta y creíble. Por ello, mi labor como teólogo, como intérprete de las Escrituras, como orientador, es mostrar nuestra realidad, nuestras debilidades, el consejo sabio de la revelación divina, la exhortación amorosa y firme de nuestro Dios, la disciplina y las consecuencias que experimentaremos, los pasos necesarios para la confrontación y el perdón, y la gracia divina que nos permiten nuestra restauración.

Y ahora, manos a la obra. Entre relatos bíblicos, procesos lógicos, detalles técnicos, experiencias propias y ajenas así como consejos divinos, entregaré la orientación para todos los que debemos batallar con nuestra naturaleza pecaminosa. Para quienes deseen tener herramientas para luchar por evitar pecar, para quienes estén en pecado o a punto de caer, para quienes hayan fallado, se hayan arrepentido y busquen restauración, y para quienes sufren la angustia y el dolor por ser víctimas del pecado de un padre o cónyuge que fue vencido por sus pasiones y no pudo soportar las tentaciones. Mi intención es relatar nuestra realidad y mostrar qué debemos hacer cuando nos encontramos en muchos de los casos que he mencionado.

Ni se imagine que no estoy dándole importancia a un terrible pecado como el adulterio, tampoco quiero que crea que mi vida sexual es perfecta y que tengo derecho de condenarle. Lo que sí anhelo es que entienda la realidad; que reciba ánimo e instrucción para luchar con más fortaleza, adquiera mejores herramientas para ser menos vulnerable, reciba consolación y restauración si ha fallado, y sepa qué hacer para actuar con sabiduría, amor, energía y ecuanimidad cuando haya sido la víctima y esté sufriendo las consecuencias de algún acto de pecaminosidad.

Capítulo 2

CUALQUIERA QUE CODICIA A OTRA PERSONA

La impactante descripción del adulterio que Cristo realizó describe lo poderoso de nuestra pecaminosidad. La realidad nos comprueba que es imposible vivir siempre en completa santidad, pero las enseñanzas bíblicas nos ordenan que realicemos serios esfuerzos para utilizar el poder divino, las herramientas bíblicas reveladas para controlar nuestras pasiones y vivir con la más alta moralidad.

Mientras más conozco al hombre, mientras más sincero soy y mientras más estudio la Biblia, más me doy cuenta de lo difícil que es lidiar con las tentaciones sexuales y los terribles efectos de nuestra pecaminosidad.

Mientras más dependemos de los consejos divinos, mientras más admitimos nuestra realidad y reconocemos nuestras tendencias, más posibilidades tenemos de enfrentar con efectividad nuestra situación.

Mientras más conozco a Dios más me deleito en su gracia. Me alegra saber que no hay pecado que nuestro Dios amoroso y misericordioso no pueda perdonar, pero también me complace saber que Él es un Dios justo, y que aunque nos ofrece con amor su perdón, también nos disciplina sabiamente y no siempre elimina las consecuencias de nuestros desvíos.

Hablar del adulterio es hablar de un pecado serio, uno que produce más consultas en mi ministerio y que es difícil de evitar. No existen otras palabras para describirlo. Sin importar las razones que hayan motivado a una persona a cometerlo, es un pecado que necesita ser sacado del corazón y que, debido al enredo emocional de los individuos, casi nunca es una labor sencilla. Por las serias implicaciones que tiene, aun las personas más sinceramente arrepentidas de su caída, requieren pasar por un proceso que no puede ser eludido.

En un caso de adulterio existen por lo menos tres personas implicadas. Esto indica que existirán emociones y heridas que afectarán el desarrollo emocional de todos los involucrados. Por esa y otras razones, no es fácil tratarlo con sabiduría. Siendo que, como es natural, existe una gran confusión de sentimientos, no es fácil que las personas acepten que en un momento tan emocional deban permitir que les guíen los principios bíblicos. No es fácil someterse a los más altos valores morales y tener el más alto respeto por la dignidad de las personas cuando existe una gran presión de los sentimientos.

Los que viven la experiencia de estar o haber estado infatuados, y los que viven el dolor de haber sido engañados saben que es difícil comenzar a pensar bíblicamente y actuar con discernimiento y sabiduría cuando existe tanta cercanía emocional. Es más fácil actuar mal por el mal que nos hicieron y responder mal cuando hemos hecho mal, que responder sabiamente frente a las actitudes pecaminosas que elegimos y las crisis del momento de enamoramiento. Pero esa es precisamente mi labor como consejero. Debo convencerles que dos males nunca producen un bien. Que si hemos cometido un pecado, reaccionar pecaminosamente frente a la confrontación que recibimos es la peor respuesta.

Por medio de este escrito intento que veamos los casos de adulterio como Dios los ve. Intento ser lo más objetivo posible, pero sé que no será nada fácil aceptar lo radical de la posición divina, porque aun para mí es difícil comprender la forma como actúa Dios. Sin embargo, no existe otra manera de tratar un conflicto de esta naturaleza. La única forma saludable es la que Dios ha establecido en su Palabra. Quisiera que existiera un camino más fácil para salir de un problema tan complicado, pero después de investigar con profundidad no he encontrado otro mejor que este.

Quisiera que existiera un camino más fácil para salir de un problema tan complicado como las relaciones de adulterio, pero después de investigar con profundidad en la Palabra de verdad no he encontrado otro mejor que aceptar sus pecados, luchar con sus sentimientos y someterse a la Palabra de Dios y sus mandamientos.

Jesús era el comentario del pueblo y todos querían escucharlo, verlo y aun tocarlo. Las multitudes le seguían y los discípulos se convirtieron en personas populares. Jesús sabía que tenía que enseñarles profundamente y prepararlos para que no actuaran como los líderes de este mundo, por lo que decidió llamarlos a un lado para enseñarles. Les advirtió que no esperaran fortuna y popularidad, sino más bien aflicción y dificultades. Jesús enseñó como ninguno y le dio profundidad a las enseñanzas que los religiosos habían limitado. Estas enseñanzas del Sermón del Monte eran profundas y se ven como un código de ética para los discípulos y una norma de conducta para todos los creyentes.

Jesús estaba presentando un contraste entre los valores temporales y mundanos con los que trascienden, los valores eternos. Los discípulos podrían darse cuenta de la fe superficial de los religiosos y la fe práctica y profunda que deben tener los verdaderos creyentes. Además, Cristo les da a entender que las expectativas del Antiguo Testamento se cumplen en el Nuevo. Jesucristo enseñó que los cristianos debemos vivir con una ética superior, y que al ser parte del reino de Dios teníamos demandas del Rey. Cristo enseñó que necesitamos una piedad totalmente distinta y no una versión más legalista e intensa que la de los religiosos.

En los versículos 21 al 26 de Mateo capítulo 5, se nos enseña que asesinar es un pecado terrible que debe ser sancionado y que los cristianos deben evitarlo. Pero también enseña que la cólera, la ira que nos mueve a pensar con odio y que nos lleva a imaginarnos el mal para la persona que tenemos en mente, también viola el mandato divino a amar. Esa amargura que crece en nuestra mente y nos mete luego en el tormento es una emoción peligrosa que puede llevar a la pérdida del control y del dominio propio, y motivarnos a actuar con violencia. Ese espíritu de odio que está en nuestra mente no nos permite tener una saludable relación con Dios, no desarrollamos un espíritu agradable para Él. Podríamos decir que la persona puede sentirse orgullosa de no concretar sus pensamientos de ira pues desarrolló bien su dominio propio, pero Jesucristo pone una barrera muy alta cuando dice:

> *Oísteis que fue dicho a los antiguos: No matarás; y cualquiera que matare será culpable de juicio. Pero yo os digo que cualquiera*

> *que se enoje contra su hermano, será culpable de juicio; y cualquiera que diga: Necio, a su hermano, será culpable ante el concilio; y cualquiera que le diga: Fatuo, quedará expuesto al infierno de fuego.*
>
> —Mateo 5.21-22

Jesucristo enseña que seremos juzgados si asesinamos a una persona, pero también si solo tenemos dominio propio para no cometer el asesinato y guardamos los pensamientos de maldad en nuestra mente. El dominio propio es bueno, pero quiere que dominemos nuestros pensamientos pecaminosos.

Luego Jesucristo enseña sobre el adulterio. La Ley del Antiguo Testamento dice que no se puede tener relaciones sexuales con otra persona que no sea su cónyuge (Éxodo 20.14). Recuerde que este es uno de los Diez Mandamientos. Pero Jesús dijo que los pensamientos que motivan nuestro deseo de tener esas relaciones indebidas con otra persona son adulterio mental y un pecado. Al igual que su enseñanza sobre el asesinato, Jesús dice que si el acto de acostarse y tener relación sexual con otra persona que no sea nuestro cónyuge es adulterio, también lo es la intención de tenerla. Cristo demanda que seamos fieles con nuestro cuerpo, pero también con nuestra mente. Por supuesto que no está condenando el interés natural por el sexo opuesto, ni tampoco condena el deseo sexual dentro de los principios divinos, sino el permitir en forma deliberada y repetida, como en los actos de pornografía, o en la masturbación por tener que usar su imaginación, o en la codicia del cuerpo o de un encuentro amoroso con una persona que ha encendido nuestra lujuria.

Cristo enseña que pensar y crear fantasías que al hacerse realidad son pecaminosas, estamos cometiendo adulterio. El acto pecaminoso es más terrible y trae peores consecuencias que el pensamiento pecaminoso, por eso no debe consumarse. Sin embargo, el pensamiento pecaminoso trae como consecuencia actos pecaminosos y por eso debemos luchar por no permitirlos. Peca quien permite el pensamiento y peca quien lo lleva a cabo.

Es pecadora la mujer que se acercó a su jefe o a su pastor sin ninguna intención pecaminosa, que sirve muy bien en la congregación o es una excelente secretaria, pero con el paso del tiempo, y debido a sus problemas personales y conyugales, comienza una cercanía peligrosa. Entonces comienza a mirar diferente, a comportarse más cercana, a ser más coqueta, a vestirse diferente, a pensar en él cuando está lejos, a buscar un acercamiento más largo, a pasar más tiempo con él, a hacer chistes sexuales e iniciar una serie de fantasías que no terminan.

Es pecador el amigo, el pastor, el jefe que comienza a mandar mensajes de texto sexuales, que hace llamadas fuera de las horas de trabajo, que manda notas amorosas y que se despide y saluda con besos y abrazos más tiernos y sensuales. Es pecadora la persona que tiene fantasías sexuales y se excita con abrazos aunque no unan sus órganos genitales, como quienes completan sus relaciones sexuales.

Pecados mortales y veniales

Algunos, por sus antecedentes en la religión romana, tienden a distinguir entre pecados veniales y mortales, restando importancia a los que consideran sencillos, y condenando sin misericordia a los que piensan que son graves, especialmente cuando ellos no los cometen. Tendemos a buscar la justicia divina para los pecados ajenos y misericordia para los nuestros. Y lamentablemente, algunos, cuando leen libros como este, tienden a mantenerse en su flirteo y envolvimiento emocional por considerarlo un pecado venial y no un pecado grave o mortal. Sin embargo, quien así actúa es un abusador de la gracia divina, por lo que le aconsejo que se evalúe para ver si realmente es un hijo de Dios salvado pues, aunque los hijos verdaderos caen en pecado, no se deleitan en él.

Ningún pecado es mortal porque pueda destruir la gracia de Dios. No son pecados mortales en el sentido de que pueda hacernos perder la salvación, sacarnos del estado de la gracia y tener que recurrir a todo otro sistema para poder volver a recuperar la salvación. Ningún pecado es mortal en el sentido de que pueda destruir la gracia de Dios, pero hay pecados que son mortales porque su efecto es tan dañino que puede llevarnos a la muerte física.

Debemos recordar entonces que el pecado ocurre cuando hemos perdido el blanco, cuando no estamos dando en el objetivo, cuando no estamos actuando de acuerdo al principio divino. Cuando voluntaria y deliberadamente hacemos el mal. Pero hay momentos en que cometemos pecados que son mortales.

En 1 Corintios 6.18, cuando Pablo habla de la lujuria, dice que huyamos de la inmoralidad:

> *Huid de la fornicación. Cualquier otro pecado que el hombre cometa, está fuera del cuerpo; mas el que fornica, contra su propio cuerpo peca.*

Algunos pecados son malos, aunque no atenten contra el cuerpo; además, no existe esa cadena tan grave que se inicie con un serio impacto en la mente, y que luego afecte al cuerpo y finalmente pueda destruirlo. Pero hay otros que tienen esa cadena y son pecados devastadores.

Existen pecados considerados como mortales y que se inician en la mente. Jesucristo nos advirtió el peligro de desarrollar la maldad en nuestra mente, ya que esas fantasías, ideas, deseos y sentimientos nos llevan a otros pecados.

Por la codicia robamos, engañamos y mentimos para satisfacerla. La envidia es un pecado mortal ya que vivimos con sospecha y destruimos el carácter o la imagen de otros. La lujuria es un pecado mortal porque debemos alimentar los pensamientos impuros y buscamos satisfacerlo por medio del adulterio o la fornicación. Son pecados mortales porque dan lugar a otros y nos dejan esclavos, adictos a distintas formas de desobediencia a Dios.

Esos pecados son mortales porque cuando continuamos practicándolos nos llevan a consecuencias devastadoras. Ellos nutren las adicciones que propician la destrucción de la familia y la sociedad. Por ejemplo, la lujuria lleva a la pornografía, crea una sociedad inmoral. En la familia, eso lleva al adulterio, a la angustia de un cónyuge engañado, al divorcio, a la destrucción del hogar. Hace que queden hijos que tienen que vivir con un solo padre, padres que tienen que vivir con hijos de diferentes mujeres.

La glotonería, por ejemplo, lleva al abuso. Abuso de sustancias químicas, abuso del alcohol, abuso de la comida. Crea también un problema social y destruye la seguridad familiar.

La envidia lleva a las guerras, las peleas, la destrucción de las relaciones interpersonales, la destrucción del matrimonio.

La ira lleva a la violencia en la sociedad y en el hogar.

La flojera lleva a una sociedad pobre y despreocupada. Crea la indiferencia ante las necesidades de los demás, crea la irresponsabilidad en las obligaciones matrimoniales.

La codicia nos lleva a la insatisfacción, al abuso de la confianza pública, a la despreocupación por la familia y a su reemplazo por dinero y objetos materiales.

El orgullo nos lleva al rechazo de los demás. Nos sumerge en la autosuficiencia. Impide una buena relación matrimonial, pues no existe concepto de unidad sino de tiranismo. Esa es parte de la razón por la cual son mortales, pues no sólo nos preparan el camino para peores pecados, sino porque nos traerán consecuencias devastadoras.

El peligro de seguir mirando

Todos sabemos cuándo debemos dejar de mirar, pero no siempre lo hacemos. David no fue culpable por ver, sino por continuar viendo y por seguir forjando en su mente una imagen sexual que le provocó excitación, una excitación que lo motivó a ordenar que le trajesen a Betsabé. La Biblia nunca esconde las historias tristes de sus héroes, ni tampoco exagera la realidad. Cuando afirma que una mujer es hermosa, quiere decir que es fabulosa. Cuando la Biblia describe a alguien como hermosa es porque lo es verdaderamente y su belleza va más allá de una sencilla mención. Raramente las Escrituras incluyen la palabra *muy*; pero esta vez lo hace para describir la belleza de la mujer que cautivó los ojos del relajado rey.

Solo quiero recordarle que estamos tratando el tema del adulterio y que me gusta ser práctico y realista. Debo decir algunas cosas que no son fáciles de comunicar, pero son absolutamente necesarias de conocer. Para muchas mujeres ver a un hombre desconocido bañándose desnudo ni siquiera provocará el deseo de una segunda mirada. Algunas pueden ignorarlo, otras molestarse y, tal vez unas pocas, seguir mirando y hasta sentir alguna tentación; pero la reacción de la mayoría de los hombres es diferente.

Usted debe recordar que la mayor fuente de estímulo del hombre es la vista; la de la mujer son las caricias. En estos aspectos, la mujer tiene mucho más tendencia a discriminar. El hombre ve al cuerpo sin mayor discriminación, y muchos cuerpos pueden producir atracción. No nos interesa quién es, qué hace, por qué está desnuda, nos interesa el cuerpo que vemos, especialmente si es muy atractivo. Es una tendencia biológica, una tendencia natural del hombre. Las mujeres deben entender que esa reacción no es planificada, es una reacción natural que se debe controlar, pero que fluye en forma automática porque el deseo sexual en los hombres es más altamente enfocado en el cuerpo, en el físico de una mujer atractiva, que en la inteligencia de una mujer no atractiva.

Para las mujeres es importante cuidar su cuerpo, sentirse hermosas y vestirse atractivamente. Ellas se enfocan en presentarse interesantes, llamativas, graciosas, encantadoras. A las mujeres les interesa mucho tener «ángel», gracia, todo lo cual es impresionante para el hombre. Cuando una mujer se viste sensualmente, atraerá las miradas de la mayoría de los hombres y ella lo sabe. Y, para nosotros, lo más natural será mirarla y al persistir en nuestra mirada, sin duda sentiremos cierto nivel de atracción, y con más tiempo podemos sentir hasta excitación.

De ninguna manera intento condenar a quien ha fallado. Este no es un escrito condenatorio. Estos consejos nacen de lo más profundo del corazón de un consejero con gracia que intenta, tal como mi Dios, dar una nueva oportunidad a quien se ha arrepentido genuinamente. Intento orientar a quien no se ha arrepentido, pero que desea salir del abismo en que ha caído y no sabe cómo hacerlo; e intento que el cónyuge inocente de este pecado tenga las herramientas efectivas para poder enfrentar esta triste experiencia, sea que el cónyuge que ha cometido el adulterio muestre o no una actitud de genuino arrepentimiento.

En este libro también encontrarán consejos llenos de amor los cónyuges que han sido engañados y ofendidos, y que quisieran terminar con su relación, pero que no conocen el terrible dolor ni las consecuencias del divorcio y que no saben que si ambos deciden tratar el asunto bíblicamente, como resultado pueden tener una relación conyugal mucho mejor que la que tuvieron antes.

Quiero que los cónyuges heridos entiendan que si ambos son sabios y pasan por el proceso de restauración bíblico y profesional apropiado, tienen la posibilidad de tener una relación matrimonial como nunca la habían tenido. Por duro que parezca el camino hacia la restauración, es el único que nos provee la Biblia. Es difícil, pero es bueno. Es duro, pero trae buenos frutos. En este libro vemos el estudio detallado de la experiencia pecaminosa de David, su caída, su confrontación, su restauración y sus terribles consecuencias; pero también quiero que recuerde que hay maravillosas consecuencias para quienes se mantienen en pureza. Sin embargo, a veces, hay tristes efectos aun para los que deciden vivir en obediencia. Es que en un adulterio no solo existen las personas que adulteran, sino los familiares, los cónyuges de quienes cometieron pecado.

Urías: víctima inocente del pecado ajeno

No es fácil leer el final de la historia de Urías. Terminar asesinado por el adulterio de su esposa con el rey de su nación, no es un final feliz, ni es el destino común de los hombres fieles. Es que el hecho de que vivamos en pureza o con una actitud de sumisión a Dios y sus principios no garantiza ausencia de conflictos, sufrimientos, divorcios, enfermedades y muerte.

Quiero que comprendamos que aunque existen hombres adúlteros, también los hay fieles y en mis conferencias generalmente digo que si usted tiene un hombre fiel y que lucha por evitar los pecados sexuales, tiene a un extra terrestre, a una persona no común. En la triste experiencia de David, no solo existió pecado y maldad, también hubo un hombre fiel, amante de su Dios, amante de su patria, respetuoso de su rey, un gran conciudadano y compañero de batalla y un esposo respetuoso.

En 1 Crónicas 11.10 dice:

> *Estos son los principales de los valientes que David tuvo, y los que le ayudaron en su reino, con todo Israel, para hacerle rey sobre Israel, conforme a la palabra de Jehová.*

Urías no era cualquier persona ni cualquier soldado. Fue un valiente que estuvo cerca de su rey. Estaba dedicado a servir y amar a su monarca. Pero el versículo agrega que era conforme a la palabra de Dios. Había sido designado por Dios y estaba cumpliendo el propósito para el cual fue elegido. Urías estuvo con David en los momentos más difíciles, cuando se escondió en la cueva la vez que Saúl lo perseguía. Él vio y lloró con profunda tristeza cuando sus hogares ardían en Siclag. Fue uno de los que gritaron con alegría y vitorearon a David durante su coronación. Urías era un hombre fiel que expuso su vida a muchos peligros para que David fuera y se mantuviera como rey. La fidelidad de Urías era extrema, pero no solo a su rey, ni tampoco a su esposa. Urías estaba comprometido a ser un buen soldado, un buen marido, un buen ciudadano y por ello dio su vida. Parece una tragedia si la juzgamos desde el punto de vista humano. Es ridículo ser fiel cuando su esposa le engaña, es ridículo ser integro cuando su presidente es deshonesto, es ridículo seguir fiel cuando su pastor adultera, pero nada es ridículo delante del Juez justo que no me recompensará por los resultados que obtuve en este mundo, sino por la fidelidad que le demostré a Él.

Mientras más conozco al hombre, mientras más me conozco a mí mismo y mientras más estudio la Palabra de Dios, más me doy cuenta de que es muy difícil que exista alguien normal, con una saludable sexualidad, que no haya cometido este pecado. Debido a la reveladora declaración de Jesucristo —que nos asegura que cualquiera que mire a una persona y nutra su mente con algún pensamiento inapropiado, ya cometió adulterio—, creo que la mayoría, si no todos, somos culpables de haber cometido este pecado. Para todos nosotros, especialmente para los hombres a quienes Dios nos hizo activos sexuales, es muy fácil imaginarnos algo erróneo y cometer ese pecado en nuestra mente. Todos somos vulnerables, sobre todo cuando por enfermedad, por los conflictos conyugales u otras razones, nos hemos separado sexualmente por un plazo más largo que el que podemos resistir sin sentir la presión y la fuerte necesidad de tener relaciones sexuales. Yo lucho para no encontrarme en una experiencia de adulterio, pero no me confío pues mantengo en mi mente la seria advertencia apostólica que dice: «El que está firme mire que no caiga». Además, el Espíritu Santo que me conoce y redarguye de pecado, y la gracia de mi Señor Jesucristo que me motiva a actuar con gracia, constantemente traen a mi mente el mandato a restaurar a la persona que ha sido sorprendida en pecado. Cuando esa orden divina llega a mi mente me recuerda que en ese mandamiento existe otra advertencia. Allí se nos ordena que elijamos restaurar a la persona sorprendida en pecado y nos advierte diciendo: «No sea que también seas tentado».

Me alegra que la Biblia nunca adule a sus héroes. Al contrario, por dolorosa que sea la identificación de este terrible problema, Dios no esconde la debilidad humana. Todos los hombres y las mujeres —nuestros grandes héroes bíblicos— tuvieron pies de barro. Tal como nosotros, ellos tuvieron una naturaleza pecaminosa que no puede ser ignorada. Tarde o temprano esa fiera se levanta, pues cuando Dios solo por su gracia nos acepta en su familia, nuestras pasiones están por un tiempo dormidas, pero no muertas. Cuando aceptamos que Cristo es el salvador del mundo, nos arrepentimos, pedimos perdón y lo aceptamos como Señor y Salvador, somos perdonados, pero continuamos luchando con nuestra naturaleza pecaminosa.

Me sentiré contento, y pensaré que he cumplido mi propósito, si al leer este libro usted descubre que amo al Señor, que tengo un serio compromiso con la buena interpretación y comunicación de la verdad divina, que soy tan humano como usted y batallo con los mismos problemas. Que tengo una actitud comprensiva y que intento no solamente confrontar al pecado que odio —aunque no puedo vivir sin pecado— sino también, quiero demostrarle que amo al pecador. Sin embargo, no evitaré confrontarlo con la misma gracia que soy confrontado por la maravillosa Palabra de Dios.

La primera mirada puede ser circunstancial y al descubrir algo atractivo en ella es muy difícil no dar la segunda; pero si seguimos mirando, poco a poco experimentaremos ciertas sensaciones difíciles de describir, pero que nos van estimulando lentamente. Es por ello que el consejo que se repite en la Biblia para poder lidiar con estas estimulantes sensaciones siempre es huir de las tentaciones.

Capítulo 3

LA TERRIBLE CAÍDA DE UN HOMBRE CONFORME AL CORAZÓN DE DIOS

A pesar de nuestro profundo amor por Dios
y la alta posición a la que hayamos llegado,
ningún ser humano está libre de cometer este pecado.
Cometemos adulterio porque es apasionante y atractivo,
pero quien lo elige, inevitablemente se mete
en un proceso sumamente destructivo.

Los hombres y las mujeres jóvenes necesitan conocer la realidad de su mundo tan pasional. Lo mejor que podemos hacer para prepararnos es conocer nuestra realidad y los peligros que corremos cuando poco a poco nos vamos involucrando en experiencias apasionantes, pero que siempre tienen finales destructivos y decepcionantes.

Frente al adulterio, lo primero que tenemos que hacer es conocer nuestra realidad. Para una minoría de mujeres y la mayoría de los hombres a quienes Dios nos creó más activos en nuestra vida sexual, la pasión sexual es un gigante dormido y hambriento, lleno de pasión, que persistente y desesperadamente busca su satisfacción. No solo he descubierto esta verdad al estudiar las Escrituras detalladamente, sino también al examinar mi propia vida, pues junto con la mayoría de las personas, yo enfrento esta batalla a diario.

El hecho de que la mayoría de las mujeres no sean tan activas sexualmente, ni se exciten con solo ver a los hombres, no significa que no estén también expuestas a las mismas tentaciones. El proceso de atracción puede ser más lento, pero es tan efectivo como la fácil excitación del hombre. En efecto, en la sociedad moderna el número de mujeres que comete adulterio se incrementa en forma sorprendente; y recuerde que las estadísticas no engañan, y es obvio que por cada hombre que comete adulterio, siempre hay una mujer que lo comete.

Me alegra que la Palabra de Dios no ignore el tema. Me alegra que en las Escrituras no se pase por alto ni se niegue que aun los hijos de Dios tenemos un serio problema con esa parte tenebrosa de nuestro ser.

Cuando estudio la vida de David siento gratitud por el relato no censurado que Dios nos entrega. Por otra parte, me alegra que Dios no siga en este momento escribiendo su Palabra, pues tendría que utilizar nuestros testimonios. Por lo menos yo estoy feliz de que mi testimonio no se incluya allí para que más tarde los predicadores prediquen sobre mis pecados. Creo que no existe persona a quien le agrade que sus pecados sean publicados. Por eso, la mayoría de los casos de adulterio que son confrontados, son aquellos en que las personas han sido descubiertas y no porque exista una confesión voluntaria.

Ningún pecado, después del pecado de Adán y Eva, ha recibido más publicidad que el de David. Su historia de adulterio es impactante. Aunque algunos han intentado proyectar la imagen de David como un adicto desenfrenado, creo que esa no es la realidad. El pecado de David fue muy grave, pero no más que el que usted y yo podamos cometer. Sin embargo, por los detalles que tenemos, con facilidad podemos concluir que a David le costaba refrenar sus pasiones sexuales. De ninguna manera intento justificar a este rey caído solo por ser uno de mis héroes, pero sí deseo poner las cosas dentro de la perspectiva debida. Mi intención es ver lo terrible del pecado, lo destructivo de un estilo de vida pecaminoso, lo fácil que es caer, y las terribles consecuencias que podemos experimentar.

Intento comunicar que Dios nos ama, pero con Él no se juega. Intento demostrar bíblicamente que Dios juzga de la misma manera al pecado en cualquier época. Él juzgó con dureza el pecado de su pueblo y de sus hijos en el Antiguo Testamento, así mismo lo hizo en la iglesia primitiva, y aun en nuestros días continúa haciéndolo. Dios juzga con la misma dureza y permite las más terribles consecuencias en todo hombre, sin importar si es el rey de Israel, el jardinero del palacio, usted o yo.

David y su terrible caída

No creo que David haya sido un pervertido sexual. Estoy convencido de que este rey amante de Dios estaba en la misma situación que muchos hoy, que nos hemos encontrado y que muchos se encontrarán. David estaba a punto de iniciar un proceso apasionante y decepcionante. Creo que una de las pasiones de David era amar al Dios que le amaba a él. Sin embargo, creo que era activo sexualmente, con una gran tendencia a la vida sexual, y un hombre cuya mayor debilidad fue la falta de control apropiado de sus pasiones sexuales. Este es un caso que vale la pena observar, porque Dios dejó un relato claro que revela nuestra realidad y con detalles clave que pueden coincidir con la experiencia de muchas personas.

David tenía un poco más de cincuenta años. Interesante época de la vida que debe ser vivida con precaución si nuestra meta es evitar que nuestra relación conyugal termine en una completa destrucción. Muchos hombres pasan por serias crisis durante esta temporada. David había gobernado por aproximadamente veinte años. Se distinguió como lo describe la Biblia. David era un «hombre conforme al corazón de Dios». Nuestro personaje fue un artista conocido como excelente compositor de salmos. David también fue un gran guerrero, un líder grandioso que guió a su nación con dedicación.

La cantidad de esposas que tuvo nos muestra que tenía problemas en el área de sus pasiones sexuales. A pesar de quienes piensan lo contrario, Dios no permitía la poligamia, pero él la practicaba (Deuteronomio 17.14-17; 2 Samuel 5.13). Quiero que note que el descontrol en la vida sexual nunca producirá una vida normal. Que nuestras pasiones nunca se satisfacen y que nuestro deseo de amar a Dios no es suficiente para mantener una vida de pureza. Note que la pasión sexual de David no disminuyó por el mayor envolvimiento sexual que tuvo; al contrario, se acrecentó. Cada vez era capaz de hacer peores cosas por no haber podido dominar su pasión. Aparentemente fue la gota que rebasó el vaso en la vida de David.

La pasión sexual de David no fue satisfecha por la cantidad de esposas que tuvo. Esas pasiones desordenadas no disminuyeron solo por tener muchas posibilidades de satisfacerla con mucha frecuencia. Su adulterio nos muestra que en vez de disminuir significativamente, más bien aumentaron pecaminosamente.

A quienes creen que debido a que tienen mucha pasión son muy atractivas o «tienen suerte en el amor» y que por eso también tienen derecho de jugar con las emociones de otros, involucrarse en actos pecaminosos repetitivos y que con ello ahogarán sus pasiones, el ejemplo de David les demuestra lo contrario. David no tenía una esposa, sino varias. El adulterio del cantor de Israel no fue por falta de esposas para satisfacer sus necesidades sexuales. Su envolvimiento pecaminoso con Betsabé se caracterizó por ser un periodo de pecado grotesco que incluyó el adulterio, la mentira y aun el asesinato. Pero me alegra que Dios no solo aplica su justicia, sino que la Biblia nos muestra que Él tiene una clara y dolorosa respuesta ante la reacción pecaminosa de sus hijos.

La Biblia nunca lisonjea ni adula a sus héroes. Todos los hombres y las mujeres de las Escrituras han tenido pies de barro; y cuando el Espíritu Santo los pinta en un cuadro, retrata la vida de ellos en forma real. Los personajes de la Biblia no aparecen como intocables o perfectos, Dios los muestra como son; es decir, seres humanos normales con virtudes y defectos. Nosotros podemos respirar con aire de alivio pues nuestras experiencias pecaminosas no están siendo relatadas en el registro bíblico; pero David no, porque al estudiar la Biblia encontramos que, a excepción del pecado de Adán y Eva, no ha habido otro que haya recibido más atención que el del poderoso y tierno David con la hermosa Betsabé.

David llegó a ser el elegido de Dios para gobernar a su pueblo, pues según el mismo Dios, era un hombre conforme al corazón de Él. La otra cara de la moneda es que también era un ser humano que en determinado momento de su vida prefirió la rebelión. David fue un hombre de Dios antes de 2 Samuel 11 y después de este capítulo 11. David fue un hombre de Dios sabio y responsable antes del pecado, pero se convirtió en necio e irresponsable durante la temporada en que decidió lidiar con su situación pecaminosa de una forma inadecuada, terrible y escandalosa. El salmista cayó en esa terrible temporada de pecado; pero su pecado no es más grande que el de usted o el mío. Debemos evitar cometer el error de mirar con desprecio a David, especialmente si somos conscientes de la advertencia que aparece en 1 Corintios 10.12, que dice: «El que piensa estar firme mire que no caiga».

Esta advertencia nos recuerda que todos corremos el riesgo de caer en pecado y que nuestra actitud frente a la de otros nunca debe caracterizarse por ser pecaminosa. Este consejo de Pablo nos motiva a poner mucha atención a nuestra vida y a estar pendientes de nuestros momentos de debilidad, pues si no reconocemos nuestra vulnerabilidad objetivamente y no huimos lo más rápido que podamos al encontrarnos frente a cualquier tentación, caeremos inevitablemente.

Vida carismática, vida peligrosa

Una de las acciones que debemos tener quienes somos personajes públicos, personas populares en sus grupos de interacción, es entender que una vida carismática es una vida peligrosa. También deben entender lo mismo las mujeres bellas y simpáticas. Si usted se pregunta: «¿Qué hago para mantenerme puro en medio de mi mundo atractivo?» La respuesta es: Tenga mucho cuidado, pues a todos nos gusta que nos adulen y nos admiren. La respuesta es que aun nuestros pecados ocultos y personales pueden traer consecuencias a las personas inocentes. La historia de David nos muestra esta realidad. Aunque hubo dos personas involucradas en este acto pecaminoso que trajo tanto dolor, las consecuencias en las familias de ambos fueron devastadoras. David no cometió el adulterio solo, estaba acompañado de una mujer que seguramente lo admiraba y lo veía como un líder carismático.

David es ahora un hombre de cincuenta años de edad, tal vez un poco mayor, y había estado en ese puesto de admiración pública de diecisiete a veinte años. Era conocido porque amaba a su Dios. Tenía talentos extraordinarios que le convertían en un hombre muy popular. Fue conocido como un gran compositor de salmos y un gran músico. Ya antes de haber llegado al palacio como rey, había llegado como músico y con la misión de alegrar el corazón del monarca en sus momentos depresivos.

David era conocido y admirado por su valentía. Recuerde que esta no se hizo pública después de realizar una gran batalla al convertirse en rey, sino antes de llegar al palacio y cuando solo era un muchachito. Por su historial de valentía, así como por sus éxitos como guerrero en la batalla, David se había ganado el respeto de toda la nación. Hay pocos hombres en las Escrituras con más carisma que la que tenía David. No solamente peleó por su pueblo, amó a su nación, guió a la gente a la rectitud, sino que además entregó palabras románticas en sus extraordinarios salmos. Desde joven fueron evidentes sus talentos y todos admiraban su personalidad. Era un hombre que entraba a los corazones de la gente sin que se dieran cuenta. Era simpático, lleno de talentos y buen mozo. Por tantas virtudes y su extraordinario registro, su biografía es una de las más grandes e impresionantes de todos los hombres en las Escrituras, a excepción de Jesucristo.

David se mostró siempre como una persona llena de gracia y de compasión. Si usted lee su biografía descubrirá que actuó con sabiduría en muchas etapas de su vida y que mostró no solo su profundo amor por Dios, sino su deseo de evidenciar las virtudes que debe tener un hombre conforme al corazón de Dios. Recuerde la fidelidad y sumisión de David. Recuerde su profundo respeto por las autoridades. David fue quien con gran amor evitó hacer daño a su rey a pesar de la maldad que este mostraba. David mostró su gracia con Saúl a pesar del odio con que este le buscaba e intentaba matarle. David fue quien mostró amor y gracia con los familiares de Saúl, a quienes después de haber asumido como rey, podía haber perseguido y destruido. David fue quien ayudó al lisiado Mefi-boset. Mostró su gracia con aquel hombre y le dio todo lo que necesitaba en su reino.

Fue un hombre que mantuvo fielmente sus promesas a Jonatán y Saúl. Basta solo pensar en la hermosa actitud que tuvo. En esa época, la costumbre era que cuando un nuevo rey entraba a ejercer su reinado, todos los miembros de la familia de la dinastía que previamente había gobernado eran exterminados. El propósito era eliminar así la posibilidad de una revuelta. Jonatán dijo: «David, cuando tú llegues al trono y, seguramente llegarás, mostrarás tu misericordia con mi familia, preservarás nuestras vidas, tendrás cuidado y nos protegerás para que no muramos». Y David lo hizo. El hombre conforme al corazón de Dios mostró gracia y misericordia, como lo haría un hombre que realmente había decidido amar a Dios.

Quiero que entienda que al examinar este terrible pecado de David, no estamos examinando la historia de alguien que intentaba vivir como un pervertido, aunque su acto fue perverso. David no quedó caído y destruido por su pecado, pero sufrió severa destrucción en su vida y familia. Su pecado trajo devastación, consecuencias trágicas no solo a su persona, sino también a su familia, al reino y a toda la nación. Es que las consecuencias de determinados pecados no pueden ser descritas con facilidad, especialmente el pecado sexual, que parece tener en el interior su más grande motivación. Por eso es que la Palabra de Dios nos manda a huir de este pecado y nos exhorta a estar firmes, a tomar aliento, a examinar bien para no caer. La advertencia es para las personas que tienen cincuenta, treinta o sesenta años y también para los adolescentes, porque nadie es inmune a la caída. Nadie es demasiado viejo para caer, ni demasiado joven para evitar una caída. Ninguna persona llega al abismo súbitamente; el adulterio no es algo repentino, sucede a lo largo del tiempo.

Dios perdonó a David, pero no le evitó las consecuencias. David cayó profundo, pero no quedó caído y destruido por su pecado. Su pecado trajo consecuencias trágicas y devastación, no solo a su persona, sino también a su familia, al reino y a toda la nación.

Una historia que no debe repetirse

En el segundo libro de Samuel aparece el relato de esta historia que no debe repetirse, especialmente en nuestra vida. Observe el capítulo 5 versículo 13, pues deseo mostrarle que el pecado es resultado de un proceso de erosión que nos deja severas consecuencias. No piense que David cayó súbitamente, más bien quiero comprobarle que el joven inteligente y temeroso de Dios, que descubrió la vulnerabilidad de la armadura del gigante, también tenía áreas sensibles con las que no supo lidiar. Observe 2 Samuel 5.12:

> *Y entendió David que el Señor le había confirmado por rey sobre Israel, y que había engrandecido su reino por amor de su pueblo Israel.*

David sabía que no solo tenía el favor divino, sino que las bendiciones de Dios estaban con él. Sabía que Dios tenía profundo amor por el pueblo que él debía gobernar. Eso no solo lo entendía por lo obvio de la mano divina en su vida, sino también por el resultado que obtenía. La gente lo admiraba, era un gobernante amado y muy popular: ingredientes peligrosos que nos hacen vulnerables. Pero note lo que esto produjo:

> *Y tomó David más concubinas y mujeres de Jerusalén, después que vino de Hebrón, y le nacieron más hijos e hijas.*

Mientras observaba la extraordinaria bendición divina, y en los momentos de paz y tranquilidad que disfrutaba, David tomó decisiones que contradecían las órdenes divinas. David sabía lo que tenía que hacer, pues así como nosotros ahora podemos leer Deuteronomio 17, David también lo había leído y sabía cuáles eran las marcas distintivas que debía tener un monarca de Israel. Vea lo que dice en Deuteronomio 17, comenzando en el versículo 14:

> *Cuando hayas entrado en la tierra que el Señor tu Dios te da, y tomes posesión de ella y la habites, y digas: Pondré un rey sobre mí, como todas las naciones que están en mis alrededores; ciertamente pondrás por rey sobre ti al que el Señor tu Dios escogiere; de entre tus hermanos pondrás rey sobre ti; no podrás poner sobre ti a hombre extranjero, que no sea tu hermano...*

El pueblo sabía a quién debía escoger. Las indicaciones eran claras y debían ser obedecidas, pero también el rey sabía lo que no debía hacer porque eso también fue claramente establecido. Observe el primer mandamiento que debía cumplir:

> *Pero él [refiriéndose al rey] no aumentará para sí caballos, ni hará volver al pueblo a Egipto con el fin de aumentar caballos; porque el Señor os ha dicho: No volváis nunca por este camino.*

Ahora vea el versículo 17, pues aparece otra clara orden divina:

> *Ni tomará para sí muchas mujeres como para que su corazón no se desvíe; ni plata ni oro amontonará para sí en abundancia.*

No dudo que David hizo su mejor esfuerzo por cumplir las indicaciones divinas, pero no fue lo suficientemente fuerte para evitar tomar para sí muchas mujeres. David no pudo controlar su pasión, más bien se dejó controlar por sus emociones. David es el más claro ejemplo de que, a pesar de que amamos a Dios, cuando decidimos meternos en el apasionante mundo de la sexualidad sin la debida estructura moral y sin el imprescindible dominio propio, prendemos el fuego de una pasión que no se apaga, y que más bien aumenta mientras más intentamos saciarla.

He notado esto en mi propia vida. Algunas de mis fallas y pecados han sido producto de mi arrogancia al creer que lo puedo dominar. He evaluado decenas de vidas de personas que creyendo que podían dominar sus pasiones se involucraron en pecados vergonzosos. En las sesiones de consejería he atendido a personas que comenzaron creyendo que viendo pornografía podrían mejorar su vida sexual matrimonial, pero el tiempo les comprobó que la advertencia divina es verdadera y que nadie puede jugar con el pecado y las pasiones y estar libre de terribles adicciones.

En este impresionante relato observamos que este hombre tenía una esposa, sin embargo tomó la esposa de otro. Ese hombre que tomó a la esposa de otro, que se acostó con una mujer llamada Betsabé, no solo tenía una linda esposa, sino un harem. Una vez más le recuerdo que Dios no aprobaba la poligamia, pero David había desobedecido a Dios; por lo que tenía muchas mujeres, concubinas y esposas a su disposición. Es que ni siquiera un harem puede satisfacer la pasión por el sexo, ese mundo de desobediencia mete a la persona en una mayor tendencia a buscar más satisfacción a más pasiones.

Muchos hombres y mujeres no terminan con esa pasión en su relación matrimonial, ni siquiera saben controlarla, ni encuentra satisfacción dónde y cómo Dios ordena, por lo que al tratar de continuar experimentando lo único que logran es que aumente cada vez más.

David fue un hombre con fuerte inclinación sexual que buscó diferentes formas de satisfacerla y por ello decidió que debía tener más mujeres. Después de todo era un rey popular, bien parecido, con mucho poder y muy carismático. Tenía todo a su alcance para hacer y deshacer. Si usted es de aquellos que creen que una vez que descubra nuevas formas de satisfacer sus pasiones sexuales quedará satisfecho, le ruego que piense seriamente, pues esas son las terribles mentiras de la sociedad liberal en que vivimos. Mientras más intente descubrir maneras de satisfacer sus pasiones, menos satisfecho se sentirá.

Pese a que tenía todo para vivir con sabiduría, que Dios estaba de su lado y era un hombre carismático, David decidió vivir en desobediencia. La verdad es que lo mismo nos puede ocurrir a nosotros, pero debemos luchar con todas nuestras fuerzas porque esta sea una historia que nunca se repita.

Involucrarse activa y regularmente en una vida sexual desordenada, y aun elegir la promiscuidad, no sacia la pasión de la sexualidad. En muchos, las pasiones sexuales son tan fuertes y tratadas tan erróneamente que producen personas dependientes.

David y sus problemas

Creo que observar algunas áreas problemáticas en la vida de David puede ayudarnos a tener mucho cuidado con la nuestra, pues ningún ser humano es inmune ni está vacunado contra el estilo de vida pasional que decidió vivir el cantor de cantores. Todos nosotros, pero especialmente los jóvenes y los matrimonios jóvenes, deben asegurarse de que han aprendido a luchar contra ese poderoso gigante.

Muchos de los pecados sexuales los comenzamos a cometer en la juventud y cuando somos jóvenes casados, inexpertos e inmaduros, corremos serios riesgos. Esta es la razón por la que debemos tener mucho cuidado y comenzar a fortalecer nuestra moralidad lo antes posible en la vida.

Todos conocemos las áreas de nuestra vida en que somos más vulnerables, todos sabemos de qué «pie cojeamos». Quienes fuimos creados por Dios con un fuerte anhelo de satisfacción de nuestras necesidades sexuales nos conocemos bien. Sabemos cuán fácil es ser tentados y cuán apasionante es ese mundo de la sexualidad. Quienes conocemos nuestra realidad y somos honestos, sabemos que debemos hacer un serio esfuerzo por mantenernos dentro de los límites de la obediencia. Los que entendemos bien nuestra humanidad también sabemos cuán fácil es que determinadas áreas de nuestra vida sean influenciadas por la pecaminosidad. David no fue la excepción ni tampoco lo somos nosotros.

David y su mundo de poder y pasión

Observe el segundo libro de Samuel capítulo 5 versículo 13, donde aparece el relato que muestra que David violó el mandamiento de la Palabra de Dios. Cuando se mudó de Hebrón a Jerusalén, tomó más concubinas y esposas, con las cuales tuvo más hijos e hijas. Recuerde que David era el rey. Era un hombre poderoso y sus órdenes se cumplían con rapidez y exactitud. Él tomaba las decisiones. La gente esperaba que decidiera y todos seguían sus mandamientos. David tenía a la gente a su alcance y tenía más poder que todos sus compatriotas.

El primer problema que evidenció David fue su pasión descontrolada, su falta de dominio propio y el manejo pasional de su vida. Por supuesto, en ese ambiente de poder no podía faltar la pasión y, en un mundo con tantas tentaciones es esencial desarrollar el dominio propio. El hombre que no sabe controlar sus pasiones y es movido por lo que siente y, además, tiene poder, es peligroso.

Los líderes vivimos en un mundo peligroso. Los que tenemos poder y somos populares debemos aprender a controlar nuestras pasiones o seremos movidos a la rebelión. David tenía todo a su alcance y cuando tomaba una decisión, ¿quién se atrevía a decirle algo al rey? ¿Quién en el reino le iba a advertir que estaba jugando con fuego? ¿Quién podría decirle con fortaleza y sinceridad: «David, está usted actuando mal»?

Si observa el historial de David tiene que notar sus éxitos. El famoso rey ya tenía dos décadas de carácter inmaculado, sin derrotas en el campo de batalla, un sorprendente y sobresaliente liderazgo, hombres escogidos y ubicados en los lugares correctos así como una gran promoción en sus fuerzas militares. David había tenido éxito en su gestión como gobernante. Había logrado extender la tierra hasta noventa o cien mil kilómetros cuadrados. Había prosperidad, excelentes exportaciones, importaciones, dinero en efectivo, oro, hermosas casas, jardines y mucha riqueza para el templo del Señor. Sin duda el registro del rey era impresionante. En esas condiciones, ¿quién podría apuntar un dedo acusador contra David? Todo parecía marchar sobre ruedas pues la nación en general, la economía y su poderío militar eran tranquilizadores. Cuando todo parecía que iba bien, ¿a quién le importaba si él tomaba unas cuantas mujeres más y aumentaba el número de concubinas? ¿A quién podía importarle que el rey estuviera disfrutando de su tranquilidad y abundancia?

En efecto, el presidente Clinton después de su escándalo sexual en la Casa Blanca se convirtió en uno de los mandatarios más populares. El carisma de las personas, su popularidad, no ha dejado de ser importante para la gente sin principios.

La Biblia nos muestra que había Alguien a quien le importaba que sus hijos fueran obedientes y que estaba vigilando muy de cerca la conducta del rey que había elegido. Las Escrituras nos muestran la realidad del rey cuando nos revela que esas mujeres cambiaron el corazón de David y lo alejaron del Señor. No eran culpables las mujeres, sino David que las eligió y se dejó llevar por su pasión por ellas. Su primera área de conflicto fue su pasión descontrolada, su falta de dominio propio y el manejo pasional de su vida.

El segundo problema de David fue no proteger su área vulnerable. Todos conocemos nuestras áreas *vulnerables*, pero nuestras defensas muchas veces son superadas por la pecaminosidad. Entre los capítulos 5 al 11 usted no leerá nada más que una historia de éxito. Él es el más grande, el pueblo lo decía y él lo sabía. David había tenido grandes victorias, estaba en el pináculo de la admiración pública, tenía dinero, un poder increíble y su fama era asombrosa. Su popularidad subía como espuma y su posición era cada vez más alta. Tristemente, mientras más alto llegaba, más vulnerable se hacía. Es que debemos reconocer que nuestros momentos más difíciles no son los que nos envuelven en la dificultad o cuando las cosas se tornan duras. Los tiempos difíciles generalmente mueven a la persona a tener una mejor dependencia de Dios. Usted no camina orgulloso cuando anda en medio de la crisis, usted no evidencia su orgullo en medio de la enfermedad y el sufrimiento; usted y yo, en medio del dolor por lo general nos volvemos más humildes. El orgullo siempre viene cuando las cosas van bien, cuando hemos recibido promociones, cuando usted puede mirar y ver su historial sin mancha en los últimos meses. Somos peligrosos y debemos examinar nuestras áreas vulnerables cuando nos sentimos atraídos a algo tentador, y al reflexionar en el pasado, y al evaluar el registro de nuestra vida encontramos prestigio, fama, significado. Ese es el momento de mayor vulnerabilidad y es el tiempo de luchar con fortaleza para no caer.

El tercer problema de David fue el aumento de su nivel de tolerancia. Cuando vamos creciendo en popularidad, cuando vamos aumentando la cercanía, cuando van pasando los años, cuando más confianza nos dan, vamos lentamente aumentando nuestro nivel de tolerancia de nuestros propios errores y pecados. Debemos ser sabios y examinar cuánto hemos ampliado los niveles de aceptación de conductas que no deberíamos. Mientras más éxito tenemos, más suaves tendemos a ser con nuestras fallas. Cuando nos va mal somos muy críticos con nuestras áreas débiles, pero cuando todo marcha bien, tendemos a justificar más nuestros errores. Cuando todo va bien, a quién le importa los errores que comete. Si todo sale bien, para qué preocuparse por las fallas. Nos volvemos más tolerantes con nosotros mismos, nos volvemos más indulgentes con nuestro estilo de vida. En medio de las temporadas de éxito somos más condescendientes, más tolerantes y más flexibles.

David poco a poco fue más tolerante con sus fallas y eso lo llevó a un estilo de vida pecaminoso. No le dio importancia a sus sentimientos de culpa y fue más benévolo, menos severo con sus pecados. Cuando usted se convierte en una persona tolerante, indulgente con sus propias fallas, por supuesto, también será más flexible, menos severo, menos duro y rígido con los pecados de los demás. David comenzó a tolerar aun los pecados de sus hijos. Por eso no castigó a Adonías con severidad, ni ejercitó su disciplina con el rebelde Absalón. Tal vez pensó que este era tan hermoso, tan atractivo, que seguramente no necesitaba castigo, pero antes de que se diera cuenta, David había perdido la autoridad en su familia y dejó la tarea de gobernar el hogar a sus múltiples esposas. David estaba constantemente ocupado en el campo de batalla y en los asuntos del reino. No tenía tiempo para preocuparse de tener una familia bien constituida, cuando la gran cantidad de mujeres le ofrecía la oportunidad de vivir un mundo apasionante. El haberse involucrado paulatinamente en comportamientos prohibidos por Dios lo convirtió en un rey tolerante con un estilo de vida indebido.

David y su mundo de descanso

No existe nada malo en dedicar tiempo al descanso. Más bien Dios nos demanda que nos preocupemos por recobrar energías. Pero en los momentos de descanso, diversión y entretenimiento que todos necesitamos, corremos el riesgo de ser más vulnerables. ¿Qué debemos hacer en nuestras temporadas de ocio? Recordar que somos más vulnerables cuando estamos solos y tenemos posibilidad de pecar. Recordar que podemos cuidarnos y nadie más puede hacerlo. Nosotros sabemos cuando la soledad, el tiempo de ocio y descanso se están convirtiendo en una invitación a romper nuestra integridad.

En 2 Samuel 11.1 notamos que David había determinado que su ejército cumpliera grandes responsabilidades. Así que le ordenó a Joab que invadiera a Rabá, la capital de Amón. Su gente estaba ocupada, pero el rey había decidido relajarse. En esa época parece que se acostumbraba que después de la temporada de lluvias comenzara un espacio de descanso de la actividad militar. Cuando los generales iban a la guerra comandando sus ejércitos, el general David iba con ellos pero esta vez, por razones que no conocemos, decidió quedarse. Encontramos a David entonces en su dormitorio, tal vez estaba rodeado de elegancia y belleza, disfrutaba de los hermosos días de primavera mientras la brisa soplaba en Jerusalén. Era un buen momento para disfrutar, pues había terminado la estación de lluvia y el sol comenzaba a aparecer. El agua se marchaba, el cielo estaba claro, era un hermoso día caliente que invitaba a relajarse. Con ello en mente, leamos lo que dice el siguiente versículo:

> *Aconteció el año siguiente, en el tiempo que salen los reyes a la guerra, que David envió a Joab y con él a sus siervos y a todo Israel, y destruyeron a los amonitas, y sitiaron a Rabá; pero David se quedó en Jerusalén.*

¿Notó la última expresión? «Pero David se quedó en Jerusalén». Ese «pero» tiene significado. David decidió disfrutar y descansar; allí está en su cama y no en la batalla. Envió a Joab a cumplir la misión y decidió tomarse un descanso y no cumplir con sus obligaciones. Por supuesto, él era el generalísimo y su deber era estar con las tropas, pero había determinado un tiempo de descanso que lo pondría en una posición de mayor vulnerabilidad. Es obvio que si hubiera estado cumpliendo sus obligaciones, nunca habría existido ese terrible episodio con Betsabé.

Como David estaba sin poder relajarse en su cama, decidió caminar en la terraza de su palacio y desde allí pudo observar a la hermosa Betsabé mientras se bañaba en el patio de su casa. Pareciera ser un axioma que, en los momentos de descanso y relajación, también hace su entrada triunfal la tentación. Esto lo vemos en las vacaciones de las personas, lo vemos cuando los muchachos salen a su temporada de descanso y cuando los adultos toman vacaciones, las tentaciones no se dejan esperar.

Si somos lo suficientemente sinceros, tenemos que reconocer que es fácil convertirnos en personas más vulnerables cuando somos tentados debido a que estamos desocupados. Nuestra más grande batalla no ocurre cuando estamos ocupados haciendo lo que debemos, sino cuando tenemos tiempo de placer, de descanso, cuando tenemos tiempo para estar relajados. Es en la primavera de nuestros días, en los tiempos de descanso, cuando tomamos aquellas decisiones que luego nos atrapan. Eso fue precisamente lo que le ocurrió a David en la primavera de su vida. Es primavera en Jerusalén, y allí está David, laxo, poco severo para enfrentar sus faltas, sin interés en cumplir sus obligaciones, es decir, indulgente.

Tal vez no podía dormir, se levantó, se estiró, cantó un par de salmos, suspiró, miró alrededor de su cuarto, no existía la televisión, por lo que pensó: «Mejor voy a caminar». Parece que es una noche muy bonita, aire fresco y camina en la terraza, tranquilamente mientras cae la tarde. De paso debo decirle que los monarcas orientales frecuentemente construían un segundo piso en su recámara, y tenían una puerta que se abría y daba paso a un pequeño techo, elegantemente adornado. Era un lugar para sentarse y disfrutar con la familia, con la esposa, con sus consejeros. Era un lugar diseñado para estar lejos de las demandas del público, alejado de las calles, en un lugar secreto, donde la gente no podía molestarle aunque, como en este caso, con cierto acceso para poder mirar lo que le rodeaba. Allí se encontraba David en ese inolvidable atardecer.

Leemos que caminó por ese lugar, estaba en la terraza de la casa real, disfrutando de la hermosa vista, tal vez oyó a la distancia algo que sonaba como agua y decidió mirar solo para ver a una hermosa mujer que estaba en algún patio junto al palacio. Estaba bañándose lo suficientemente cerca como para ser vista. No dudo que ella lo sabía. Dice el versículo:

> *Y sucedió un día, al caer la tarde, que se levantó David de su lecho y se paseaba sobre el terrado de su casa real; y vio desde el terrado a una mujer que se estaba bañando, la cual era muy hermosa.*

Seguramente esa caminata del salmista no era la primera, ni era su primera temporada de descanso. David había recorrido el terrado del palacio en su temporada de relajamiento muchas veces. Tal vez lo hizo durante semanas; pero en ese atardecer, sin nadie a su alrededor, perdió todo; por un momento su excitación lo atrapó y se olvidó de todo su amor por el Señor, de todo lo que era y de todo lo que sucedería si caía en pecado. Dios se convirtió en irreal para él, mientras sus pecaminosos deseos comenzaron a arder como llamas y su realidad comenzó a convertirse en maldad. Su lujuria lo enceguecíó, tal como nos enceguece a nosotros. David se olvidó de su Dios, se olvidó de su familia, se olvidó de que era el rey de Israel elegido por su Dios y que había sido descrito como un hombre conforme a Su corazón. Se olvidó de que tenía un registro inmaculado y que había luchado por vivir en integridad. Olvidó que era un hombre amado, respetado y un héroe para muchos de sus jóvenes. David olvidó que era un hombre de Dios, un hombre de estado, un hombre grande de la historia de Israel. David se olvidó, tal como nos enceguecemos nosotros cuando la mirada se transforma en pensamientos codiciosos, y la codicia activa nuestra mente que inicia la excitación. David vio, y siguió mirando, siguió viendo, siguió enfocado y siguió pensando y deseando hasta que finalmente cayó. Pero la verdad es que nadie puede caer si no mira dos veces. Nadie puede caer mirando una vez.

No solo que David dio una segunda mirada, sino que se quedó contemplando y su mente se fue al mundo de la fantasía y por ello, dice el versículo 3:

Envió David a preguntar por aquella mujer, y le dijeron: Aquella es Betsabé hija de Eliam, mujer de Urías heteo.

Creo que esa declaración del siervo es muy significativa. Ese siervo tenía sabiduría. Normalmente cuando alguien se refería a la genealogía de una persona, no mencionaba la del cónyuge. Daba el nombre de la persona, el nombre de su padre, su abuelo y así, ocasionalmente el nombre del bisabuelo. Así lo hacían en Israel; pero en este caso su siervo le dice: «David, ella es Betsabé, es la hija de Eliam, es la esposa de Urías, él se casó con ella». El siervo le hace notar que esa mujer tenía un compromiso matrimonial, que Betsabé era la esposa de alguien. El siervo conocía lo suficiente el pensamiento de David, conocía a su señor, conocía sus mujeres pues había visto su harem. Había sido testigo de la relación de David con las mujeres, y seguramente sabía que el rey no estaba acostumbrado a manejar esas situaciones. Creo que por ello le dijo: «Ella es casada, es la esposa de Urías».

No creo que David se detuviera ni siquiera lo suficiente para registrar aquella verdad en su mente. No le dio importancia a las palabras puntuales de su siervo y, por ello, más adelante lo vemos realizando toda una cacería de Urías, el esposo de Betsabé y tratando de manipular todo para ocultar su pecado. Cuando David se dejó llevar por ese sentimiento que le movió, cuando se dejó vencer por sus pasiones, ignoró sus convicciones. En ese momento perdió todo el poder, dijo que no a todo lo que usted y yo sabemos que debería haber dicho que sí, y dijo sí a todas las cosas que debería haber dicho no.

Cuando nos dejamos llevar por las sensaciones emocionales y las tendencias pasionales, tendemos a rechazar apasionadamente la alta moralidad y los principios divinos. Cuando nos dejamos vencer por las emociones ignoramos inmediatamente nuestras convicciones.

Observe la respuesta emocional de David.

Y envió David mensajeros, y la tomó; y vino a él, y él durmió con ella. Luego ella se purificó de su inmundicia, y se volvió a su casa.

Cuando un hombre adultera también adultera la mujer

Aunque en nuestros días ya es más común ver que hombres adulteren con hombres y mujeres con mujeres, la generalidad de los adulterios ocurre entre un hombre y una mujer. Ya no sorprende que mujeres y hombres determinen tener relaciones con personas casadas, pues hemos creado todo un mundo de aventura en torno a una experiencia que en forma natural es apasionante. Un automóvil nuevo, una mejor casa, una ciudad turística desconocida o una mujer ajena son cosas llamativas, dependiendo de los gustos y los anhelos. A los hombres nos atraen las mujeres porque el mundo de la atracción funciona casi automáticamente y nuestra pasión nos mueve a actuar; y a las mujeres les encantan los hombres que entran lentamente en su tierno corazón.

Estoy convencido de que Betsabé tenía todo el poder para negarse, pero no lo hizo. No sé si fue fácil o demoró en ser convencida por el astuto e inteligente rey, pero la realidad nos muestra que aceptó el desafío pecaminoso del lujurioso monarca. Estoy convencido de que Betsabé no tuvo culpa de la reacción pecaminosa de David, pero es culpable de sus propias acciones pecaminosas. Su pecado está descrito en este relato bíblico, pero sin duda hay preguntas en nuestra mente que solo ella puede responder. ¿Por qué Betsabé se bañaba allí si sabía que estaba junto al terrado de la casa real y que David caminaba con frecuencia por allí? ¿Acaso se negó al inicio de la invitación o no se negó y aprovechó la ocasión de estar con el rey y pasar a ser parte de su harem? ¿Por qué no estuvo dispuesta a negarse hasta las últimas consecuencias, sabiendo que cometería un acto de adulterio? La respuesta es lógica. Todos los seres humanos somos iguales. Todos somos débiles, todos tenemos áreas vulnerables y todos caeremos en algún pecado en cualquier momento.

Raymond Brown, en un trabajo sobre la vida de David, dice: «Esta atractiva mujer no puede ser excusada enteramente. Betsabé fue descuidada. Le faltó la modestia usual de las mujeres hebreas, pues de lo contrario nunca se hubiera bañado en un lugar donde sabía que podía ser vista. Ella sabía que allí estaba el palacio real, ella debe haber sabido que podía ser vista. Por otra parte, si David hubiera ido a la guerra, no habría tenido la oportunidad de verla. Si ella hubiera sido más prudente, ella no habría abierto el camino a la tentación».

Creo que todos los que quieren vivir dentro de los límites de la santidad, deben tener un serio compromiso con el pudor. Es un llamado de la Palabra de Dios a las mujeres. Dios no culpa a la mujer por los pecados del hombre, pero la culpa por su descuido y falta de pudor ya que no solo tienta al hombre, sino que también lo lleva a cometer pecado. Nosotros debemos ser parte de la solución, no de los problemas. Ninguna mujer es culpable de que un hombre se sienta infatuado y excitado al verla, pues nadie se excita a la primera mirada, sino cuando continuamos mirando.

Es el hombre el culpable de seguir mirando y dando rienda suelta a su imaginación, la que lo lleva al camino de la tentación. Pero también debo decir que la mujer que dice amar a Dios y la pureza, pero que le gusta vestirse sensual y atractiva, debe saber que es culpable de la provocación que produce un cuerpo en el que se exalta la sensualidad. Las mujeres que no quieren estar expuestas a ser buscadas y molestadas o vistas como coquetas, deben ser sabias y prudentes, deben pensar bien en la ropa que van a comprar, antes de usarla. Toda mujer sabe cuándo es atractiva en forma natural y no puede evitarlo, pero toda mujer también sabe cuando ha trabajado su coquetería y ha preparado su cuerpo para ser admirado. Ella sabe cuando elige, compra y viste ropa que exalta ciertas partes de su anatomía, que le hace lucir más sensual y si está dentro de los límites del pudor.

Por supuesto que nosotros —que somos proclives a ser tentados por una mujer atractiva, sensual, simpática y coqueta— debemos actuar con sensatez. Eso significa que como varones, cuando vemos a alguien hermosa, no debemos quedarnos atrapados mirando y volviendo a mirar, ya que mientras más miramos más somos tentados a pecar. Lo entiendo. Decirlo es fácil, evitarlo es muy difícil.

El teólogo alemán Dietrich Bonhoeffer fue asesinado. Lo ahorcaron a la edad de treinta y nueve años en un campo de concentración. El servicio secreto nazi lo ahorcó el 9 de abril de 1945. Antes de su muerte Bonhoeffer dejó un legado de escritos que han estimulado el pensamiento profundamente. Este erudito alemán vivió la teología en carne y hueso, y por eso es fácil entender sus pensamientos. En un sencillo libro titulado *Tentación*, Bonhoeffer ataca el meollo del problema suyo, mío y de David, es decir, el problema con el que todos luchamos. Ponga atención, piense bien, lea con calma o perderá la sabiduría de Bonhoeffer:

> ***En nuestro cuerpo hay una durmiente inclinación hacia el deseo que es de dos naturalezas, súbito y temerario. Con poder irresistible, los deseos toman señorío en la carne. Un secreto y apasionante fuego es encendido. La carne comienza a arder y está en llamas. No hay ninguna diferencia si es un deseo sexual, o una ambición, o la vanidad, o la venganza, o el amor por la fama, el poder, o la codicia por el dinero. En ese momento, Dios se convierte en algo irreal para nosotros. Pierde toda realidad y solamente el deseo de la criatura es lo real, allí lo único verdadero es la maldad. La maldad no nos llena de odio por Dios, sino de un olvido de Dios. La lujuria se levanta envolviendo la mente y la voluntad del hombre, en profunda tiniebla. Perdemos el poder de discriminar claramente y de tomar decisiones. Entonces no queremos oír esa advertencia de estar firmes, al contrario, lo único que anhelamos, es cumplir la acción que apagará nuestro deseo. Es allí cuando todo en nuestro interior se levanta en contra de la Palabra de Dios. Es por esa razón que la Biblia enseña***

que en tiempos de tentación de la carne hay un solo camino: huid, huid de la fornicación, huid de la idolatría, huid de los pensamientos lujuriosos, huid de la vanidad del mundo. En cuanto a la lujuria no hay otra forma de resistir a Satanás que huir. Cada lucha en contra de los deseos pecaminosos, realizada con nuestras propias fuerzas, es inútil, finalmente caemos. Lo que estoy tratando de decir, es que si usted no corre, caerá; es un asunto de tiempo.

Creo que he leído este consejo muchas veces y he tenido que aplicarlo otras tantas debido a que enfrento las mismas tentaciones. La verdad es que este es el único consejo que da resultado y estoy seguro que si usted y yo tratamos de pelear o de mostrarnos como valientes frente a la tentación, caeremos. Cuando decidimos enfrascarnos en una lucha contra la tentación, nuestra caída es asunto de tiempo, por ello el mandato bíblico es huir en el mismo momento.

Cuando decidimos enfrascarnos en una lucha contra la tentación, nuestra caída es asunto de tiempo, por ello el mandato bíblico es huir en el mismo momento.

La verdad divina y el engaño satánico

La razón por la que muchas personas prefieren no tener una relación con Dios es porque les encanta vivir en el pecado y disfrutar de sus pasiones, aunque saben que Dios odia el pecado. También saben que Dios siempre nos dice la verdad y demanda que vivamos en santidad. Dios nos dice claramente que la paga del pecado es muerte, que hay placer en el pecado, pero que las consecuencias son destructivas.

En la Biblia las cosas se tratan con franqueza, después de todo esa es la naturaleza de Dios. Él va directamente al punto, evalúa la situación y revela la realidad. No existen mayores detalles en este acto pecaminoso, sino lo suficiente para mostrar la errónea decisión de David. Sería ilógico pensar que no existió placer en el hecho, pues como alguien dijo: «Las aguas robadas son más dulces». Él disfrutó de aquel momento de placer y, sin duda, Betsabé también. Usted no lee allí nada acerca de que hubo lucha ya que no fue una violación, fue un acto de mutuo acuerdo. Sin embargo, bien dice el escritor de Hebreos, son placeres que pasan y que se marchan tan pronto como llegan las inevitables consecuencias. El versículo 5 dice:

> *Y concibió la mujer, y envió a hacerlo saber a David, diciendo: Estoy encinta.*

Dios es todo verdad, nunca engaña, nunca miente, pero el enemigo llamado Satanás es mentiroso y engañador. Es el padre de las mentiras. Es quien tiene el dominio del mundo y lleva al ser humano hasta el final de su viaje placentero. Lo acompaña y lo motiva en el camino. Le va dando nuevas ideas y presentando excelentes estrategias para conseguir satisfacción con las pasiones, pero cuando la persona llega al fin del sendero pecaminoso por el que ha andado, lo deja solo y desamparado.

El enemigo le presenta a usted una persona hermosa, con un cuerpo hermoso. Usted y yo somos movidos por nuestras propias pasiones, aparece ese deseo encantador, ese gran anhelo de divertirnos. Poco a poco se alteran nuestras emociones y experimentamos ese sentimiento de aventura. Poco a poco Satanás nos va convenciendo y nosotros vamos creyendo que encontraremos satisfacción en esa terrible combinación. Pero él nunca le dice al borracho, que después de sus temporadas de bebida y diversión, viene el alcoholismo.

Satanás nunca nos dice la verdad. Nunca le dice el bebedor que tendrá cirrosis. Nunca le dice al adúltero que va a terminar con su familia destruida. Nunca mueve al drogadicto para que piense que en algún momento tendrá una sobredosis. Sus pasiones no pueden comunicarle algo como: «Ten cuidado con esos desvíos emocionales que van a terminar con tu vida». La conciencia adormecida de un ladrón no es capaz de decirle que tarde o temprano será atrapado y que va a tener que pagar caro las consecuencias. La conciencia adormecida de un narcotraficante le hace anhelar satisfacciones pasionales y nunca llenarse. No importa si tienen aseguradas sus vidas y las de sus familias con riquezas generacionales, nunca paran.

Es que Satanás y sus conciencias constituyen una excelente sociedad. Sus conciencias no les dicen que cuando lo pierdan todo estarán muertos o vivos pero no podrán disfrutar nada de lo que han hecho. La conciencia más bien les dice que nunca les atraparán. La conciencia adormecida por la pasión y los deseos pecaminosos nunca les comunican al fornicario que un embarazo es una posibilidad real, ni al adúltero que en algún momento será descubierto. Simplemente cauterizan la mente y la dejan en blanco, y luego cuando vienen las consecuencias, la persona queda sola y envuelta en un mundo de tristeza.

La decisión más difícil

Sin duda David no fue lo suficientemente sabio ni fuerte como para evitar un momentito de pecado que le traería consecuencias para toda su vida. Lo mismo nos ocurre a todos. David no pensó en cuánto iba a desagradar a Dios ni cuán fuerte es la reacción de un Dios que es defraudado. Nosotros también lo hacemos y por eso caemos.

F. B. Meyer escribe las siguientes palabras sobre la experiencia pecaminosa de David:

> *Un breve tiempo de apasionada indulgencia y luego su carácter es destruido inevitablemente. Su paz se desvaneció, el fundamento de su reino pereció. El Señor estaba desagradado pues esa era una tremenda ocasión para que los enemigos blasfemaran.*

Después del pecado todos tenemos la opción de detener la espiral descendente que se origina cuando nos metemos en ese remolino pecaminoso. David también podía haber terminado con su caída, pero no lo hizo, porque cuando comenzamos a caer es muy difícil parar. Después que se fue el sentimiento de placer, después que la pasión encontró satisfacción, el rey recibió la desgarradora noticia de parte de su amante. Le dijo: «David, estoy encinta» y tan pronto se dio cuenta de la situación, el monarca tuvo que tomar una seria decisión. El hombre conforme al corazón de Dios tenía que decidir si se arrepentía y agradaba a Dios al reaccionar arrepentido debido a su pecado o seguía tratando de encubrir su falta con más actos de desobediencia y maldad. Tristemente decidió no actuar conforme al corazón de Dios sino conforme a la pasión y la maldad de su propio corazón.

Si David hubiera decidido actuar como un hombre conforme al corazón de Dios, habría llamado a sus consejeros y reconocido francamente su pecado. Él podía haber dicho: «Quiero que conozcan toda la verdad, estoy contaminado, estoy lleno de pecado, soy culpable, he pecado». Dios habría tratado con él de otra manera, si hubiera usado el camino del arrepentimiento. Tal vez Dios no le habría borrado todas las consecuencias, pero ciertamente, hubiera vuelto a su vida de integridad sin agravar la situación y sin obtener peores efectos. Pero el rey eligió la ruta del engaño, de la hipocresía, por lo que finalmente terminó ordenando un asesinato. No arregla su situación ni puede dejar de pecar quien en vez de arrepentirse decide tratar de ocultar su pecado y vivir en rebelión.

No podrá evitar el pecado quien en vez de huir cuando comienza a experimentar la tentación, decide involucrarse repetidamente en las situaciones o con las personas que lo están motivando a actuar pecaminosamente.

Cuando el pecado enceguece

No hay ser humano más peligroso que un hombre o una mujer infatuados. La pregunta es: ¿Qué hago cuando estoy infatuado? La respuesta es fácil, aunque llevarla a la práctica es muy difícil. Creo que una de las mejores formas de enfrentarlo —aunque no siempre tenemos éxito debido a que podemos engañar aun a nuestros mejores amigos cuando estamos enamorados— es buscar ayuda lo antes posible. Si uno logra reconocer su debilidad y buscar algún consejero, algún líder, algún amigo maduro y de confianza, por lo menos tendremos una persona a quien rendir cuenta y alguien que pueda investigar cómo vamos en el proceso. Ese es el comportamiento ideal y debemos asumirlo con un alto grado de franqueza y sinceridad.

Las pasiones son increíbles y pueden motivarnos a actuar de maneras no imaginadas. Las pasiones se alimentan de las experiencias excitantes. Cuando la pasión nos enceguece nos hacemos peligrosos, pero cuando se trata de esconder de los demás nuestras acciones pecaminosas, podemos utilizar estrategias más destructivas que el pecado que decidimos ocultar.

La verdad es que la naturaleza pecaminosa tiene una fuerza poderosa y sus pasiones nos pueden motivar a las más terribles reacciones. Caer en pecado es terrible, pero desear permanecer en él a toda costa, es increíblemente destructivo. Es sorprendente lo que puede ocurrir cuando enceguecidos por el pecado decidimos continuar en rebelión. David no buscaba buenas soluciones a su pecado, más bien estaba respondiendo con más pecado, frente a la falta cometida. David, poco a poco, seguía cavando su tumba, y decisión tras decisión mostraba una peor rebelión. El versículo 6 dice:

> *Entonces David envió a decir a Joab: Envíame a Urías heteo. Y Joab envió a Urías a David.*

Debemos recordar que Joab era un hombre clave en el campo de batalla. Era un hombre de confianza de David y este le había convertido en su autoridad máxima. Joab era un hombre inteligente, no era fácil de manipular. La historia nos muestra que debido a algunas diferencias, ya una vez se había ido en contra de las órdenes de David. En 2 Samuel 3, Abner había matado a uno de los hermanos de Joab. Cuando el rey David se enteró, lo dejó ir en paz. Entonces Joab, le reclamó al rey, diciéndole que se había equivocado y mandó a buscar a Abner y lo mató. David conocía bien a Joab y entendía el riesgo que corría, pero cuando estamos involucrados en una vida apasionante, es difícil ver las consecuencias que sufriremos más adelante.

Todos creemos que las estrategias para hacer lo que queremos resultarán y lograremos nuestro cometido, pero no siempre es verdad. Es impresionante lo que podemos hacer producto de nuestra infatuación y lo que hizo David como parte de su estrategia para ocultar su pecado. El rey envía un terrible mensaje al campo de batalla. Preocupado por enfrentar la situación, le pide que envíe a Urías de regreso a Jerusalén, pero no con buenos propósitos. Joab, obedeciendo la orden del rey, envía a Urías —el esposo de Betsabé— a casa. Observe el siguiente relato que aparece en el versículo 7:

> *Cuando Urías vino a él, David le preguntó por la salud de Joab, y por la salud del pueblo y por el estado de la guerra.*

El rey estaba enceguecido por la pasión y no preocupado por el estado de la guerra. En realidad, en medio de las circunstancias que vivía, no podemos pensar que David estaba genuinamente preocupado por Joab, esas eran palabras hipócritas que escondían su decisión de encontrar una estrategia para llevar a cabo sus siniestras determinaciones. Esa era solo una pantalla para tratar de ocultar sus intenciones. A David le importaba que resultara su engaño, pensaba en cómo cubrir su noche de candelabros, música y sexo, y en cómo lograr que Urías sin darse cuenta se convirtiera en la herramienta para ocultar su pecado.

En el versículo 8 dice:

> *Después dijo David a Urías: Desciende a tu casa, y lava tus pies. Y saliendo Urías de la casa del rey, le fue enviado presentes de la mesa real.*

Ponga atención a la manipulación que planificó David. Esta es una demostración de la hipocresía que vivimos cuando pecamos y queremos ocultar nuestra pecado. ¿No es esta una imagen terrible de un pecador tratando por cualquier forma de ocultar su pecado? Lleno de hipocresía, el rey le manda un regalo y espera que Urías decida acostarse con su esposa. ¿No piensa usted que esta es una actuación cínica? Pero el versículo 9 revela el fracaso del plan muy bien concebido y bien realizado, aunque no perfecto del astuto David:

> *Mas Urías durmió a la puerta de la casa del rey con todos los siervos de su señor, y no descendió a su casa.*

La verdad es que todos hemos hecho esto o lo haremos en alguna oportunidad. Sin importar cuál pecado cometamos, nuestra primera intención es ocultar a como dé lugar la revelación de nuestra maldad. Si usted alguna vez ha estado tratando de ocultar un serio pecado y todo su plan se fue abajo, entonces comprenderá cómo se sentía David en ese momento. David se dio cuenta de que no había podido lograr su propósito y en vez de desistir de su estrategia hipócrita, debido a que seguía enceguecido, decidió hacer algo que pudiera ser más efectivo. Póngase por un momento en el lugar del rey. Este se levanta la mañana siguiente y está dispuesto a averiguar lo que había sucedido, pero el informe es decepcionante. David estaba decepcionado pues no había ocurrido lo que había planificado con tanta astucia.

Eso sin duda lo llevó a momentos depresivos. Es que cuando estamos cada vez más cerca de ser descubiertos, la ansiedad nos ataca y sufrimos los efectos de la inminente revelación de nuestra maldad. La ansiedad nos produce problemas emocionales, nos alteramos, no podemos dormir, estamos constantemente inquietos y podemos caer en grandes estados depresivos. No podemos vivir una vida normal cuando nuestro pecado está a punto de ser descubierto.

Cometemos un serio error que tendrá consecuencias más graves cuando tratamos de seguir encubriendo un pecado que en algún momento será descubierto. Cuando continuamos en ese proceso destructivo, seguro caeremos en estados depresivos. Si actuamos con valentía, confesamos y nos arrepentimos con sinceridad, no solamente evitaremos que la situación se agrave y tengamos opción para cambiar, sino que evitaremos consecuencias más graves que en algún momento vamos a lamentar.

Recuerde que el rey quería que Urías durmiera con su esposa; pero el esposo de Betsabé no se sintió digno de tener una noche de placer con su amada, mientras sus compañeros estaban en el frente de batalla. Su esposa había cometido adulterio y vivía una situación complicada. Betsabé era una bella mujer que fue seducida por el poder, por la oferta de un hombre poderoso, pero Urías era un fiel soldado que no era seducido por las tentaciones que le proponía el rey. El versículo 10 nos muestra a este fiel soldado, este fiel siervo de David que no tiene idea de que su esposa ha dormido con su monarca. Urías no sabe que su esposa está embarazada, no tiene idea de la gravedad de su situación y mucho menos que el pecado de otros terminaría en su propia muerte.

Si en algo nos puede ayudar, cuando estamos en medio de la tentación, vale la pena pensar en el sufrimiento de los inocentes. Los hijos, los esposos, las esposas de quienes cometen adulterio pueden llegar a crisis que pueden ser terriblemente destructivas.

El inocente Urías, el soldado que prefería estar en la guerra y servir a su país, se encuentra ahora respondiendo al interrogatorio que le somete David según describe el siguiente versículo:

> *E hicieron saber esto a David, diciendo: Urías no ha descendido a su casa. Y dijo David a Urías: ¿No has venido de camino? ¿Por qué, pues, no descendiste a tu casa? Y Urías respondió a David: El arca de Israel y Judá están bajo tiendas y mi señor Joab, y los siervos de mi señor, en el campo; ¿y había yo de entrar en mi casa para comer y beber, y a dormir con mi mujer? Por la vida tuya, y por vida de tu alma, que yo no haré tal cosa.*

Este soldado fiel, este hombre que amaba a Dios, a su esposa y a su país, con sus acciones le está dando una inmensa lección a su rey. Él le dice: «David no puedo romper mi pacto con mi pueblo, no quiero dejar de ser fiel a la institución militar que sirvo, no puede ser que yo me dedique a descansar y disfrutar, mientras ellos están en medio de la batalla. David, yo prefiero vivir con integridad delante de mi Dios y evitar algo que me es lícito, pero creo que no conviene». El comandante en jefe del ejército ha sido confrontado por la integridad de un don nadie, un hombre sencillo que estaba comprometido de pies a cabeza con la nación y con el Dios de aquella nación y que le entrega una inmensa lección a quien decidió hacer lo ilícito y pecaminoso.

Cuando intentamos ocultar un pecado y la estrategia no funciona, tendemos a buscar nuevas estrategias. Note ahora lo que hizo David, observe cómo manejó la situación:

> *Y David dijo a Urías: Quédate aquí, aun hoy, y mañana te despacharé. Y se quedó Urías en Jerusalén aquel día y el siguiente. Y David lo convidó a comer y a beber con él, hasta embriagarlo.*

Y él salió a la tarde a dormir en su cama con los siervos de su señor; mas no descendió a su casa.

La situación ha escalado a un límite que David nunca se imaginó. Allí vemos a David lleno de pánico tratando una vez más y con una nueva estrategia, de ocultar su pecado. Por supuesto que está enojado porque sus planes han fallado y toma la determinación de emborrachar a Urías para que se acueste y tenga relaciones sexuales con su esposa, pero este ni aun así lo hizo. David, el poderoso y apuesto monarca, pudo seducir y manejar a una mujer, pudo manejar a la esposa de Urías; pero no pudo con Urías porque este no era un soldado cualquiera. Este hombre fiel tenía un compromiso con su nación y con su Dios y había determinado que nada le obligaría a abandonar lo que creía. Qué inmensa diferencia entre Urías y Betsabé, y qué diferencia entre el humilde soldado y el orgulloso rey.

Cuando la infatuación nos atrapa e inunda nuestro vulnerable corazón, no solo corremos el peligro de caer en pecado, sino en un proceso pecaminoso y decadente que no terminará hasta que nos convenzamos que hemos ocultado todo astutamente. Pero en el proceso de encubrir nuestro pecado podemos cometer actos destructivos y violentos que nunca habíamos imaginado. Es difícil dejar de pecar, pero es más destructivo seguir pecando.

Tristemente la historia no termina allí, ni el dolor vivido fue suficiente para que el rey terminara su proceso pecaminoso. David determinó no arrepentirse y siguió agregando estrategias pecaminosas y agravando más la situación que podía haber detenido. El versículo 14 nos muestra la siguiente parte de su plan asesino. Póngase ahora en el lugar de su general Joab, que se encuentra en el campo de batalla y recibe una extraña orden de su rey:

Venida la mañana, escribió David a Joab una carta, la cual envió por mano de Urías. Y escribió en la carta.

La hipocresía y disposición a ocultar su pecado había llegado al extremo. Así como si fuera una terrible película de horror, el admirado salmista David decide enviar la sentencia de muerte del esposo de su amante, el soldado Urías, en las mismas manos de la ingenua víctima. ¿Nota usted la confianza que el rey tenía en Urías? ¿Nota la inocencia y disposición del fiel soldado a someterse a las órdenes de su rey? Sin dudas era un hombre en el que el rey podía confiar. El otro lado de la moneda era triste. Urías no podía confiar en su monarca. Observe lo que decía la sentencia que Urías llevaba:

> *Poned a Urías al frente, en lo más recio de la batalla, y retiraos de él para que sea herido y muera.*

Le dije que corremos el serio peligro de convertirnos en algo que nunca nos imaginamos cuando permitimos que el pecado nos domine. David escribió esa terrible nota con una decisión pecaminosa. Como una estrategia para ocultar las consecuencias de su pecado. El rey puso la sentencia en un lugar seguro y le dijo: «Urías debes llevar esta carta a Joab». Urías se marchó al lugar donde creía que debía estar y finalmente llegó al campo de batalla, allí le entregó la nota a Joab, este leyó la terrible orden del rey y decidió cumplirla sin cuestionarla:

> *Joab sitió la ciudad, puso a Urías en el lugar donde sabía que estaban los hombres más valientes. Y saliendo luego los de la ciudad, pelearon contra Joab, y* **cayeron algunos** *del ejército de los siervos de David.*

Nuestros pecados no siempre nos afectan solo a nosotros. Nuestras estrategias pecaminosas para encubrir nuestros pecados pueden provocar daño a personas inocentes y debido a nuestra rebelión, creamos un ambiente de terrible destrucción.

Tristemente, muchas veces los planes malignos de los pecadores se cumplen y la destrucción es asombrosa. Lamentablemente se cumplió el pecaminoso plan de David, según afirma la Palabra de Dios:

> *Y murió también Urías heteo. Entonces envió Joab e hizo saber a David todos los asuntos de la guerra.*

Murieron algunos inocentes como resultado del plan de David para matar a Urías y así esconder su pecado. Joab conocía a David y sabía que podía molestarse al saber que murieron algunos soldados, por lo que podría cuestionar la estrategia utilizada por su general. Esa es la razón por la que envía a un siervo. Note lo que dice:

> *Y mandó al mensajero diciendo: Cuando acabes de contar al rey todos los asuntos de la guerra, y si el rey comenzare a enojarse y dijere: ¿Por qué os acercaste demasiado a la ciudad para combatir? ¿No sabías lo que suele arrojar desde el muro?*

Entonces Joab cita un evento histórico en su intento por justificar su acción y ajustarla al plan que tenía David:

> *¿Quién hirió a Abimelec hijo de Joab? ¿No echó una mujer del muro un pedazo de una rueda de molino, y murió en Tebes? ¿Por qué os acercasteis tanto al muro? Entonces tú le dirás: También tu siervo Urías heteo es muerto.*

El astuto soldado de David recibe la nota, la guarda y ejecuta la orden tal como le había sido recomendado. Joab conocía a Urías, también conocía su disposición a servir y conocía a su familia. Joab también sabe que David no es un asesino, pero se da cuenta de que por alguna razón estaba obrando muy extrañamente y que necesitaba tener cuidado. Por ello al enviar el reporte, en otras palabras le dice: «Dile al rey que la misión está cumplida, que yo cumplí su obra, dile que su orden se cumplió y murió la persona que el quería que muriera».

Si hilamos un poco más fino, podríamos decir que con la nota en su poder, con la orden de poner a Urías en un lugar clave para que lo matasen, Joab tenía a David en sus manos. Era allí precisamente donde Joab quería tener al rey. Él sabía que esa nota podría ser de mucha utilidad en el futuro. Joab tenía la prueba de que David había asesinado a Urías.

Este ejemplo de cómo escalan las estrategias pecaminosas cuando tratamos de seguir cubriendo nuestros pecados nos demuestra que en el caso de David, el problema se torna cada vez más difícil. Y así ocurre con todos. Mientras más ferozmente nos rebelamos contra Dios, más grave es nuestra situación. La rebelión nunca mejora las cosas. Una cosa es cometer pecado y arrepentirse y otra es cometerlo y tomar la determinación de ocultarlo a como dé lugar, incluso mediante más pecados. Cuando neciamente tomamos esta determinación, nos metemos en problemas más serios, pues la cadena de maldad nunca termina.

Mientras más intentamos tapar nuestros pecados, más pecados cometemos y más grave será la disciplina divina. Nunca actuamos como Dios quiere, más bien nos rebelamos peligrosamente cuando seguimos

tratando de ocultar nuestro pecado con las estrategias pecaminosas que utilizamos.

Estoy convencido de que todos en algún momento hemos ocultado algún pecado y todos sabemos cuán apasionante es disfrutar de lo que nos agrada, especialmente cuando nuestras pasiones sexuales son estimuladas. Pero todos sabemos que seguir pecando para tratar de esconder nuestros pecados es un serio error que producirá consecuencias más graves.

¿Está usted escondiendo algún pecado y ha tenido que ir agregando mentira tras mentira a su estrategia engañosa? ¿Está intentando ocultar el adulterio, la hipocresía, el asesinato, la mentira, el chisme? ¿Cree usted que tiene toda la escena cubierta y que finalmente su estrategia funcionó? ¿No ha pensado que con Dios es imposible jugar y que nada se le puede ocultar?

Con seguridad que David pensó que finalmente todo estaba arreglado. Tal vez, después de la noticia de la muerte de Urías pensó que al fin su estrategia había funcionado. Parecía un excelente fin para el astuto pecador, pues nadie sino Betsabé conocía su pecado. Tal vez se había olvidado que Joab tenía una nota que podía utilizar en su contra en cualquier momento o pensó que podía manejarlo a su antojo y por ello no le preocupaba.

Pero lo que más debía preocuparle era que el Dios de Israel, el Dios todopoderoso, sabía la verdad y que nunca aceptaría un comportamiento pecaminoso. David sabía que el molino de Dios muele lento, pero muele fino, pero existen momentos en que es más fuerte la pasión que el temor a Dios. A pesar de todo lo que ya había hecho, David seguía enceguecido, continuaba agravando su situación y las consecuencias seguían creciendo, así como iban aumentando sus reacciones pecaminosas. El proceso que vivió el rey es el mismo que podemos vivir todos. David comenzó con un momento de descanso y esparcimiento, siguió con deseos lujuriosos y una estrategia para satisfacerlos, continuó con un acto de adulterio bien planificado, siguió con la hipocresía, el engaño y su intento planificado por ocultarlo y terminó con el asesinato.

Creo que todos estaremos de acuerdo que esa no era la costumbre de David. Él no andaba buscando cometer asesinatos. Por ello la pregunta que nos asalta es: ¿Por qué este hombre conforme al corazón de Dios llegó a ese nivel de pecado y rebelión? La verdad es que no hay nada más peligroso que seguir nuestras pasiones, especialmente nuestra fuerte tendencia sexual y nada más fácil que en esas circunstancias atreverse a jugar con Dios. Yo lo sé y usted también; tal vez por ello es bueno realizar una seria advertencia. Si usted es un hijo de Dios y está jugando con los pecados de la carne, está viviendo con el tiempo prestado.

No hay nada más dañino en la vida del hombre, no hay nada que apeste más, que los pecados de la carne, usted lo sabe y yo también. No hay nada que entregue a nuestro enemigo más grandes municiones que el pecado de la carne. Nada le da más oportunidad al enemigo para que utilice a quienes observan nuestro comportamiento, para blasfemar contra la iglesia de Dios, que el compromiso con el pecado. Y creo que no existe nada que indigne más a Dios que el pecado de sus siervos que permite un ataque a Su iglesia. Pero así como ha sido difícil para mí detener esas tendencias pecaminosas, sé que también es difícil para usted, a pesar de lo que conocemos.

Lamentablemente la triste historia de David no termina allí. El mensajero vino a dar la noticia y el rey la escuchó con atención, pues eso podría marcar el fin de su situación y el éxito de su estrategia. El versículo 21 dice que el siervo le dijo: «Y murió también tu siervo Urías heteo».

En otras circunstancias, la muerte de un valiente soldado hubiera provocado dolor en el corazón del rey, pero ahora solo podemos ver su insensibilidad e hipocresía. El siguiente versículo muestra el grado de hipocresía y de maldad al que podemos llegar cuando nos dejamos seducir, conducir y dominar por el pecado:

> *Y David dijo al mensajero: Así dirás a Joab: No tengas pesar por esto, porque la espada consume, ora uno, ora a otro; refuerza tu ataque contra la ciudad, hasta que la rindas. Y tú aliéntale.*

Observe la maldad de David. Por supuesto que murieron otros inocentes en su maligna estrategia cuando intentaba que muriera Urías, pero según el relato del capítulo 11 versículos 17, 24 y 25, notamos que no solo él falleció, sino que muchos pagaron el precio de la maldad de David. Urías y otros hombres han muerto y el rey solo dice: «Está bien, no importa, no se preocupen, así ocurre en las batallas, la espada puede matar a uno, o tal vez le toque a otro, eso es normal, no se desanimen, sigan adelante y cumplan su labor». En sus momentos de integridad el rey hubiera sufrido por la caída de sus valientes, pero ahora en su momento de maldad no le importaba el dolor de otros y la perdida de sus vidas. En lugar de caer delante de Dios declarándose culpable de crimen, siguió adelante y en ese viaje destructivo le acompañaba su compañera de aventuras. Observe lo que dice el versículo 26: «Oyendo la mujer de Urías que su marido Urías era muerto, hizo duelo por su marido».

Sin duda, no solo era una experiencia de hipocresía que todos en algún momento vivimos, sino también una experiencia dolorosa pues ella nunca se imaginó que ceder al espíritu conquistador del rey le llevaría a tan terrible tragedia. Pero David seguía tratando de tapar su pecado y de no dejar ninguna huella. Por ello cuando Urías fue asesinado, se casó con ella. Todavía ni siquiera salía césped sobre la tumba del asesinado Urías cuando los amantes ya formalizaban su boda.

Existen momentos en que nuestro pecado endurece tan grandemente nuestro corazón que estamos dispuestos a todo. David y su amante actuaron hipócritamente pues aún no salía césped sobre la tumba de Urías, cuando ellos ya se casaban. Investigar la experiencia pecaminosa de David nos permite observar su increíble rebelión, pero también debe motivarnos a examinarnos y evaluar nuestro propio corazón.

Mientras más uno investiga la experiencia de David más se da cuenta de cuán similares somos los seres humanos. Nuestra naturaleza pecaminosa no ceja en su intento por seducirnos y no solo a David, sino a todos, nos lleva astutamente por donde quiere mientras estamos atrapados en el mundo pasional.

Las preguntas que surgen son: ¿Qué está tratando de hacer David? ¿Por qué está actuando de esta manera? ¿Cómo puede llegar a tal extremo? ¿Es un pagano que odia a Dios? La respuesta es sencilla. David fue un ser humano con virtudes y defectos como nosotros. Solo recuerde alguna experiencia en la que usted estuvo totalmente asustado pensando en que si era descubierto se encontraría en grandes dificultades. ¿Sabe que nos mueve a actuar de una u otra manera? Es el pánico que sentimos por el temor a ser descubiertos. Cuando somos dominados por el pánico, no podemos pensar lógicamente. Es que David, usted y yo no somos personas malvadas que buscan cualquier oportunidad para pecar contra Dios y fallarles a nuestros cónyuges y familias. No somos siervos de Dios, pastores, ministros de música, diáconos, ancianos, líderes de una congregación que andamos como tigres agazapados buscando una presa para adulterar.

La mayoría de los hombres es como usted y yo, seres humanos pecadores, débiles, que anhelamos amar a Dios y no fallarles a nuestras familias; a veces ocupamos posiciones de poder, de respeto y nos rodeamos de personas con quienes nos relacionamos y en muchas ocasiones somos admirados. La mayoría de nosotros no piensa que las cosas van a escalar a situaciones tan graves. Y aunque nuestro intento es vivir para Dios, en ciertas ocasiones y por diversas circunstancias, somos más vulnerables, caemos en la tentación y cuando podemos ser descubiertos, nos llenamos de temor. Por eso es que comenzamos poco a poco a ser guiados por el pánico. Tristemente, en esos momentos, nuestra juventud, nuestra inmadurez, nuestro mundo pasional, la negativa de nuestro cónyuge a tener relaciones saludables, la falta de intimidad y la falta de cercanía, así como la falta de una relación fuerte y sincera con el Señor nos pueden llevar a pecados que por temor a ser descubiertos nos dirigen a otros tropiezos. Cuando el pánico nos inunda, nos cegamos, ya seamos humildes campesinos, líderes de una congregación o reyes de una nación.

Cuando lo único que nos interesa es cubrir nuestro pecado y cuando comenzamos a utilizar estrategias pecaminosas, nos vamos enredando en todo un mundo de mentiras del que es casi imposible salir porque hemos cavado un hueco muy grande.

Si usted se ha encontrado allí, se dará cuenta de que en cierto momento cree que está ganando la batalla cuando aparece otra experiencia y nuevamente se ve obligado a mentir. Luego, una pequeña temporada de paz y cree que con esa mentira ya quedó todo tapado, cuando nuevamente el monstruo de su pecado comienza a sacar una mano del montón de tierra que le ha echado. Y una vez más se ve obligado echarle más tierra, más mentiras y más pecado.

Eso era precisamente lo que estaba viviendo David. Él era un hombre conforme al corazón de Dios que cayó en un terrible pecado, que se sintió desesperado y que decidió manejar su situación sin seguir las instrucciones divinas. Es que Dios es tan misericordioso que siempre tiene una estrategia de salida. Junto con la llegada de la tentación, tiene un camino de salida. Él sabe que por ser pecadores, caeremos en pecado, pero no quiere que permanezcamos allí y por ello, por su misericordia, nos ofrece una salida. Tristemente no siempre elegimos utilizarla. A veces creemos que podemos salir aplicando nuestra inteligencia y nuestra astucia, y que todo pasará sin que nadie se dé cuenta. Junto con la llegada de la tentación, Dios nos dará la salida para que podamos resistir y ser restaurados, para que no continuemos en el pecado.

He pensado en mis propios momentos de confusión y me encanta Dios, pues siempre me entrega una solución. No siempre es la que queremos ni es tan fácil como nos imaginamos, pues significa tomar la seria decisión de abandonar el dominio de la pasión. ¿Sabe usted cuándo puede llegar su libertad? ¿Sabe en qué momento puede respirar en paz y volver a vivir una vida normal? Solamente cuando decidimos obedecer a Dios. A veces nos exhorta en Su Palabra, a veces, vemos el dolor de la experiencia ajena, a veces aparece alguien que ama a Dios, que conoce las Escrituras, que nos ama y que tiene la valentía de mirarnos a los ojos y decirnos lo que el profeta Natán a David: «Respetado rey, escúchame. Dios te ha visto y te dice que estás actuando como un hipócrita, tú eres pecador, tú eres ese hombre que le ha fallado a su Señor».

Los críticos y puritanos podrían decir: «Qué terrible lo que hizo David. Como pudo haber cometido tan grande pecado. Yo nunca he hecho ni haría algo así». Posiblemente no haya cometido esos terribles pecados, pero ha cometido otros que son tan terribles como ese. Usted y yo hemos pecado y en ciertos episodios de nuestra vida nos hemos encontrado disfrutando de la pasión, pero en otros, sentimos que nuestra vida está desierta. Sin duda en muchas ocasiones nos hemos visto como se ve ahora David.

El dulce cantor de Israel, el salmista maravilloso, aquel hombre de buena apariencia, líder ejemplar, ahora estaba hecho pedazos. Por responder con pasión a su mundo desviado, ahora vive en las sombras de su terrible pecado. Quisiera decirle que solo David vivió tan terrible experiencia, pero todo aquel que ha realizado otros pecados, todos los que han ocultado comportamientos pecaminosos han cometido pecados que nos llevan a momentos difíciles y muy tormentosos.

Tristemente, debido a nuestra juventud, nuestra inmadurez, nuestro mundo pasional, a la negativa de nuestro cónyuge a tener relaciones saludables, la falta de intimidad y la falta de cercanía así como la falta de una relación fuerte y sincera con el Señor es que podemos caer en terribles pecados que por temor a ser descubiertos nos dirijan a otros. Si el pánico nos inunda, nos cegamos, ya seamos humildes campesinos, líderes de una congregación o reyes de una nación. Pero Dios extiende siempre su misericordia pues junto con la llegada de la tentación, nos dará la salida para que podamos resistir y ser restaurados, para que no continuemos siendo destruidos por el pecado.

No quisiera terminar este impactante capítulo sin antes dejar en lo profundo de su corazón algunas grandes lecciones:

¡Cuidado! La pasión sexual no disminuye involucrándose más sexualmente, al contrario puede seguir aumentando.

Quisiera decirle que es fácil dominar nuestras pasiones, pero usted sabe que no. Usted sabe que cuando nos iniciamos alimentando poco a poco a ese monstruo de muchas pasiones que habita dentro de nosotros, no va muriendo, más bien sigue creciendo y necesitando cada vez más comida. Lo que comienza con el deseo de autoestimularse y a esa agradable sensación nos lleva a una masturbación dominante. La necesidad de enfocar nuestra mente y excitarnos para poder lograr la eyaculación nos lleva a buscar imágenes que estimulen nuestra pasión. Esa búsqueda de imágenes sensuales y esa necesidad que puede experimentar cada día, nos lleva a la apasionante pornografía y ese desarrollo permanente de la pasión, nos lleva al adulterio y la fornicación.

La industria de la pornografía es una de las más millonarias del mundo pues las pasiones de los hombres nunca se agotan. Quien no tiene una estructura moral poderosa y con principios bien fundamentados en la Palabra de Dios no puede poner límites a sus pasiones. Cristianos o no cristianos somos vencidos por nuestras pasiones, si no determinamos que ajustaremos nuestra vida a principios más altos y espirituales que nuestros deseos carnales. Con la ayuda de Dios, la oración, el estudio de la Palabra, la comunión, la orientación, el apoyo de líderes sabios y el desarrollo del dominio propio, podemos tener fortaleza para luchar contra nuestras pasiones desmedidas, pero esta no es una lucha que realizamos una vez, obtenemos la victoria y nos transformamos en vencedores para siempre. Es una lucha diaria desarrollar un fuerte dominio propio para evitar ceder al constante asedio.

Este problema del aumento de la pasión no solo ocurre con los solteros que debido a que no tienen relaciones sexuales viven permanentemente tentados. Esto también nos ocurre a los casados. El hecho de que tengamos la puerta abierta dentro de la vida conyugal para desarrollar con normalidad nuestra vida sexual no termina con el incremento de nuestra vida pasional. Esta pasión puede seguir aumentando al punto que aun casados y con relaciones íntimas normales, anhelemos cosas anormales.

Es que dentro o fuera del matrimonio, cuando nos involucramos en la constante búsqueda de cosas estimulantes, buscando nuevas formas de expresión sexual, corremos el riesgo de que en vez de que saciemos nuestras pasiones, más bien las aumentemos. Ningún «don juan» se siente satisfecho después de haberse acostado con varias mujeres, seguirá necesitando más y más, pues la pasión sexual, si no se la estructura dentro de límites morales, nos produce una sensación de insaciabilidad.

Las pasiones sexuales no se controlan por el solo hecho de casarnos y tener la posibilidad de sostener relaciones sexuales regulares. La vida sexual matrimonial no es el límite de nuestra vida pasional. Cada persona es responsable de tener los valores morales adecuados para tener al monstruo de las pasiones bien controlado.

Recuerde: Ningún pecado es tan grande que pueda destruir la gracia de Dios.

Este es un libro que motivará a todo lector a realizar una evaluación y que nos revelará nuestra inevitable realidad. No hay justo ni siquiera uno. Todos somos pecadores y aunque existen pecados que producen más consecuencias, todos los pecados son serios delante de Dios. No existe pecado, por pequeño que lo consideremos que no produzca problema con Dios. El otro lado de la moneda es que Dios nunca deja de amarnos y está preparado para lidiar con nuestra pecaminosidad. Nuestro Dios es un Dios de gracia increíble. Él no quiere que debido a nuestros pecados nos quedemos sin esperanza y destruidos. No quiere nuestra destrucción. Dios nos extiende su gracia para darnos su perdón y permitirnos la necesaria restauración.

La Biblia nos enseña que cuando aumenta el pecado, sobreabunda la gracia. La gracia de Dios es más grande que los pecados que podamos cometer. No hay pecado del hombre que pueda hacerle perder su salvación. La gracia de Dios está siempre presente y aunque Dios rechaza nuestro pecado, ama al pecador cualquiera sea su falta. Ni la mentira, ni el asesinato, ni el adulterio pueden destruir la gracia de Dios, pues esta es abundante y suficiente y está siempre disponible para que la utilice el pecador arrepentido. Continuamos en la familia de Dios a pesar de nuestros pecados y podemos constituirnos en hijos que prefieren la rebelión, pero no por ello perdemos nuestra salvación.

Si usted persiste en vivir en pecado puede que nunca haya conocido a Dios y por ello sigue deleitándose en su vida pecaminosa, pero el alma que está en las manos de Dios nunca puede ser arrebatada de las manos de un Dios poderoso. Sin embargo, el alma rebelde puede ser disciplinada por ese mismo Dios amoroso. El hecho de que exista esta maravillosa gracia no significa que podemos seguir en rebelión y pecando, y que Dios nos seguirá solo con gracia esperando. En algún momento actuará con suficiente fuerza y aplicará la justicia necesaria que se manifestará en la fuerte disciplina divina.

Aunque no existe pecado que nos haga perder nuestra salvación y que por su gracia Dios perdona todo pecado, no podemos vivir una vida de excelencia con un espíritu de rebelión y desobediencia, por lo que en algún momento sufriremos terribles consecuencias.

Si usted es uno de aquellos que consciente o inconscientemente abusa de la gracia divina, antes que cante victoria y diga: «Entonces, debido a la gracia divina, puedo seguir pecando», quiero que me entienda el siguiente principio que le hará sentir confrontado.

Evalúe: Ningún pecado es demasiado pequeño como para no activar la disciplina de Dios.

Dios no puede aceptar, Dios no puede permitir, Dios no puede convivir con el pecado y ningún hijo que decida vivir en desobediencia podrá evitar que Dios actúe con firmeza. Dios nos ama a pesar de que somos pecadores. Él sabe que no podemos vivir sin pecado, por eso ha dejado un sistema para confrontar nuestros pecados y mantenernos en comunión genuina con Él. No existe pecado tan grande que pueda destruir la maravillosa gracia de Dios, pero tampoco existe pecado tan pequeño que no active la disciplina divina.

La Biblia nos enseña que si nuestros padres terrenales nos disciplinan porque nos aman, cuanto más nos disciplinará con amor nuestro Padre celestial que es justo, que nunca se equivoca y que conoce muy bien nuestra vida y el proceso de confrontación y restauración. Dios siempre actuará justamente aunque nosotros actuemos pecaminosamente. A veces su disciplina puede mostrarse en una sencilla amonestación, pero en otros momentos con sufrimientos, enfermedades y pérdidas que no son producto del odio, sino que más bien nos recuerdan su amor. Pablo afirma que Dios no puede ser burlado (Gálatas 6.7). Todo lo que el hombre sembrare eso también segará. Este maravilloso Juez justo juzga tanto nuestros pecados de acción como los de omisión. Juzga los pecados que cometemos cuando actuamos, así como los que evidenciamos cuando reaccionamos al pecado personal o de otro. La Biblia no solo enseña que peca quien hace lo malo, sino que también nos enseña que existe pecado en el que sabe hacer lo bueno y no lo hace. Quien omite hacer lo que debe, se rebela contra el Dios que ha ordenado que hagamos lo bueno.

Antes de condenar a quien ha pecado gravemente, debemos realizar nuestra evaluación bíblicamente pues la Biblia nos enseña que todo pecado, inmediatamente, obstaculiza la limpia relación con Dios. Este pecado puede ser una sencilla mentira o un terrible adulterio, puede ser un chisme divertido o un acto pervertido, puede ser la fornicación o cualquier otra rebelión. Todo pecado inmediatamente pone una muralla de separación en nuestra comunión santa con Dios.

Las formas de aplicación de la disciplina divina son muy variadas y el apóstol Pablo enseñó a los corintios que tuvieran cuidado aun de la forma que participaban de la Cena del Señor. Algunas personas pueden pensar que no existe nada grave, o que nadie se dará cuenta, si en su congregación toman el pan y el vino, y participan de la eucaristía aunque estén viviendo en pecado. Sin embargo, Pablo enseña que quien así actúa, le ha fallado a Dios y será disciplinado. Pablo dice que por participar de la cena indignamente, es decir, sin haber aceptado a Cristo como su Salvador, o siendo un creyente, participar con pecados escondidos que no quieren ser confesados ni abandonados, muchos son objetos de la disciplina divina. Pablo dice: «Por esta razón...» es decir, debido a la participación indebida en la Cena del Señor, hay algunos enfermos.

Por la desobediencia algunos pueden sufrir enfermedades. También dice que hay algunos «débiles». Es que debido a la rebelión las personas pueden vivir en un estado permanente de estrés y depresión, y experimentar una falta de paz y problemas emocionales. La palabra más grave en la declaración de Pablo ocurre cuando dice: «Por esta razón... algunos duermen». La disciplina divina puede llegar a ser tan grave que Dios se reserva el derecho de determinar que el rebelde muera (1 Corintios 11.30).

> ***Delante de Dios no existen pecados tan pequeños que no provoquen en Él una reacción. Dios considera todo pecado un acto de rebelión. No existe pecado que cometamos los seres humanos que sea tan pequeño que no active la disciplina divina.***

Capítulo 4

RAZONES QUE MOTIVAN A COMETER ADULTERIO

Todos pecamos por alguna razón, aunque delante de Dios no exista justificación. Entender las razones que nos mueven a pecar es clave para luchar con fortaleza y sinceridad contra nuestra permanente tendencia a la pecaminosidad.

Las caídas súbitas son la excepción, pues generalmente son el resultado de un proceso que nos lleva a la rebelión. Aunque una persona, especialmente el hombre, pueda caer en una relación de adulterio en forma inesperada y sin ninguna planificación, la debilidad en que se encontraba la persona, debilidad que le convirtió en vulnerable, fue la razón por la que no pudo resistir una fuerte tentación. Nuestras caídas pueden ser súbitas, pero lo que la propicia es producto de un lento proceso de deterioro espiritual.

Casi siempre las caídas son resultado de un proceso combinado. Por una parte, el estado de debilidad emocional y espiritual que ha sido efecto de un proceso congruente. Por otra, el encuentro súbito de una posibilidad de satisfacer una pasión que nos consume o el aumento persistente de la amistad e intimidad con alguien del sexo opuesto y la carnada sexual que llamó nuestra atención.

En todo adulterio las personas tienen la obligación de responder a las circunstancias que viven, y las respuestas pueden ser muy variadas. La respuesta generalmente se basa en la experiencia que la persona vive en ese momento y no necesariamente en los principios y valores que tiene. Es que nuestras pasiones pueden ser tan estimuladas que nuestras convicciones se anulen. Debido a que es una experiencia sumamente emocional, la respuesta también se basa por lo general en emociones y no en convicciones. La respuesta de alguien lleno de dolor, de enojo, de culpa o de rebelión será muy distinta a una persona profundamente herida o decepcionada. Una persona que vive en un momento de fortaleza espiritual y emocional responderá de manera muy distinta a quien está pasando por una serie crisis de fe y de inestabilidad emocional.

Todos los que hemos experimentado una fuerte tentación y que hemos sucumbido a algunas, sabemos muy bien que la batalla pasional es muy difícil. Vivimos experiencias complicadas, por lo que no pretendo dar una explicación simplista a un problema tan complejo, más bien trataré de analizar en forma sencilla y práctica una experiencia compleja.

Una batalla de fuerzas

La experiencia y la Biblia nos muestran que hay muchas razones para que un individuo que juró lealtad y fidelidad rompa sus compromisos. En forma amplia podemos decir que existen fuerzas externas e internas que se atraen y que desean juntarse. Por un lado, e interiormente, se encuentran las pasiones naturales que batallan en nuestra mente. Por el otro, externamente, se encuentran las tentaciones poderosas de todo lo que nos apasiona. Entre esas dos fuerzas se encuentran dos murallas que pueden ser muy débiles y vulnerables o muy fuertes y poderosas. Esas murallas son: el amor genuino por Dios y sus principios que motiva nuestra obediencia y los valores morales de un individuo que nos permiten luchar con fortaleza. Allí están esos principios que con el paso del tiempo ha aprendido, esos valores morales que le fueron enseñados y que ha decidido guardar.

Si estos valores son altamente morales y basados en principios bíblicos y si la persona ama genuinamente a Dios, y ha desarrollado una intimidad genuina con el todopoderoso, tendrá dos poderosas murallas que no serán fácilmente derribadas. Los valores morales que tenemos y nuestro genuino amor por Dios son dos importantes barreras que separan esas fuerzas y que nos ayudan a defendernos del ataque de la tentación.

Entre la pasiones que arden en nuestro corazón y las cosas, experiencias y personas apasionantes que nos producen emoción, atracción y excitación existen dos murallas: el amor por Dios y los valores morales. Mientras más grande y difícil sea la experiencia, más presión recibiremos y mientras más fuertes y poderosas sean esas murallas con mayor fortaleza resistiremos.

El amor no genuino por Dios y la debilidad de la fe

¿Qué hago para prepararme y ser menos vulnerable? Debemos determinar si nuestro amor por Dios es genuino y no solo un activismo religioso. Debemos evaluar si nuestra fe tiene buenos fundamentos o solo actuamos religiosamente. Mi amor genuino por Dios y mi fe bien fortalecida me ayudan a ser menos vulnerable. Aun los que amamos a Dios somos vulnerables, pero unos cristianos son más que otros. Ningún ser humano puede resistir toda tentación y ninguno puede vivir sin pecado. Sin embargo, existen hijos más débiles y más fuertes, hay hijos de Dios más rebeldes y otros más sumisos, los hay obedientes y desobedientes. El cristiano más débil es el religioso, aquel que ha aprendido rutinas y que vive una vida eclesiástica, pero no mantiene una relación íntima con Dios. Todos podemos caer en una vida religiosa.

Podemos asistir a una congregación con regularidad y estar muy involucrados en un activismo religioso, pero ser débiles en nuestra fe. La religión no es la fortaleza de nuestra alma, más bien puede ser la motivadora de nuestra vulnerabilidad. Nuestra cercanía al todopoderoso, nuestra vida devocional, nuestro profundo amor, nuestro compromiso sincero con las verdades bíblicas y su aplicación, nuestros tiempos genuinos de adoración son pilares de nuestra defensa. Hay personas que cantan bien y viven mal. Caen en adulterio los cantantes afinados y populares aun después de un hermoso concierto. Los cánticos no son nuestra fortaleza.

Algunos de los mejores predicadores hemos vivido terribles momentos pecaminosos. Estudiosos de la Biblia, personas que pasamos horas y días preparando nuestras pláticas con dedicación y que las entregamos con convicción, hemos cedido en un instante a un momento de tentación. La lectura de la Palabra no es nuestra fortaleza, es la aplicación regular de los principios aprendidos y su práctica regular y sistematizada lo que nos fortalece para luchar contra la tentación.

El salmista dice: «En mi corazón he guardado tus dichos para no pecar contra ti». Eso no se refiere a una simple memorización de los dichos divinos, sino a la apropiación de las verdades bíblicas. La rutina religiosa de cantar, orar, leer la Biblia, predicar, no son nuestra fortaleza; más bien pueden ser espejismos que nos hacen creer que estamos fuertes. Nuestro amor por Dios debe ser tan fuerte que decidimos seguir todos sus consejos que nos permiten tener una fortaleza alrededor nuestro. Ese amor por Dios y no el gusto de cantar, ese amor por Dios y no la costumbre de leer la Biblia, ese amor por Dios que me lleve a luchar por tener una relación saludable con mi cónyuge, a luchar por tener personas ante quienes soy responsable, ese amor que me lleve a obedecerle a Dios y no salir solo con mujeres que no sean mi esposa, ese amor por Dios que me lleva a obedecerle y evitar situaciones peligrosas, ese amor por Dios que me lleva a aprender a tener intimidad con mi esposa y una sexualidad saludable, ese gozo que se siente al obedecer a Dios, esa es mi fortaleza.

> ***No existe persona más débil que el individuo religioso que cree que tendrá fortaleza para vencer la tentación practicando ciertas rutinas que le produzcan satisfacción. Aunque es imposible evitar todo pecado, quienes resisten regularmente la tentación tienen intimidad con Dios, se apropian de las verdades bíblicas diariamente y huyen de las tentaciones sabiamente.***

La falta de amor por la Palabra y la debilidad de carácter

Los individuos débiles de carácter tienen serios problemas para resistir las tentaciones naturales. Si usted se pregunta: ¿Qué hago?, la respuesta es aprender nuevos valores y cambiar su manera de pensar. Estudie la Palabra de verdad, aprópiese diariamente de ella y tendrá menos vulnerabilidad. Una persona con carácter maduro, que comprende la Palabra de Dios a profundidad y que ha elegido vivir basado en principios bíblicos es una persona con gran fortaleza. El amor por la Palabra de Dios, la apropiación de las verdades divinas y el uso genuino y regular de ellas producen la fortaleza de carácter que necesitamos para vencer muchas tentaciones. No existe persona fuerte frente a la tentación que no ame los principios divinos ni luche diariamente por su apropiación.

Nuestros valores se forman por los principios que hemos adquirido a través de los tiempos. Mientras más amamos a Dios, sus enseñanzas, sus valores, más fuerte es nuestra fe. Nuestra fe no es un sentimiento que experimentamos sino el fruto del compromiso con la obediencia que tenemos. La fe es un acto de obediencia a Dios. Nos sometemos a sus principios y mandamientos porque creemos que son verdaderos y que Él nunca falla; además, porque estamos convencidos que solo así podemos vivir en victoria y con madurez. Mientras más genuina es nuestra fe y más nutridos estamos con la Palabra de verdad, más fuertes son las murallas que nos protegen de la tentación.

El cristianismo verdadero provee de los elementos esenciales en la construcción de los valores absolutos. Los valores relativos son los que proyecta la sociedad y los que promueven con tanta insistencia y profesionalismo quienes no tienen la intención de identificar ni luchar contra la maldad. Quienes creen en valores humanos temporales y rechazan los valores divinos eternos no tienen fortaleza para enfrentar la tentación y casi nunca les interesa. Ellos viven de acuerdo a lo que sienten, a lo que piensan como seres humanos falibles y no creen en un Dios que tiene valores y principios que son infalibles. Ellos piensan: «Usted crea lo quiera, yo creo lo que quiero. Mientras no me meta en su vida, usted no se meta en la mía. Lo que es bueno para mí es mi decisión, nadie debe involucrarse en ello. Lo que es bueno para usted, usted debe decidirlo y yo no tengo derecho a cuestionarlo, ni usted tampoco».

Para ese tipo de filosofía no existe maldad en ciertas cosas que nosotros llamamos pecados. Esa es la razón por la que sienten que son libres para ser homosexuales, o disfrutar de la pornografía, pues no existe nada malo en seguir sus gustos personales y admirar la belleza del cuerpo humano. Pero para quienes creemos que existe un Dios que piensa mejor que nosotros y que tiene estándares morales más altos que los nuestros, es esencial que determinemos tener un serio compromiso con Dios y sus valores divinos.

Los que creemos en Dios y sus valores, creemos que Dios es nuestra máxima autoridad y que ha dejado principios y normas que no cambian ni en las diferentes culturas, ni en los distintos países. Creemos que ese Dios que estableció esos valores, es el mismo con el paso de los tiempos y exige que vivamos sometidos a los mismos valores en cualquier época. Los cristianos debemos asumir el más serio compromiso de vivir basados en los valores absolutos. Ninguna persona que se considere cristiana tiene la libertad de vivir como desea ni de actuar o tomar decisiones sin que estas pasen por el filtro de los valores absolutos basados en la Palabra de Dios. No tratamos de imponerles nuestros valores a otros individuos, pero debemos usar todos los medios legales a nuestro alcance para lograr que vivamos en una sociedad con una más alta moralidad. Debemos votar por políticos que estén alineados con los valores bíblicos y debemos proponer, para su votación, leyes que protejan la vida y las personas de acuerdo a nuestros principios. Los cristianos no solo debemos creer en esos principios, debemos vivirlos.

De ninguna manera estoy diciendo que todo lo que profesamos los cristianos, lo cumplimos. Nuestra lucha como todos los seres humanos es contra nuestra tendencia pecaminosa y eso incluye nuestras pasiones sexuales desordenadas. El gran apóstol Pablo reconoció que había una batalla dentro de sí mismo, y que lo malo que no quería hacer a veces hacía, y lo bueno que quería hacer, no siempre lo realizaba. Esa también es nuestra batalla y nada más fuerte que la que sostenemos en el aspecto sexual. Es cierto que no cumplimos con todos los valores divinos, pero el cristiano es alguien que lucha permanentemente por cumplirlos y que siente dolor cuando no ha podido hacerlo.

Al cristiano que desea vivir una vida victoriosa, debe interesarle lo que piensa Dios y anhelar constantemente ajustar su vida a esos estándares. Cuando así vivimos, nuestra vida tiende a la obediencia y tiene más fortaleza para resistir la desobediencia. Lo maravilloso es que Dios no nos ha dejado solos para resistir la tentación. Nos ha dejado su Espíritu que nos recuerda la Palabra, que nos consuela, que produce contrición y nos fortalece para enfrentar la tentación.

Creemos que la tentación también incluye una lucha en un mundo espiritual; y los que creemos en la fuerza poderosa de Dios, sabemos que existe alguien especial llamado Espíritu Santo que Dios nos ha dejado para batallar contra la liberalidad de la sociedad y que nos observa constantemente para convencernos de nuestro pecado así como para darnos también la fuerza para vencerlo.

Los cristianos que desean tener fortaleza tienen medios para aumentar la fe, para adquirir conocimiento, para obtener herramientas, para que aumenten la protección y el poder que les ayude a resistir las permanentes tentaciones. En la lectura bíblica y al recibir instrucción de maestros cristianos, la persona adquiere el conocimiento de lo que Dios ama y lo que Dios rechaza. Al estudiar y ser orientados bíblicamente, aprendemos lo que Dios espera de quienes creemos en Él. En la Biblia conocemos más de Dios y nos conocemos más a nosotros mismos. En esa Palabra aprendemos cómo un hombre pecador puede relacionarse con un Dios santo, y qué espera ese Dios santo del pecador.

En la Biblia leemos ejemplos de hombres pecadores que pudieron tener victoria, y también las promesas de Dios, que hacen que aumente nuestra fe. Por medio de la oración, la persona aprende a depender de Dios, y se comunica con Él. A través de ella pone sus cargas y angustias sobre Aquel que puede ayudarle. Con la oración buscamos ayuda y solicitamos la intervención divina en nuestras experiencias diarias. Por medio de nuestra participación en una comunidad de cristianos, entendemos que no estamos solos en este mundo. En esa comunidad aprendemos de la Palabra de Dios y descubrimos también que nuestras luchas y tentaciones no son únicas. Además, aprendemos a dar apoyo a otros que lo necesitan, y a recibir el de otros cristianos cuando nuestra vida enfrenta serias dificultades.

En el estudio profundo de la Palabra de Dios aprendemos verdades. Cuando nos dirigen líderes sabios e interpretan la Palabra con exactitud, aprendemos principios y valores que son esenciales para llevar vidas maduras y victoriosas. Como enseño en mi serie de estudios titulada «El extraordinario valor de los valores», en la que enfatizo que los valores bíblicos son la fortaleza de nuestro carácter. Todo lo que nos rodea prueba nuestro carácter. Un negocio ilícito, una relación pecaminosa, una actuación ilegal, todo es una prueba de nuestro carácter. Mediante el estudio y la guía de los líderes, debemos aprender a convertirnos en personas confiables, responsables, respetables, integradas, solidarias, enfocadas, justas y amorosas. Esos son los extraordinarios valores que deben manifestar los cristianos que desean tener vidas extraordinarias. Sin esos valores, aun el cristiano que canta, ora, ayuna, lee la Biblia, ofrenda, asiste a una iglesia regularmente y tiene un puesto de liderazgo, es un individuo vulnerable y fácil de ser tentado.

Toda persona inmadura es más vulnerable, y toda persona que ha trabajado su carácter y vive con la madurez requerida es más difícil que sea seducida, por lo que tendrá más fortaleza para luchar con convicción cuando se encuentre frente a la tentación. La vida espiritual sin valores bíblicos se convierte en una existencia religiosa, débil y vulnerable.

La atracción externa y su efectividad

Nunca somos tentados por las cosas, situaciones o personas que no nos gustan. Lo que consideramos hermoso, atractivo, emocionante, apasionante y tentador son esas fuerzas externas que llaman fuertemente nuestra atención. Desde el vuelto que nos dieron de más, y que es un dinero que necesitamos, pasando por el papel de la oficina que necesitamos en la casa, hasta una mujer hermosa y coqueta que nos ofrece su sexualidad cuando por problemas conyugales hemos estado separados y no tenemos intimidad, todas esas son atracciones externas efectivas. No es fácil resistirlas y tendemos a caer en la maldad precisamente en el momento de mayor vulnerabilidad.

Las fuerzas externas: tentaciones permanentes

Para fortalecernos debemos conocer las fuerzas externas que nos conducen al adulterio ya que estas son muy variadas y peligrosas. No son fáciles de vencer y se requiere de una estrategia permanente para poder lidiar con su fuerte presión. La vida sexual pura de una persona activa y apasionada nunca está asegurada. Es cuando ocurren las tentaciones sexuales cuando más debemos recordar el versículo bíblico que dice: «El que piensa estar firme, mire que no caiga» (1 Corintios 10.12).

La primera fuerza externa que motiva una caída sexual son las personas atractivas. Nos encanta estar con las personas que nos atraen más. Todos nos damos cuenta cuándo vamos avanzando en nuestro proceso y hasta cuando podemos llegar a desarrollar una seria atracción. Se pregunta usted: ¿Qué hago? La respuesta es sencilla y la acción complicada. Debemos huir de la tentación. Será difícil, chocará contra nuestras pasiones, pero huir, evitar que la atracción continúe, examinar las consecuencias de nuestros pecados anteriores, son sabias decisiones.

Independientemente de quienes seamos o si somos o no atractivos, siempre existe una persona que nos atrae y nosotros siempre seremos atractivos para alguien. El mundo de los sentimientos es hermoso y peligroso. Nuestras emociones nos pueden llevar a actos heroicos o tan pecaminosos que hasta nosotros nos avergonzamos. La atracción que se produce en ese encuentro electrizante y apasionante entre dos personas que se encantan y cautivan es emocionante. Ese enlace automático y apasionante que experimentan personas que se atraen mutuamente es sorprendente. Lo que algunos llaman amor a primera vista no es sino un encuentro extraordinario de dos personalidades que se atraen y que excitan las pasiones.

Ese encanto, esa conexión, esa atracción es muy natural. Ese apasionamiento no fue planificado, es solo experimentado. Si esas personas son casadas o están comprometidas y tienen altos principios morales, batallarán grandemente contra la presión y vencerán. Los débiles en la fe, los débiles de carácter, así como quienes no tienen principios morales que les digan que eso es erróneo, sucumbirán frente al ataque y disfrutarán de sus pasiones sin más restricciones que las que ellos mismos se impongan.

Las mujeres atractivas son una gran tentación para el hombre, pues debido a que somos atraídos principalmente por lo que vemos, cuando lo que vemos es una mujer atractiva somos muy vulnerables. Esa es nuestra realidad. La mayoría de los hombres tenemos este serio problema y la mayoría de las mujeres ni siquiera pueden imaginarse lo que sentimos pues ellas casi nunca experimentan esa apasionante sensación.

Como explico en mis libros *Lo que Dios permite y prohíbe en la vida sexual matrimonial* y *Sexualidad con propósito*, nosotros los hombres no elegimos esas sensaciones. Las experimentamos en forma natural, aunque podemos exacerbarlas debido a nuestras prácticas sexuales pecaminosas, como la pornografía. Pero la gran mayoría de los hombres sentimos atracción cuando vemos a una mujer con quien automáticamente tenemos una inmediata conexión. Esa conexión puede darse simplemente porque nos gustan sus ojos, su perfume, sus piernas o su cuerpo.

Debido a que la mayoría de las mujeres no experimenta eso, no siempre se da esa conexión inmediata, pero cuando ella encuentra a un hombre atractivo, no necesariamente por su cuerpo, sino por su simpatía, por su amabilidad, por su inteligencia o alguna habilidad especial, entonces se da una conexión mutua, por lo que vivimos una experiencia peligrosa. Esto ocurre debido a que para el hombre, por lo general, este proceso de atracción puede ser muy rápido. En cambio, la mujer no necesariamente es atraída por un hombre hermoso, sino por las cualidades del carácter que le hacen sentir a ella especial. Eso llama su atención y poco a poco puede ir produciendo atracción.

La segunda presión para nuestras caídas sexuales la describo como la acumulación de experiencias emocionantes. La atracción inmediata se puede dar con una persona que nunca hemos visto y que tal vez no volveremos a ver. La acumulación de experiencias emocionantes se da cuando seguimos en contacto con una persona. Puede ser un profesional que nos preste servicios regularmente, como un compañero de universidad. Este no es un corto momento en el que experimentamos atracción, sino un proceso en el que se desarrolla la admiración por una persona mediante el contacto diario o regular con ella. Esta no es una presión súbita, sino una que se va forjando conversación tras conversación, y detalle tras detalle. Este es un acercamiento que se va dando entre los compañeros de trabajo, en el encuentro regular entre dos matrimonios amigos, en las relaciones en la vida de iglesia o en algún club, etc. Generalmente este acercamiento es más lento para la mujer y más rápido para el hombre. Este se puede ilusionar rápidamente con un lindo cuerpo o una cara bella, pero la mujer, casi siempre se va ilusionando con los detalles, el buen trato, las palabras estimulantes, la inteligencia o simpatía de un hombre.

Este proceso que se puede iniciar en forma inocente, y debido al encuentro regular y a las conversaciones cada vez más íntimas, puede transformarse en una relación emocional. Aunque las personas comienzan a conversar sobre asuntos comunes y en medio de ello existan expresiones de admiración o que expresen satisfacción por el encuentro, poco a poco pueden iniciar conversaciones más profundas y cercanas que son otro paso para el enlace emocional.

La tercera fuerza externa es la creciente presión social. La presión social que intenta destruir nuestros valores existe y es mala. Debido a que la sociedad se rige cada día más por valores relativos que por valores absolutos, la presión social es cada vez más franca. Existen sociedades y culturas donde la presión es directa y persistente, y la gente vive en medio de lo que los cristianos consideramos un estilo de vida inmoral, lo que para ellos es lo más normal. Hay culturas donde la presión es más sutil, pero de todas maneras existe la tendencia a proyectar una imagen emocionante y llamativa de las relaciones extramatrimoniales. En esos ambientes no se muestran las angustias, las heridas, la depresión ni las pérdidas que esos pecados producen.

Las telenovelas, las películas, los libros y los programas de televisión minimizan el lado oscuro y las consecuencias de las relaciones pecaminosas a la vez que maximizan lo emocionante de la aventura, porque la vida pecaminosa tiene una extraordinaria sensación de éxtasis como producto de los encuentros esporádicos y placenteros que se dan.

Existen personas fascinadas con las noticias de las escapadas sexuales de los famosos, por eso los periódicos sensacionalistas dedican gran parte de sus espacios a animar la curiosidad de la gente y a crear todo un ambiente de expectación. Hay programas de televisión con alta sintonía cuyo único trabajo es dar nuevos detalles de los pecados ocultos de los individuos y de sus debilidades de carácter.

En nuestra sociedad, sobre todo en los medios de comunicación, se nos bombardea con imágenes de mujeres atractivas semidesnudas, y se las utiliza como objetos sexuales e instrumentos de venta de productos. La tendencia de la sociedad a oponerse a la enseñanza de valores morales y religiosos en los lugares públicos fomenta la aceptación de los valores relativos. Esa tendencia de la sociedad y su comportamiento cada vez más liberal presiona los valores de las personas y les hace cada vez más vulnerables mientras más aceptan que en su mente se meta ese sistema de pensamiento.

Los valores son murallas que ponemos entre la presión interna y la externa y que mientras más sólidas y bien fundadas sean, más nos ayudan a evitar un estilo de vida destructivo y que perjudica la vida familiar. No existe familia en la que un padre, en una relación de adulterio, tenga hijos que disfruten y crezcan con paz y armonía.

Las fuerzas internas

Las fuerzas internas son variadas también y nadie puede ayudarnos a vencerlas sino nosotros. Son complicadas y difíciles pues están influenciadas por nuestros sentimientos. Nosotros mismos nos motivamos a hacer lo erróneo como producto de nuestra propia presión pecaminosa.

Una de las presiones internas es la baja autoestima de la persona. Son vulnerables a las caídas en adulterio las personas que no se dan el valor que verdaderamente tienen. La autoestima es cuánto realmente nos queremos.

Lamentablemente desde pequeños aprendemos que el valor que tenemos depende en gran medida de lo que los demás piensen de nosotros. Por ello los padres que con regularidad comunican a sus hijos que no sirven para nada, consiguen que el hijo piense así. Los padres que continuamente comunican que sus hijos son importantes y que tienen valor y dignidad, generalmente consiguen que sus hijos se amen a sí mismos y se den el valor que tienen. Cuando una persona no se da el valor que tiene, casi siempre anda mendigando atención y cariño. Cuando una persona no se siente simpática, ni se ve atractiva, y de pronto se encuentra con alguien que le hace experimentar lo contrario, que le comunica que tiene valor, se sentirá vulnerable.

La segunda fuerza interna son las pasiones. Todos tenemos pasiones que hacen fuertes presiones para ser satisfechas. Aun sin haber acostumbrado exacerbarlas, estas en forma natural nos presionan para que las alimentemos o las satisfagamos. Los hombres por nuestra propia condición ya estamos en desventaja frente a las mujeres, ya que estas no se excitan primariamente con las imágenes visuales.

En algunas ocasiones los jóvenes me han dicho: «Pastor, usted puede vencer las tentaciones sexuales porque ya está casado y tiene una forma de satisfacerse». La verdad es que la vida matrimonial y la actividad sexual en ella no producen un nirvana sexual. La vida sexual matrimonial no aniquila las pasiones. Debemos recordar que en la realidad, algunas mujeres que comenzaron bien su vida sexual matrimonial, con el paso del tiempo, por la forma inapropiada de practicarla, por el abuso de sus esposos, por la falta de cariño, aprecio y comprensión, por las tensiones, por el cansancio y las ocupaciones, así como por la crianza de los niños pueden disminuir o aun apagar sus deseos sexuales, pero no necesariamente ocurre lo mismo con los hombres.

Más bien, mientras menos actividad sexual tengamos y mientras más se niegue nuestra esposa, más fuerte es nuestra presión para buscar la satisfacción de nuestra necesidad. Debemos recordar que en general la relación sexual tiene diferentes significados para los hombres y para las mujeres. Los hombres recibimos la invitación a la pasión antes de la relación sexual y la disfrutamos durante ella. Las mujeres experimentan esa excitación mediante un proceso de toque delicado, la interacción tierna, la comunicación amable y los abrazos amorosos. Es por ello que el desarrollo de la vida sexual en el matrimonio no es fácil.

Los seres humanos somos influenciados poderosamente por las pasiones, por lo que nunca podremos evitar su presión. La libertad de los pecados sexuales casi nunca se logra por medio de la experiencia sexual matrimonial o por el solo paso del tiempo. Si no está de acuerdo conmigo piense en la descripción popular de «viejo verde» y se dará cuenta de que esa presión nunca termina.

La presión es mucho más fuerte cuando por influencia de otros o decisión personal se iniciaron o promovieron esas pasiones. Quien se ha metido en el mundo de la pornografía y de las relaciones sexuales fuera del matrimonio ha excitado una pasión que es difícil de dominar y que nunca se llena. Mientras más se han alimentado las pasiones, más vulnerables somos.

Otra fuerza interna es el sentimiento de decepción experimentado en las relaciones. Una persona decepcionada de sus relaciones interpersonales es vulnerable. Si se pregunta si se siente atraído por alguien pues está decepcionado de su relación conyugal: ¿Qué hago para evitarlo?, prefiero que se pregunte: ¿Qué hago para no sentirme decepcionado en mi relación conyugal? Una de mis conferencias se titula *Cómo permanecer casados sin vivir decepcionados.* En ella enseño que la decepción es el producto de las exageradas expectativas y los bajos logros que alcanzamos en la relación conyugal que tenemos.

La decepción no solo puede experimentarse por los errores de su cónyuge sino también porque usted espera algo que él o ella nunca puede darle. Si ha llegado a la decepción, no puede planificar no sentirse así. Usted experimenta lo que realmente vive y lo que vive es decepcionante.

Sin embargo, un consejero puede ayudarle a poner sus expectativas dentro de la realidad de la relación de dos seres humanos pecadores y falibles. Usted puede aprender que su cónyuge nunca le producirá la felicidad que tanto espera. Debe aprender que nadie, ninguna persona más atractiva o simpática puede producir en usted lo que usted no tiene. Lo que debe hacer es descubrir las causas de su decepción y corregir las apreciaciones erróneas, confrontar lo que sea necesario y aprender a vivir con las diferencias.

El envolvimiento pecaminoso de las personas decepcionadas nunca produce una vida realizada. La gran mayoría, cuando enfrenta conflictos emocionales tiende a buscar otra persona u otras relaciones para sanar las heridas que produjeron las relaciones conflictivas. La opinión popular dice que un clavo saca otro clavo y es cierto que son las relaciones interpersonales las que nos brindan el ambiente necesario para sanar, pero si no hemos buscado la orientación necesaria, al llegar heridos y enfermos estamos expuestos a errores y heridas.

La decepción amorosa es un incentivo increíble para el ingreso a otra relación que con seguridad también será decepcionante por el alto grado de vulnerabilidad con que llega la persona que no ha sanado sus heridas anteriores. Por ello es sorprendente que en muchos casos las mujeres maltratadas vuelvan a elegir a otro cónyuge más o menos con las mismas características del anterior.

La decepción de los cónyuges les conduce a una vida matrimonial rutinaria. La rutina es un serio peligro en el área conyugal pues los cónyuges en cualquier momento pueden elegir un escape y aun, en forma inconsciente, pueden buscar algo que les haga salir de aquel sistema aburrido. Cuando los cónyuges se van alejando y decepcionando poco a poco, comienzan a vivir en una relación que produce fastidio, que se ha hecho tediosa debido a los disgustos o molestias. Los cónyuges ya no encuentran una relación que les llame la atención, les divierta, disfruten o les distraiga. Si la persona vive en una relación que no tiene incentivos, romanticismo, cariño, aprecio ni estímulo, cuando aparece otra persona que aun a la distancia le emociona, le divierte, le hace salir de su rutina, le atrae, es probable que se deje atrapar. El cónyuge fastidiado de su relación, a pesar de tener un compromiso matrimonial, corre peligro de actuar pecaminosamente debido a la emoción e ilusión que experimenta con la nueva amistad.

> ***El envolvimiento pecaminoso que por error realizan las personas decepcionadas nunca produce una vida satisfactoria. Para evitar caer en adulterio debido a la frustración, los cónyuges deben buscar ayuda para corregir las causas de su permanente decepción. Pecar para vivir mejor es un terrible error.***

El deseo de abandonar una relación no saludable. Otra fuerza interna es el deseo de huir de una relación conflictiva. Cuando existe una relación matrimonial que no está cumpliendo el diseño divino, cuando los cónyuges han llegado al momento de no necesitarse, están preparando el ambiente ideal para el adulterio. Cuando existe maltrato, insulto, violencia física, cuando el cónyuge ignora, no pasa mucho tiempo para sentirse decepcionado. Quien experimenta violencia e irrespeto comienza a sentir un fuerte rechazo a los actos inapropiados y a quien los realiza. Poco a poco se va decepcionando y aunque no abandone la relación por temor, o por la intimidación que recibe, se va alejando y anhelando que alguna circunstancia le permita salir de esa relación enferma. Ese cónyuge es sumamente vulnerable y al encontrar alguien que por lo menos le escuche, se asocie en su condenación a los actos inapropiados y al cónyuge que los realiza, puede sentir que le llegó una puerta de escape. Ese ambiente es ideal para el adulterio.

> ***Si se pregunta: ¿Qué hago con mi relación no saludable? Mi respuesta es sencilla y práctica. ¿Qué hago cuando falla mi automóvil? ¿Lo desecho, lo boto, lo ignoro, lo cambio? Así como todo automóvil falla y debe ser arreglado, así también en toda relación existen pecados, fallas y errores que deben ser corregidos. Cometer adulterio porque tenemos una relación no saludable es hacer mal y cometer un pecado. Tampoco es correcto***

vivir robando porque en la empresa que tenemos nuestro socio tiene fallas y nos está decepcionando.

Los deseos de venganza

Cuando uno de los cónyuges ha estado actuando pecaminosamente, o incluso ha cometido adulterio, causa mucho dolor al cónyuge inocente de esos pecados. Algunos confrontan el problema hasta las últimas consecuencias. Otros lo confrontan con formas inapropiadas y hacen esfuerzos por vengarse. Sobretodo en la primera etapa del conflicto, cuando se descubre el adulterio, algunos tienen la tendencia a reaccionar erróneamente y contemplan la posibilidad de vengarse haciendo lo mismo.

La venganza también puede ser originada en el corazón del hombre o la mujer que ha sido ignorado, a quien no le han dado el cariño y el respeto que merece, y que siente que su cónyuge está tratando con cariño y preocupándose más por otra persona. Allí pueden incidir los deseos de venganza, y hacer sentir mal al cónyuge por dar más importancia a otras personas. Algunos inclusive eligen pagar mal con mal y por ello se involucran en actos de adulterio.

El probar su dignidad

Otra razón para convertirse en una persona más propensa a cometer adulterio es encontrarse en permanentes conflictos matrimoniales y sentirse humillado. El cónyuge que siente que su pareja no le da la importancia que tiene y más bien le minimiza, le ignora o le desprecia va forjando un sentimiento de impotencia que puede reventar en algún momento en que tenga la oportunidad de mostrar que ha encontrado alguien que le da el respeto y el cariño que merece. Cada persona desea obtener la atención apropiada, toda persona desea sentirse digna, y cuando aparece alguien que le da el cariño y la dignidad que necesita, cae rendida a sus pies.

La falta de satisfacción sexual

Una de las fuerzas internas más peligrosa y que mueve más a cometer adulterio es la falta de satisfacción sexual. He tratado muchos casos de mujeres que debido a que sus maridos actúan como máquinas de hacer el amor y no consideran su sensibilidad ni la necesidad de prepararlas para tener una relación sexual satisfactoria, tienen una vida sexual insatisfecha. Muchas mujeres que pueden evitar mayores conflictos, ceden a los deseos de tener intimidad, de tener relaciones sexuales con sus maridos, pero con una actitud interna de rechazo.

Poco a poco van viendo el acto sexual como algo despreciable. Es imposible que se sienta contenta y satisfecha la mujer que acaba de ser herida y luego se le exija tener la relación más íntima que puede existir entre los seres humanos. Ese rechazo permanente la lleva a no desear relaciones sexuales y a responder solo por compromiso. Esa persona poco a poco va preparando su mente para no tener ninguna sensación, por eso siente que su cónyuge no es la persona con quien puede tener intimidad.

Las mujeres se acostumbran a cumplir por compromiso e incluso con el paso de los años a solo cumplir con la actividad sexual, prestar su cuerpo a su marido y aun fingir satisfacción aunque no la tenga. Cuando eso ocurre, es probable que se desesperen por encontrar a alguien que nos las use sexualmente. Por tanto, al encontrar un galán que no le muestre interés en lo sexual y que la trata con ternura a pesar de no tener relaciones sexuales, se convencen que ese es un hombre diferente. Pero no se dan cuenta de que cuando inicien su vida matrimonial o su actividad sexual regular, caerán en el mismo sistema.

He aconsejado a hombres cuyas esposas no les complacen con la frecuencia que ellos quieren y que se alejan de sus esposos. Esos hombres insatisfechos se sienten cada día más vulnerables pues el deseo sexual se les va acumulando a diferencia de la mujer que se va apagando con la falta de regularidad en su vida sexual. Algunas mujeres ignoran la importancia que tienen las relaciones sexuales dentro del matrimonio. Encuentran razones para evitar las relaciones sexuales. Se escudan en el cansancio y en vez de planificar temporadas de descanso para poder cumplir con su deber conyugal, prefieren evitarlo.

Hay hombres que viven constantemente escuchando excusas por el cansancio, el dolor de cabeza o la falta de deseo de su esposa. Y esas temporadas de ayuno sexual, unidas a los momentos de enojo hacen que los espacios entre las relaciones sexuales sean demasiado largos. Esto lo produce casi siempre el cónyuge que no es activo sexualmente. La insistencia del cónyuge activo, y el rechazo del no tan activo van creando una batalla que facilita el alejamiento, la molestia y el resentimiento. Esa falta de satisfacción sexual provoca que algunas personas sientan una fuerte presión para buscar a alguien que les satisfaga.

Cuando un cónyuge insensible, después de una pelea, desea tener relaciones sexuales ignorando el dolor que ha sentido su mujer, provoca en ella una sensación de rechazo y la hace vulnerable. Cuando una mujer no se prepara ni determina organizar su vida sexual y —a pesar de que su esposo la respeta y la espera—, no responde, está cometiendo un terrible error que hace a su esposo vulnerable.

Si caen en pecados sexuales los que cantan y los que predicamos, los que sirven o son líderes en una congregación, los que enseñan y los que son enseñados y todos cantamos y todos oramos, nuestra fortaleza no es el activismo eclesiástico ni las actividades y rutinas religiosas que practicamos con regularidad. Amar a Dios con sinceridad, desarrollar nuestros

valores bíblicos sabiamente, aplicar la Palabra regularmente, desarrollar nuestra relación conyugal saludablemente y huir de las tentaciones son los materiales más resistentes de la muralla de protección que debemos construir diariamente.

¿Quiénes son más vulnerables?

Casi siempre pensamos que las personas que tienen relaciones sexuales extramatrimoniales andan en busca de una aventura, y eso no es verdad. En mi vida de consejero me he dado cuenta de que muchas de las personas que han caído son individuos comunes y corrientes, con deseo de mantener una relación fiel, pero que se han descuidado en alguna área. Muchos de ellos son personas sinceras, que nunca pensaron estar en una relación pecaminosa. Sin embargo, nadie es inmune a caer en las garras de la tentación.

Aunque la gran mayoría creemos en la fidelidad y en las relaciones matrimoniales saludables, tristemente todos corremos el riesgo de hacer aun aquello que sabemos que es malo y que no andamos buscando. Así como creemos y sabemos que hay cosas malas para la salud, y si nos gustan y nos llaman la atención, las hacemos; también, aunque creemos en la monogamia y que el adulterio es pecado, tenemos una naturaleza pecaminosa que nos incita a violar nuestros valores morales.

A pesar de que sabemos que debemos hacer lo bueno, también tenemos una inclinación natural a la maldad que nunca muere. Es un gigante dormido que se levanta para motivarnos a hacer aquello que nos agrada aunque no debamos, y lo que nos apasiona aunque sea prohibido. La mayoría no queremos ni pensamos que cometeremos tal pecado, por lo que nos duele y nos asombra cuando otros lo cometen, pero la verdad es que siempre estamos en peligro y puede ocurrir aunque no lo busquemos.

John Stott dice que «en la tentación, no negamos ni renegamos contra Dios, solo lo ignoramos por un momento». Nos explica que la tentación se da cuando algo apetecible externo —es decir, la carnada—, encuentra afinidad, compatibilidad con el deseo y la pasión interna.

Nuestra única defensa es nuestro temor a Dios, nuestros más altos valores morales y nuestra fortaleza espiritual. Es cuando en el interior de una persona comienza una gran lucha. Cuando el mal interno anhela lo tentador y prohibido, y lo externo está disponible y se ofrece, se abre la puerta para el encuentro pecaminoso. Si sus valores morales y espirituales son altos, si en el momento no tiene mayores conflictos matrimoniales, si tiene una buena práctica de su oración y realiza regularmente la lectura de la Palabra y recibe instrucción bíblica, la persona es menos vulnerable.

Si está recibiendo apoyo de quienes comparten su fe, la persona no tiene inmunidad, pero es mucho menos vulnerable. Lo contrario prepara el terreno para que las murallas de protección sean tan endebles que abran las puertas de forma que la persona caiga en la tentación.

La debilidad de un grande

La debilidad de David se produjo por una serie de actos de desobediencia a Dios. Botó tantos ladrillos de su muralla de protección que dejó muy débil sus defensas. Dios había dicho que por lo menos tres cosas no debían hacer los reyes de Israel (Deuteronomio 17.14-17): *No debían seguir adquiriendo caballos ni permitir que el pueblo volviera a Egipto para adquirir.* Dios no quería que volvieran a Egipto ni que aumentaran su poderío militar al extremo de que dependieran de su poder humano. Los ejércitos vecinos podrían tener más fortaleza pero ellos tenían su Dios todopoderoso. Dios les había demostrado su habilidad para destrozar los ejércitos más poderosos si dependían de Él (Éxodo 14 y 15).

La segunda prohibición tenía que ver con su vida matrimonial. *No debían «tomar para sí muchas mujeres para que su corazón no se desvíe...»* Aunque al casarse con mujeres extranjeras les daba la oportunidad de hacer alianzas con otras naciones, también abría el camino para desviar su fe en su Dios.

La tercera demanda era que «ni plata, ni oro amontonará para sí en abundancia». David fue fiel en la primera y la tercera demanda, pero lamentablemente falló en la segunda y tomó otras esposas aumentando su harem. Pero aunque aumentó el número de esposas y concubinas, en vez de apaciguar su pasión más bien la aumentó a tal grado que no tuvo problemas para cometer otros terribles pecados como resultado de sus pasiones descontroladas. David decidió tomar la esposa de otro aun cuando tenía un harem. El problema es que la pasión sexual no se satisface ni con eso. Ese estilo de vida erosionaba día a día la integridad de David.

David se encontraba en una temporada de mucha vulnerabilidad. Tenía fama, poder y fortuna. Era un hombre popular. Las temporadas más difíciles del hombre son las de éxito. Los pastores, los líderes, somos vulnerables a las caídas por el poder que tenemos y la admiración que recibimos.

Capítulo 5

MANIFESTACIONES DISTINTAS DEL MISMO PECADO

Actuamos en desobediencia al Dios que nos exige que amemos a nuestro cónyuge —y vivamos una vida santa y de excelencia— cuando nos involucramos físicamente o en forma emocional con alguien que no es parte de nuestra relación conyugal. Nuestra meta y nuestra lucha debe ser mantenernos fieles física, emocional y espiritualmente.

Cada caso de adulterio puede ser muy distinto y cada una de nuestras caídas tiene diferentes matices, pero todo se inicia con el descuido de la moral, una débil vida espiritual y una serie de circunstancias que nos hacen vulnerables. Los consejeros debemos dedicar tiempo a examinar profundamente cada situación. Cuando uno asesora se da cuenta de que existe una gran variedad de envolvimientos pecaminosos, pero para nuestro estudio los agruparemos en las caídas súbitas, una descripción de la vida de los adictos a las escapadas sexuales y aquellos que se involucran emocionalmente. Esas descripciones servirán de base para el análisis de casos de estudio que he tenido que atender y con los cuales los lectores se pueden identificar.

Miguel: La caída súbita

Puede parecer increíble que alguien pueda en solo un momento caer en tan terrible pecado, pero no es difícil de entenderlo si usted es un hombre cuyas pasiones son estimuladas y excitadas primariamente por lo que ve. Desde el punto de vista netamente humano, solo tomando en cuenta nuestras reacciones automáticas, no es difícil entender que un hombre tenga relaciones sexuales con una mujer que quince minutos antes ni conocía. Él no sabe si es pobre o rica, si es inteligente o necia, si está enferma o sana. Nosotros, los hombres, para sentir atracción no necesitamos conocer el trasfondo de la persona, solo necesitamos una conexión que produzca en nosotros la debida excitación.

Alejandra no podía entender cómo su esposo había dormido con una persona que conoció dos horas antes de ir con ella al cuarto de un hotel. Aunque todos los hechos eran traumáticos, la pregunta que más hacía era: ¿Cómo se metió con una mujer desconocida? Ella estaba convencida de que esa relación venía de mucho tiempo atrás y se consideraba una tonta por no haberse dado cuenta. Miguel había recibido la visita de una agente de ventas de una empresa proveedora de materiales y después de casi dos horas de trabajo en la oficina determinaron que se verían en el hotel donde ella estaba hospedada. Ellos habían conversado por teléfono en algunas ocasiones y existía un alto sentimiento de aprecio mutuo. Él conseguía realizar buenos negocios ya que por la amistad que habían desarrollado le daba los mejores precios; además, siempre recibía alguna comisión por las compras que realizaba para la compañía y unos buenos regalos a fin de año. Para ella, la empresa donde trabajaba Miguel era uno de sus mejores clientes.

En las sesiones de asesoramiento individual Miguel me aseguraba que nunca planificó su caída y que aun él mismo no podía creer que todo hubiera resultado tan fácil. «Fue amor a primera vista. Ambos nos vimos por primera vez después de haber hablado por teléfono una vez al mes por más de un año y quedamos extasiados. Hubo una conexión instantánea». Cuando Miguel fue a buscar unos documentos al hotel, al encontrarse en la recepción y cuando ella subía a su cuarto, él le dijo: «Te acompaño». Ella respondió: «Está bien, así no tengo que bajar». Lo próximo fue su caída en adulterio.

Esa experiencia súbita, como todas, puede ser muy distinta en cada caso. Una persona puede caer en un día y luego arrepentirse y aprender la lección para nunca más cometer el mismo pecado. Rebeca tuvo una actitud muy comprensiva aunque firme y bíblica cuando su esposo cometió adulterio. Ella buscó mi asesoramiento no porque no podía perdonar a su esposo o solo por el profundo dolor que tenía, sino porque quería saber muy bien qué pasos dar y qué actitud tomar pues pensaba que podía ser muy suave en su reacción debido a que tenía una silenciosa y profunda empatía con su marido. Ella, después de tres años de casada y en momentos de serios conflictos en su vida conyugal, cometió adulterio con su jefe, lo que guarda en secreto.

Rebeca me confesó que después de su caída vivió una seria temporada depresiva. Estaba abrumada por su pecado y no podía vivir saludablemente debido al dolor y la angustia que llevaba. El esposo creyó que su depresión era causada por los problemas matrimoniales que estaban experimentando y decidió hacer serios cambios para ayudarla. El cambio de Marcos, el esposo de Rebeca, y el profundo dolor de ella por su experiencia súbita de adulterio, propició el ambiente ideal para producir una increíble sanidad en su relación conyugal. Rebeca sufrió, nunca confesó su pecado, aprendió la lección y no solo le sirvió para ayudar a su esposo cuando este también cometió adulterio, sino que por haber reaccionado sabia y bíblicamente, Marcos también hizo lo correcto por su arrepentimiento y la pareja ahora disfruta de una relación saludable.

Otras personas pueden sufrir por un tiempo para luego buscar la segunda experiencia con mayor facilidad, pues para quienes no suelen vivir pecaminosamente, la primera caída siempre es muy difícil. Una persona puede acostumbrarse a vivir ocultando cosas y mientras más éxito tiene, más constante y regular se hace su pecado. Una persona puede caer en un adulterio y quedar enredada por el embarazo de la chica, tal como en el caso de David. Algunos pueden luego buscar todas las formas inapropiadas y pecaminosas para cubrir las consecuencias. Es obvio, pues el temor a ser descubiertos, todas las perdidas que la persona y la familia pueden experimentar, y otros factores pueden moverles a ir tomando decisiones cada vez más pecaminosas para que no le descubran. Este proceso nos lleva a continuar agravando la situación y a complicar más la experiencia tanto como a recibir peores consecuencias. El adulterio de David cae en esta descripción.

Una persona puede súbitamente caer en un pecado de adulterio no planificado y quedar atrapada emocionalmente para toda la vida y así destruir a su familia para siempre. Son muchas las personas que han buscado mi consejo pues viven una historia triste y decepcionante. Jonás Manuel tenía una buena relación conyugal. Recién habían celebrado sus veinte años de matrimonio. Sus hijos de dieciocho, dieciséis y catorce años eran la alegría de su vida. Elena, su esposa, en el último año había batallado seriamente con cambios hormonales y estados depresivos que provocaron que su libido descendiera a niveles tan bajos que no respondía sexualmente.

Jonás Manuel se había refugiado en su trabajo y no podía comprender cómo su esposa siendo cristiana lo despreciaba tanto. Él, como muchos hombres, no comprendía la situación de su esposa y pensaba que era un asunto de ella. Él nunca planificó caer en adulterio, pero ocurrió en uno de sus viajes con el personal de la compañía para la que trabajaba. Hacía algunos meses que había desarrollado una amistad con una simpática relacionista pública. Con el paso del tiempo ambos habían compartido sus problemas conyugales y poco a poco se fueron involucrando sentimentalmente hasta que en uno de los viajes de negocio cometieron adulterio.

Después de ello la infatuación aumentaba en forma abismal y Jonás Manuel fue cegándose hasta el punto de descuidar su estrategia y ser descubierto por su esposa. Josefina, la esposa de Jonás, era una mujer fiel, amante de su familia y muy determinada. Ella no aceptó ninguna explicación, echó a su marido de la casa para nunca más querer verlo. Para Jonás fue un golpe terrible. Nunca había adulterado antes, había tenido una relación saludable, amaba a sus hijos y de pronto —por su pecado— se encontraba separado de su familia.

Los próximos cinco años fueron terribles para él. Entró en un estado depresivo que finalmente lo llevó a una crisis. Allí me buscó y después de un proceso de asesoramiento, no solo aceptó que Cristo fuera su Salvador, sino que comenzó el proceso de transformación típica de un cristianismo bien vivido. Por primera vez después de su crisis comenzó a vivir con esperanza, y poco a poco inició su proceso de recuperación. Hoy vive saludablemente, alejado totalmente de su ex esposa, manteniendo una linda y saludable relación con sus hijos y sirviendo con fidelidad en su congregación. Jonás perdió su matrimonio, perdió dinero, perdió por un tiempo la cercanía de sus hijos, perdió a los suegros que amaba, todo por dejarse dominar por esa naturaleza pecaminosa que a usted y a mí nos puede jugar una mala pasada.

Las pérdidas que tenemos como producto de nuestro comportamiento pecaminoso son mucho más grandes que el placer que experimentamos cuando pecamos.

Nadie cae súbitamente

Estoy convencido de que ninguno de nosotros cae súbitamente. Uno puede caer en un terrible pecado en cosa de un minuto, pero el proceso que nos llevó a pecar no es súbito. Por supuesto, llegar a una caída como la que experimentaron Rebeca, Jonás Manuel, Miguel o cualquier otra persona es el resultado de un proceso de erosión de nuestros valores o la no existencia de principios adecuados, o un alto estado de vulnerabilidad debido a la ausencia de una vida sexual normal. Eso fue precisamente lo que ocurrió con Miguel. Alejandra había cometido una serie de errores. Era miembro de una congregación por más de veinte años. Fue criada allí y no solamente creía que no debía usar pantalones porque era «atuendo masculino» sino que, además, tenía ideas erróneas con respecto a la sexualidad.

En las sesiones de asesoramiento admitió que no tenían relaciones sexuales hacía mucho tiempo. Lo que ella le decía a su esposo es que después de una histerectomía ella no tenía deseo sexual y que no creía que era algo esencial. Miguel comentó que su rechazo no era nada nuevo. Que toda su relación matrimonial se había caracterizado por la falta de interés de Alejandra. Después de algunas sesiones y evaluaciones, ya había descubierto lo que ella creía.

Él no podía acariciarla y siempre esperaba que él terminara su relación lo antes posible. Más de quince años de casados y nunca habían recibido instrucción sobre la vida sexual conforme al propósito de Dios. Alejandra recordaba pocas veces en que había experimentado un orgasmo, pero hacía años que no sentía nada. No solo sus creencias eran erróneas, sino que su actitud con respecto a la obligación conyugal de tener vida sexual saludable era totalmente equivocada. Miguel era un hombre que servía con dedicación en su congregación y que según ambos, nunca habían tenido problemas de celos o infidelidad. Pero era una bomba de tiempo en su vida sexual. Siempre se sentía insatisfecho e incluso admitieron que hubo ocasiones en que discutieron, pero luego, él se sentía culpable y volvían a la misma rutina.

Alejandra y Miguel le prepararon el terreno a la vulnerabilidad, la atracción mutua automática encendió las pasiones y la falta de valores fuertes y bien cimentados en la Palabra no permitieron la debida defensa. Sin convicciones, y lleno de pasiones, Miguel sucumbió ante una experiencia de gran atracción y a la disposición de una mujer que estaba dispuesta a disfrutar de cualquier manera la sexualidad.

Seguramente al rey David no le faltaban ocasiones para tener actividad sexual, pero esa variedad por tener algunas esposas y concubinas en vez de saciar su deseo, lo preparaba para ser una bomba pasional. La caída de David también parece ser rápida. Vio a Betsabé y su pasión lo consumió. No hubo mayor trascendencia emocional con ella. Más tarde se sintió involucrado emocionalmente con la muerte del niño y cuando fue contristado por Dios quiso arreglar la situación con Betsabé, pero hasta donde se puede analizar el pasaje sin entrar en la especulación, no podemos decir que existió un proceso paulatino. La caída de Miguel fue una sola experiencia apasionada e intensa. Debido al estado de vulnerabilidad en que se encontraba, al intenso deseo de satisfacer su pasión y a la oportunidad tentadora que se le presentó, la caída fue inmediata.

Son serios candidatos a este tipo de adulterio quienes no han desarrollado una buena intimidad matrimonial, quienes tienen serios conflictos con su cónyuge y no saben cómo lidiar con ellos, quienes por enfermedad del cónyuge o por trabajo pasan por largos periodos de abstinencia sexual.

He notado que en esos casos, el simple remordimiento o el sincero arrepentimiento es casi inmediato e intenso y muchos sufren verdaderamente por haber caído. Debido a que la persona no está planificando ese acto, pero se encuentra envuelto en algo que rompe todos sus principios, puede sentir un remordimiento o arrepentimiento inmediato.

Incluso he conocido algunos casos en que la persona ha venido a mí como consejero para confesar su pecado sin haber sido descubierta ya que no puede vivir con la culpa. Caen por la gran vulnerabilidad y lo confiesan por su gran sensibilidad. Es una experiencia demasiado dolorosa para una persona sincera con altos valores, pero que cayó en lo que no había planificado.

Algunos líderes me han consultado en cuanto a qué deben aconsejar en esas situaciones. La pregunta es: ¿Qué debería hacer la persona arrepentida? Estoy convencido de que no es necesaria la confesión al cónyuge inocente de este pecado. Creo que cuando el que cayó en adulterio busca la ayuda profesional, esa debe ser la ayuda que reciba pues es lo que realmente necesita.

El consejero debe tratar a la persona y asegurarse de que no solo es una experiencia emocional decepcionante, sino que también existe un dolor genuino y una verdadera convicción de haberle fallado a Dios. Debe ayudarle para que le confiese al Señor por qué le ha fallado y para que inicie su proceso de restauración con Dios. Que evalúe el proceso de descuido de su vida espiritual y cómo volver a tener una vida de verdadera devoción personal y de crecimiento espiritual.

El consejero debe asegurarse de que el aconsejado entienda que la primera experiencia, esa que vivió, podrá ser la más difícil, pero que nuestra humanidad y naturaleza pecaminosa tiende a suavizar las situaciones, a acomodarse y que las siguientes experiencias de adulterio pueden ser muchos más fáciles, de modo que creen una costumbre terriblemente peligrosa. Además, debe ayudarle para que confronte el problema que originó ese acumulamiento de pasión.

En nuestro caso de estudio anterior, Alejandra había cometido muchos errores que no permitieron que existiera una adecuada intimidad en su vida conyugal. Si ella nunca se hubiera dado cuenta y solo Miguel hubiera confesado su adulterio, yo habría tenido que evaluar seriamente su situación y conocer los detalles de su vida sexual matrimonial. Luego guiar a Miguel para que confrontara sabia y bíblicamente el problema con su esposa y tratar de que ella aceptara que tienen un problema peligroso que bien puede conducir a serios conflictos conyugales y que se sometan a un proceso de ayuda sin que ella sepa que Miguel ya cometió adulterio. En estos casos, el arrepentimiento y el cambio se pueden realizar con mayor facilidad y sin la intervención del cónyuge no consciente del adulterio. Debido a que no existe un serio envolvimiento emocional, la persona no está enredada profundamente. Debido a que la relación no ha ido creciendo poco a poco, tampoco existen mayores vínculos, ya que fue resultado de la pasión del momento.

Sin embargo, si la persona no lo trata con sabiduría, ese adulterio puede ser el primero de muchos o puede transformarse en uno que lo deje atrapado en un serio envolvimiento emocional.

Son serios candidatos a un adulterio súbito los cónyuges que tienen serios conflictos no resueltos, los que están separados sexualmente por una larga enfermedad del cónyuge o por asuntos laborales, los que son afectado por el estrés y la depresión y aquellos que no han desarrollado una buena intimidad matrimonial y por ello pasan largos periodos de abstinencia sexual.

Sebastián: La experiencia del adicto

En el primer libro de Samuel, capítulo 2, encontramos un caso de estudio que muestra la conducta de las personas adictas a una vida sexual desordenada. Los hijos de Elí no solo actuaban como impíos, incrédulos, profanos y rebeldes al Dios que tanto los amaba (versículo 12). Allí dice: «Los hijos de Elí eran impíos, y no tenían conocimiento de Dios». Pero además, eran adictos a ese estilo de vida inmoral como relata el versículo 22:

> *Pero Elí era muy viejo; y oía de todo lo que sus hijos hacían con todo Israel, y cómo dormían con las mujeres que velaban a la puerta del tabernáculo de reunión.*

Un adicto es quien por su serio envolvimiento ha desarrollado una dependencia. Esta persona tiene una relación patológica con una experiencia y la necesita regularmente. Esa experiencia altera su estado de ánimo y provoca consecuencias dañinas. El estado de ánimo de ese individuo es alterado cuando tiene una excursión sexual y en ciertas ocasiones o en ciertos estados necesita volver a tener relaciones con otra persona para sentirse bien. Como el alcohólico necesita licor, el adicto a las relaciones adúlteras o a cualquier manifestación de la vida sexual no aprobada por Dios, necesita una experiencia sexual.

Puede considerarse una persona adicta a las relaciones adúlteras quien periódicamente las desarrolla. Si la persona ha sido confrontada en algunas oportunidades, no puede evitar ese comportamiento y lo realiza pese a las consecuencias que sufre, se ha convertido en una adicta. Si sabe que puede perder mucho o que herirá a sus seres queridos y aun así no puede dominar su hábito, esa persona es adicta.

Rogelio me decía: «Siempre pensé que después de casarme terminaría mi adicción a la pornografía y a la masturbación, pero mi realidad no ha cambiado. Mejoro por unos meses pero luego vuelvo a lo mismo». Rogelio describía a un hombre que no tuvo la formación adecuada, que no desarrolló una vida sexual apropiada y que ahora sufre las consecuencias de una adicción. Pero esos hombres no son extraños. Están en todas las iglesias y pueden ser personas nuevas o líderes de ella.

La persona adicta puede cantar bien y luego sentir culpabilidad en su adoración. No compra revistas pornográficas, pero se masturba pensando en alguna mujer que quedó grabada en su mente durante el día. La persona sigue sirviendo, sigue siendo fiel a su esposa porque no se involucra en una relación física, pero en privado, se ahoga en una prisión sexual que ha ido construyendo con el paso de los años.

Me escriben muchas personas que me ayudan a entender la realidad que muchos viven. Pedro me preguntaba por qué no puede evitar mirar y seguir viendo a una mujer atractiva y luego en la noche masturbarse. Edgardo me escribió buscando respuesta al porqué gasta dinero y lleva años llamando a líneas telefónicas que ofrecen conversaciones sexuales con mujeres y por qué se siente tan estimulado al hacerlo. La respuesta es porque tienen una adicción. El adicto sexual busca satisfacción solo no entendiendo que la vida sexual que Dios creó nunca la diseñó para el exclusivo placer personal, sino para la satisfacción sabia y mutua en la vida conyugal.

El adicto sexual busca satisfacer todos sus gustos con su cónyuge y se molesta cuando no responde a sus deseos. Puede buscar satisfacción con su cónyuge, pero de formas inadecuadas o con una regularidad excesiva. Esta actividad sexual prepara a las personas para entrar en relaciones de adulterio físico. Rogelio creyó que toda su adicción terminaría después de casarse pero no fue así. Cuando soltero disfrutaba de placer solo y nunca había tenido relaciones con una mujer. Disfrutaba pecaminosamente de su sexualidad solo. Su adicción se había desarrollado lentamente y siempre le demandaba nuevas experiencias.

Ese mismo patrón de conducta le motivó a que después de casarse siguiera anhelando nuevas experiencias. Por ello cayó en adulterio. Después de un año de casado las relaciones con su esposa no eran suficientes y buscó nuevas experiencias en una relación adúltera. Como adicto estaba experimentando su realidad. Se sentía insatisfecho y se masturbaba; luego comenzó a buscar a otras mujeres. Todo joven puede pensar que sus adicciones desaparecerán en el matrimonio, pero los casados que son sinceros pueden comprobarle que su presunción es equivocada.

Muchos jóvenes creen que pueden iniciar su vida sexual apasionada y sin límites morales y que cuando se casen la vida sexual eliminará sus adicciones. Pero la verdad es que ningún hombre casado cree que la vida sexual matrimonial normal elimina la posibilidad de mantener una vida de impureza sexual.

En muchas ocasiones he tenido que aconsejar a quienes han pensado que todo su problema de impureza sexual se terminará con la llegada de la vida sexual matrimonial, pero eso no es cierto. Sebastián se inicio en el mundo de la pornografía en plena adolescencia. Eso le llevó a la adicción a la masturbación y luego a la adicción al adulterio. Siempre pensé que era sincero pues luchaba fuertemente por seguir los consejos, pero nuevamente caía. Incluso, debido a que los líderes de su congregación le habían aconsejado que debía casarse para evitar seguir en esa condición, estaba convencido de que al iniciar su relación conyugal podría terminar con su dependencia. Logró vivir fiel por más de un año, pero luego comenzó su debacle. En sus primeras experiencias de adulterio se involucró un poco emocionalmente con la otra persona, pero luego se fue insensibilizando y luego en cada experiencia fue cayendo en la costumbre de ver a las mujeres como objetos sexuales.

Se convirtió en un artista del engaño y cayó en un ciclo perpetuo de actividades sexuales no saludables para la vida conyugal. Estaba sobrio por semanas o meses, sobre todo cuando era descubierto o confrontado, pero luego volvía a la masturbación y la prostitución. En el periodo de compunción, cuando sentía algo de dolor por haber cometido un pecado era motivado a acercarse a su cónyuge, pero como ella no podía ni quería satisfacer todas las demandas sexuales de un hombre que demandaba tanta actividad sexual, comenzaba a sentir la necesidad de tener otra experiencia. Este tipo de personas se convierten en cada vez más insensibles a las necesidades emocionales de su cónyuge, mientras este por lógica comienza a resentirse y rechazarlo.

Me sorprendió cuántos años había soportado Inés ese estilo de vida. Ella luchó por mucho tiempo para salvar su matrimonio y según ella «no fallarle a Dios». Es que generalmente quienes perpetúan una relación con un adicto al adulterio son los cónyuges que debido a su falla de carácter, a sus creencias erróneas o a una falsa esperanza se convierten en codependientes emocionales y en muchas ocasiones dependientes económicas del cónyuge adúltero.

Este círculo vicioso es sumamente destructivo. Un cónyuge adicto a las experiencias sexuales siempre afecta a su cónyuge. Puede exigir demasiada actividad, puede exigir prácticas que el cónyuge no acepta y por ello se cree con derecho a buscar su satisfacción fuera de la relación. Debido a que tiene un mundo sexual fuera de su hogar, no puede tener con su cónyuge una vida sexual normal. Debido a la anormalidad y al daño que ha causado a su cónyuge, las relaciones íntimas no son saludables y eso nuevamente provoca mayor alejamiento. Luego comienza a sentir aburrimiento y por lo que considera relaciones rutinarias que no satisfacen sus pasiones, comienza consciente o inconscientemente a sentir necesidad de otra persona. Así se mantiene hasta que encuentra una nueva oportunidad para su infidelidad. Generalmente esas personas tienen otras manifestaciones adictivas. Casi siempre son adictos a las prostitutas, a la pornografía y en algunas ocasiones pueden caer con menores.

Ante la pregunta: ¿Qué hago para superar mi adicción al adulterio? La respuesta es sencilla, pero demanda una gran decisión y determinación. La persona debe buscar ayuda profesional inmediata e invertir el dinero que sea necesario en su tratamiento, pues si desea vivir una vida saludable y desarrollar una relación conyugal normal, necesita urgentemente un largo proceso profesional. La determinación debe ser permanecer en el proceso pues librará una dura batalla y debido a sus pasiones, será tentado a rechazar el tratamiento y no desarrollar las debidas convicciones. El adicto no puede salir de sus dependencias sin la ayuda de un profesional y sin la determinación a seguir un tratamiento.

El otro lado de la moneda es el cónyuge inocente en esta relación con un adicto al adulterio. Si usted está casada con un adicto y ha mantenido esta relación por mucho tiempo y le ha perdonado algunas veces, pero sigue conviviendo con el adúltero, o alguien que visitar regularmente prostíbulos, también necesita ayuda profesional pues su reacción en esta relación tan peligrosa no es normal.

El consejero le ayudará a determinar por qué ha desarrollado esa adicción a una persona infiel. El proceso determinará hasta dónde lo ha permitido y las razones de su permanencia en esa relación enfermiza. Se dará cuenta de los peligros que existen al mantener una relación así y los pasos indispensables para remover todo lo que le mantiene anclada a su relación matrimonial destructiva.

A veces el más serio obstáculo es el temor de dejar a los hijos sin padre pues aunque son terribles esposos, algunos son muy cercanos a sus hijos.

Sebastián era visto por la comunidad, por sus hijos y aun por su esposa como un padre ejemplar. No solo los apoyaba económicamente, sino que pasaba tiempo con ellos y los trataba con mucho cariño y ternura. Incluso debido a esos testimonios tuve que investigar a su hija adolescente para evaluar si existía alguna conducta pecaminosa con su propia hija, pero no hubo ningún indicio de que existiera. Inés no quería dejar a sus hijos sin padre e inconscientemente había determinado anularse y a pesar de sus enojos cada vez que descubría a su marido en algo indebido, después de un tiempo de ira y separación en la misma casa, volvía lentamente a su relación.

Además, Inés temía quedarse sin ayuda económica, pues quien sostenía mayormente la economía del hogar era Sebastián. Inés necesitaba ayuda profesional para entender su situación, para encontrar respuestas y directrices para la debida confrontación.

Francisco llevaba años de sufrimiento. Marcela llevaba tres adulterios, no era una madre muy dedicada a su hogar pues prefería su mundo laboral. Su esposo no solo sufría sino que tenía serios temores. Ellos viven solos en los Estados Unidos. Llegaron al país en forma ilegal y así se han mantenido. Sus hijos son ciudadanos estadounidenses y no han aprendido a hablar español. Su situación económica no es la mejor pues son obreros de fábrica, donde ganan sueldos mínimos.

Francisco se encontraba atrapado, por su situación económica no podía dejar de trabajar, y debido a que no tiene más familiares no puede separarse de su esposa y que alguien le cuide a sus tres hijitos. Como los ama mucho no quiere separarse de ellos. Y volver a su país les crearía un conflicto a los niños ya que no hablan español. El proceso fue largo y difícil, pero debía ser tratado con sabiduría. Así que se separó de ella en la misma casa.

Ella decía estar enamorada de un compañero de trabajo pero que no tenían relaciones sexuales. Francisco trabaja en el turno de la noche y ella en el diurno. Casi no se veían y, de acuerdo a mi consejo, no debían seguir su vida sexual pues ya en una ocasión Francisco había sido contagiado con una enfermedad venérea. Trabajamos sicológicamente con él para que luchara por mantener la tranquilidad mientras dejábamos que ella viviera su vida sin la presión conyugal. Después de unos meses nuevamente comenzó con actitudes sospechosas. Le pedí a Francisco que las ignorara frente a ella pero que estuviera pendiente de todo detalle y comenzara su investigación. Después de algún tiempo, cuando la sospecha aumentó, Francisco llegó sorpresivamente a casa una noche y encontró a Inés con el otro hombre en pleno acto sexual.

Como lo había preparado para que reaccionara con prudencia, aunque fue duro y estaba indignado, Francisco les quitó la ropa, llamó a la policía y acusó a su esposa de adulterio. Mientras tanto habíamos preparado todo para evitar al máximo las experiencias traumáticas a los niños, aunque debido a todas las discusiones que habían sido testigos, sabían que la situación no podía continuar así. Una mujer cristiana que cuidaba a los pequeños cuando ellos trabajaban continuó ayudando a Francisco, que ganó la custodia de sus hijos y, aunque pasó por una temporada crítica, ha logrado vivir en paz, sirviendo en su congregación, siendo ayudado por la comunidad y protegiendo a sus hijitos.

Inés nunca quiso recibir ayuda. Ella negaba ser adicta al sexo aunque sus hechos eran la mejor prueba. Uno de los casos más duros de negación de su adicción es la que experimentan los adictos al sexo. Es muy difícil que den el primer paso, el que brinda la esperanza de acabar con la adicción, que es el reconocimiento de que son adictos. A menos que Dios realice un milagro, es imposible que esas personas puedan hacer los cambios imprescindibles sin tener ayuda profesional y seguir el tratamiento con fidelidad, fidelidad que no han desarrollado.

> ***Cuando una persona sincera y que ama a Dios ha caído en pecado, puede sentir un remordimiento o arrepentimiento inmediato, incluso confesar su pecado sin haber sido descubierto pues no puede vivir con la culpa. Ellos caen por la gran vulnerabilidad, confiesan por su gran sensibilidad y cambian su estilo de vida con sinceridad. Pero hay otros que tienen una adicción sexual y, aunque en algunas ocasiones experimentan remordimiento y prometen cambiar, no pueden hacerlo porque son adictos. No solo necesitan arrepentimiento, sino ayuda profesional para poder enfrentar con buenas herramientas y una sabia dirección las consecuencias de su seria adicción.***

Luis Alberto: Adulterio con participación emocional

Quisiera atacar duramente a los adúlteros y decir que todos los que caen en ese pecado no solo son condenados sino que cayeron por pecadores y malvados, pero la realidad me dice otra cosa. Yo he pecado como muchos otros grandes hombres de Dios, pero no por malo o por planificar un pecado, sino a pesar de mis intentos y esfuerzos por amar a Dios y vivir en santidad. Como consejero he tenido que atender casos de personas con excelentes razones aunque sin justificaciones para pecar. Pero a la vez entiendo que no existe justificación para ningún pecado, aunque haya razones para todos.

Algunas razones existían para la difícil experiencia de Luis Alberto. Siempre había sido respetuoso del ritmo sexual de Mónica, pero ya llevaba cerca de dos años que ella había comenzado a distanciarse cada vez más. Él tomó una actitud de comprensión aunque constantemente caía en la desilusión. Luis Alberto había luchado por años para mantenerse fiel y había sido una tarea dura, pero la había logrado. En su congregación nunca se hablaba de sexo. Él asistió solo a una de mis conferencias después de su caída en adulterio. Su esposa nunca quiso ir pues sentía que tenía el apoyo de su pastor, que les prohibía ir a eventos que no fueran de la congregación. Mónica creía en algunos mitos. Pensaba que no debían tener lo que ella llamaba «juegos sexuales». Es decir, no creía que su esposo debía tocar su órgano genital, ni acariciar sus senos, mucho menos besarlos. En su congregación ella debía sentarse en un lado del templo y él junto a todos los hombres en el otro lado. Allí las mujeres usaban velo y nunca en sus dieciocho años de cristianos habían recibido instrucción sobre su vida sexual. Mónica admitió que pocas veces experimentaba orgasmos y que más bien las relaciones sexuales eran dolorosas al inicio de ellas.

Luis Alberto pensaba igual, pues creció en la misma congregación, pero cuando su esposa comenzó a alejarse más sexualmente, sintió la necesidad de investigar. Al asistir a una de mis conferencias fue motivado a buscar ayuda. Después de un par de sesiones ya comprendía un poco más de la situación. Mónica estaba entrando en la menopausia y tenía menos interés sexual que antes. Ninguno de los dos tenía mayor información sobre la situación y me di cuenta de que por muchos años la vida sexual de la pareja fue un acto necesario para la satisfacción de Luis Alberto, pero no algo deseado por Mónica.

Además, como se habrá dado cuenta, Mónica creía en algunos mitos. Uno es una idea ficticia que ha sido aprendida y que se ha creído por tanto tiempo que se hace parte del sistema de creencias de una persona. Todavía existen muchos mitos en las congregaciones ya que en la gran mayoría no existen cursos bien planificados, profesionales y bíblicos sobre la sexualidad. Algunos han aprendido que las relaciones sexuales perjudican su espiritualidad o que un signo de mejor comunión con Dios es negar todas sus pasiones. Los mitos estaban totalmente reñidos con la realidad y Alberto y esa realidad, esa insatisfacción sexual, ese rechazo a tener una sexualidad al estilo divino fueron la motivación para que desarrollara una amistad cercana con Soraya, una extrovertida y cariñosa compañera de trabajo.

Alberto cambió radicalmente y dejó la iglesia, abandonó a su esposa y se fue a vivir con Soraya. El cambio fue impresionante. Él mismo, cuando me buscó para recibir ayuda después de vivir más de once meses con ella, me confesó: «Estoy sufriendo como nunca porque nunca había amado así. Me enamoré, me cegué, disfruté algo increíble y no puedo dejarla, pero ahora ella me engañó con uno de sus amigos». Es que la mayoría de los hombres puede caer en adulterio por la atracción y la excitación que sentimos pero puede terminar las relaciones adúlteras con relativa facilidad. Sin embargo, cuando un hombre se involucra emocionalmente, puede incluso ser más difícil que para la mujer abandonar esa relación lujuriosa que ha permitido la infatuación.

Con ayuda y la disposición a someterse a un largo proceso, Mónica y Luis Alberto no solo se arrepintieron de sus errores y pecados, sino que se perdonaron y con el paso del tiempo lograron sanar los traumas del pasado, abandonar los mitos aprendidos, corregir los errores que les llevaron a pecar y comenzaron a vivir una relación conyugal saludable como nunca antes.

Todos tenemos el deber de aprender a enfrentar los problemas, especialmente aquellos que cuando los mantenemos poco a poco van engendrando más motivaciones para fallar. Es cierto, una mujer que ha experimentado algunos orgasmos y los ha disfrutado y que está casada con un adúltero y abusador no puede disfrutar de su vida sexual. Si regularmente es usada y maltratada sexualmente y es víctima de irrespeto y violencia hogareña, es una mujer vulnerable que tiene razones para anhelar una relación cariñosa, respetuosa, tierna y sensual.

Es cierto que tiene razones para anhelar una vida sexual normal y su mente le indicará que puede tenerla si encuentra a un hombre que no es su marido pero que también es la antítesis del hombre violento que la maltrata y la usa. Es cierto que si llega a encontrar a esa persona anhelará recibir lo que tanto necesita, pero no tiene justificación para caer en una relación adúltera. Esa persona tiene la obligación de enfrentar su problema de violencia, prepararse para confrontarla, nunca más permitirla, aun separarse sabiamente del abusador y luego divorciarse por adulterio y violencia. Después debe sanar sus heridas y ser sabia para encontrar un hombre amoroso y respetuoso con el que pueda desarrollar su vida matrimonial, incluyendo su sexualidad, en forma bíblica y normal.

El adulterio es un serio pecado condenado por la Palabra de Dios, pero no solo caen en pecado quienes tienen un corazón rebelde y malvado, sino grandes hombres y mujeres que aman a sus familias, aman a Dios, pero que cometen grandes errores porque son pecadores. Existen personas maravillosas y que por tener relaciones conyugales enfermas y destructivas tienen excelentes razones para fallar aunque no haya justificaciones para pecar. No hay justificación para ningún pecado, pero existen razones

para todos. Nuestro deber no es solo evitar los pecados sino remover las razones que nos conducen a cometerlos.

Clarissa: Disfruta del adulterio

Clarissa cayó en adulterio y lo disfrutaba. En sus cinco años de matrimonio con un alcohólico, nunca había desarrollado una vida sexual normal. Se casaron después de los treinta años y en medio de violencia y borracheras de su marido, ella intentó siempre responder como cristiana aunque había caído en una seria confusión por su mal concepto del amor.

Ella había estado toda su vida en una congregación y cuando pensaba que nunca se casaría, se enredó con un no cristiano, después de poco tuvo relaciones sexuales que no disfrutó, pero quedó embarazada. Su esposo nunca quiso abandonar su alcoholismo y no tenía mayor interés en la vida sexual y mucho menos en una relación saludable. Ella, aunque sentía necesidad, y periódicamente se unían sexualmente, nunca había disfrutado de un orgasmo.

Me confesó que disfrutaba los fines de semana que por la gran borrachera, su marido no llegaba a casa. Rechazaba el olor a alcohol, especialmente porque cuando su marido estaba más borracho, intentaba tener relaciones sexuales con ella. Era sucio, grosero y tosco. Nunca olvido sus palabras cuando me describía la gran pasión que sentía por su amante. «En casa tenía una terrible combinación. Un marido borracho, sucio y mecánico de profesión».

Toda persona que no disfruta de una vida sexual normal en una relación matrimonial debe comprender que tiene todo el derecho —y no solo el derecho sino la obligación— de restaurar su vida y disfrutar de su sexo. Todo cónyuge tiene la obligación de enfrentar seriamente la situación matrimonial problemática, enfermiza, adúltera, engañosa, violenta, peligrosa y pecaminosa que tiene con su pareja, pero Dios a nadie le ha dado el derecho de elegir el pecado como reacción al pecado de otro. Comete pecado el que maltrata, usa, adúltera y vive en la maldad, como el que reacciona erróneamente movido por la misma pecaminosidad.

Clarissa era una mujer eficiente en su servicio a la congregación. Allí desarrolló una amistad cercana con una persona cinco años menor que ella. La relación poco a poco fue creciendo en cercanía. Se entendían a la perfección. «Nunca nadie me había tratado como él. Era atento, respetuoso, se vestía muy bien y siempre estaba listo para ayudarme», fue una de sus declaraciones. Más de dos años sirvieron en el mismo ministerio en la iglesia y mantuvieron la cercanía, pero según decían, «sin nada pecaminoso».

Alberto, el esposo de Clarissa, decidió ir a ver a su madre a su país pues estaba muy enferma. Como estaba ilegalmente en el país, debía volver a entrar en forma ilegal. Lo intentó varias veces y no pudo hacerlo, en la última lo descubrieron y fue deportado. Clarissa y su hijito decidieron que no se irían de los Estados Unidos y que esperarían que Alberto volviera. Pasaron más de seis meses y no pudo volver. En su ausencia, Mario comenzó a visitarla. Iniciaron una relación apasionante. Clarissa por primera vez experimentaba orgasmos. No solo uno, sino que había sido tan apasionante que disfrutó varios en sus relaciones sexuales y, además, había sido tratada todo el tiempo con tanto cariño que nunca se había sentido tan querida. No había sentido satisfacción por muchos años y nunca había tratado su problema con sabiduría. Debido a la actitud de su esposo, la suciedad y el alcoholismo, había creado un rechazo sicológico que le impedía disfrutar de su vida sexual, aunque la anhelaba.

Debido a la situación, se estaba preparando muy bien el terreno para la infidelidad con envolvimiento emocional, y lamentablemente así ocurrió. Clarissa no me buscó porque quería terminar su relación, sino porque no quería terminarla. «Fueron años de sufrimiento y rechazo y por primera vez amo a una persona y esa persona me ama, no puedo dejarlo. Dios no puede ser tan injusto que me obligue a dejar de amar a alguien que me ama, que me apasiona y que es un excelente amigo de mi hijito», me dijo con pasión en cierta ocasión.

Clarissa era una mujer que realmente quería vivir su vida cristiana saludablemente, pero por descuido y por el sistema inadecuado de relación conyugal estaba actuando pecaminosamente. Me encargué de ayudarla en todo el proceso. Después de mi evaluación me di cuenta de que era una mujer sincera, confundida, pero que en una relación adúltera había encontrado respuesta a sus necesidades de cariño y ternura. Ella también encontró satisfacción para su necesidad sexual y se sintió respetada. Por su profundo deseo de reiniciar su relación con Dios de una manera saludable, decidió someterse a un largo proceso de restauración. Anhelaba con todo su corazón someterse a Dios y ser obediente, pero a la vez era lo suficientemente honesta para decir que no podía terminar su relación pecaminosa, pero estimulante, sin la ayuda de Dios y sin la orientación adecuada.

Se sometió a todo un proceso con mucha dedicación. La meta era restaurar su vida y que comprendiera que las relaciones pecaminosas, aunque sean apasionantes, provocarán la disciplina divina. Mi meta era hacerle comprender que tenía todo el derecho de restaurar su vida y la obligación de enfrentar seriamente la situación matrimonial problemática, enfermiza, peligrosa y pecaminosa que tenía con su marido. Ella comenzó a trabajar con dedicación. Después de más o menos seis meses, el esposo le escribió que no regresaría y que había encontrado a otra mujer, por lo que se había casado en su país de origen.

Clarissa se alegró al saber que no tenía que enfrentar a su marido pues conocía las actitudes violentas que lo caracterizaban. Ella pasó por todo el proceso, además, hizo todas las averiguaciones del caso y comprobó que realmente su esposo se había casado en su país y con ese antecedente inició su separación legal. Así pudo seguir todo el proceso de divorcio mientras ella y Mario pasaron por todas las clases de asesoramiento matrimonial. Finalmente se casaron y siguieron desarrollando su relación conyugal saludable.

La mayoría de los hombres puede caer en adulterio solamente por la atracción y excitación que sentimos —y la mayoría puede terminar sus relaciones adúlteras con relativa facilidad—, pero cuando el hombre se involucra emocionalmente y siente una gran pasión, puede incluso ser más difícil para él que para la mujer abandonar esa relación lujuriosa que ha permitido la infatuación.

Pedro: Buenas razones, terribles pecados

Pedro estaba decidido a terminar su relación conyugal ya que había ido deteriorándose desde hacía más de un año. La personalidad de Marina lo motivaba a aislarse cada vez que tenían conflictos y Pedro aprendió el mismo sistema para evitar mayores problemas. En vez de confrontar sus problemas con sabiduría, pasaban largas temporadas sin hablarse; ya tenían la costumbre de acostarse en cama distintas. René, el hijo mayor de la pareja ya se había casado y el menor tenía veinte años. Ellos no tenían la capacidad o no querían hablar de sus problemas y preferían mantenerse a la distancia.

Cada uno creía tener el poder en sus manos y su estrategia para saber mantener al «enemigo» a la distancia necesaria y así evitar toda confrontación violenta como las que acostumbraban. Pedro solía irse a dormir al que había sido el dormitorio de su hijo mayor. En las sesiones de consejería admitió que prefería estar allí pues tenía televisión y se había acostumbrado a mirar canales pornográficos. Adquirió la costumbre de masturbarse con mucha regularidad y cada vez le era más fácil estar separado sexualmente de su esposa en las temporadas de enojo.

Sin embargo, cada vez más se convertía en una persona más adicta al sexo y más vulnerable al adulterio. La situación del matrimonio empeoraba pues Pedro estaba en plena crisis de la mediana edad. La andropausia es un desafío para el bienestar de los hombres de esa edad. Cuando las mujeres entran en la mediana edad, experimentan un cambio muy conocido, la menopausia. Los cambios en los hombres son a menudo menos obvios, pero tienen igualmente un efecto muy profundo en sus vidas física, emocional y social.

La edad madura es el periodo de la vida en el que las relaciones extra conyugales son más frecuentes. Al analizar las causas, los especialistas indican que algunos hombres desean aferrarse a lo que les queda de juventud para demostrar que aún son fuertes y atractivos; otros desean probar otro tipo de relación sentimental porque su vida sexual no les satisface; y otros cometen deslices por no saber resistirse a las tentaciones e incitaciones de compañeros y amigos.

Cuando el matrimonio en conflicto se da cuenta de que sus hijos ya están grandes, cuando además, la mujer está en la menopausia y vive todos los trastornos propios de esa etapa y el hombre está en su segunda adolescencia, las circunstancias son propicias para caer en relaciones adúlteras que pueden cautivar, especialmente al hombre. Eso era precisamente lo que ocurría en la relación matrimonial de Pedro.

Su situación emocional en la crisis de la mediana edad que enfrentaba, lo motivó a comenzar a vestirse más juvenilmente, a relacionarse más a menudo con sus compañeras de trabajo y finalmente a una relación de adulterio. Pedro admitió que cuando se relacionó con una mujer descubrió que alguien podía tratarlo con mucho cariño y ternura. Así que la visitaba dos veces a la semana y lo esperaba con los brazos abiertos y con un cariño asombroso. Él se vestía bien y se arreglaba lo mejor posible. Era una ilusión esperar el día en que dedicaría un par de horas a compartir con su amante. Esa relación fue creciendo en pasión al punto de que no sintió temor de ser descubierto. Pedro estuvo fuera de su casa por más de seis meses y luego entró en una seria crisis depresiva, la misma que le llevó a buscar a Dios. Vivió una experiencia muy difícil y su hermano, que era pastor evangélico, le brindó la ayuda que necesitaba.

Debido a su deseo genuino de cambiar su vida comenzó a dar muchos pasos, e hizo varios intentos por volver a iniciar la relación conyugal con su esposa, pero no podía terminar con su fuerte nexo emocional. Esa situación fue la que motivó al matrimonio, por recomendación de su hermano, a buscar mi ayuda. Después de un tiempo la esposa de Pedro había comprendido los serios errores que había cometido en su relación conyugal y se esforzó para realizar los cambios. Ambos se pidieron perdón por los pecados cometidos, pero Pedro no podía olvidar su relación de adulterio. Pasaron meses hasta que finalmente y con la ayuda de Dios, comenzó a tener mayor fortaleza y en poco tiempo abandonó para siempre su relación adúltera.

El asesoramiento había dado resultados positivos pero había sido una larga tarea para Pedro y su esposa. Debo recordarle que es muy difícil que el cónyuge infiel salga de una relación de adulterio con envolvimiento emocional sin la ayuda de un consejero. La situación emocional es tan crítica que ni quien está involucrado en el pecado ni su cónyuge pueden ayudar si no reciben la orientación de un profesional.

Es muy difícil abandonar una relación de adulterio, aun cuando la persona sea descubierta si existe un serio envolvimiento emocional. Quien está atrapado en una infatuación de esa naturaleza debe buscar la ayuda profesional.

Capítulo 6

EL CÓNYUGE INFIEL: PASOS DEL ENVOLVIMIENTO PECAMINOSO

Aunque existen relaciones adúlteras que pueden ocurrir con rapidez, siempre son resultado de una combinación de la falta de convicciones, un proceso de deterioro de la moralidad y un estado de alta vulnerabilidad.

Para los hombres es más fácil caer en relaciones adúlteras debido a que la mayoría somos activos sexualmente y somos estimulados en gran manera por lo que vemos. Esto difícilmente lo entienden las mujeres. Nosotros experimentamos sensaciones no planificadas. Solo al mirar a una mujer atractiva podemos sentir una conexión inmediata. Además, nos pueden impresionar las piernas, los senos, los glúteos, su cara, su mirada, su sonrisa y aun la forma como camina.

La primera mirada puede ser circunstancial y al descubrir algo atractivo en ella es muy difícil no hacer la segunda mirada y cuando seguimos mirando, poco a poco experimentamos ciertas sensaciones difíciles de describir, pero que nos van estimulando lentamente. Es por ello que el consejo que se repite en la Biblia para poder lidiar con estas estimulantes sensaciones siempre es huir de las tentaciones. No existe otra manera más segura que huir del pecado y luchar por no volver a mirar, por no seguir mirando, por no seguir coqueteando, por no seguir flirteando, cautivando, atrayendo, conquistando y seduciendo. Detener ese proceso es difícil porque está dominado por nuestras pasiones y por gustos que son difíciles de ser controlados.

Primera fase: La atracción

Una atracción normal ocurre cuando personas del sexo opuesto tienen una asociación constante provocada u obligada.

Poco a poco sienten un aprecio creciente por las habilidades, estilos, simpatía o por el físico de la otra persona. Los procesos de simpatía y empatía son normales. Pero casi siempre existe el riesgo de que la atracción normal se transforme en peligrosa y dominante. Poco a poco los pensamientos se fijan más y más en la otra persona y aumenta la necesidad de pasar tiempo con ella.

Lo que hace o dice la otra persona comienza a ser recordado cuando está ausente y se siente una expectación por volver a verla. Cuando este proceso es experimentado por una sola persona es más posible preparar nuestra huida. La atracción es mucho más activa en el hombre que en la mujer pues los varones recibimos gratificación sexual por medio de nuestros ojos. Estos son un medio eficiente para motivarnos al pecado y ni siquiera necesitamos respuesta de una mujer para ser atraídos. La desnudez femenina nos excita en cualquier lugar, forma o medio que se nos presente. Esa excitación se puede producir por mirar los senos de nuestra esposa mientras se desviste, y de la misma forma puede asaltarnos mientras estamos sentados frente a una mujer que debido a su falda corta cada vez que abre sus piernas nos deja ver parte de su ropa interior.

Para nosotros, la impureza de los ojos es el preámbulo de la impureza sexual. Esa mirada puede convertirse en tan enfocada que puede producir una excitación tal como lo haría acariciar un seno o los glúteos de una mujer. El proceso descendente que lleva a caer en el adulterio comienza con las miradas. El proceso descendente de la mujer casi siempre comienza con una relación linda, tierna y estimulante, así como con el toque masculino con ternura y cariño. Su sistema de ignición está vinculado al contacto físico y la relación. Aunque ellas perciben nuestro estilo como superficial y sucio, la verdad es que les ocurre lo mismo, solo que por diferente camino.

El más serio peligro en este proceso de atracción se da cuando ambos comienzan a hacer cosas que llaman la atención del otro y buscan agradar en todo o en muchas áreas. Esa fuerte atracción mutua se convierte en un peligro pues ambos están trabajando inteligentemente para alimentar esa atracción. Cuando las miradas y la observación del hombre al cuerpo atractivo de una mujer produce una fuerte atracción y esta se une con la ternura y el trato cariñoso, así como la inteligencia que atrae a una mujer, entonces existe una atracción mutua que es muy difícil de eliminar y cuya única forma de evitar es el consejo divino de huir de las tentaciones.

También puede existir una atracción súbita. Algunos la llaman «amor a primera vista», pero no es otra cosa que una atracción mutua, la excitación a primera vista que se junta con la conexión a primera vista. En un momento, en el cruce de miradas puede existir una conexión tal que las personas pueden sentir hasta que un escalofrío recorre sus cuerpos. Esto es más peligroso cuando el hombre tiene poder en sus manos. La belleza de una mujer, su sensualidad, puede activar la pasión del hombre en un instante. Una persona popular, un personaje público, un político, un artista, un líder o un pastor tienen poder cuando han ganado el respeto y la admiración de los demás. Esa persona puede utilizar su poder para lograr satisfacer la pasión que sintió. David fue sujeto de una seria tentación que no fue capaz de resistir.

Frente a esta circunstancia la Biblia tiene un solo consejo: ¡Huye! Por supuesto, eso es lo que menos queremos hacer cuando nos encontramos en esa cautivadora parte del proceso que llamamos atracción.

Segunda fase: Envolvimiento emocional y físico

Cuando ambas personas se dan cuenta de que la atracción es mutua comienzan a dar los pasos astutamente planificados para tener cercanía. Aunque existen encuentros casuales, las personas comienzan a buscar un acercamiento planificado. La persona ya desarrolla un plan para verla, para hablarle o encontrarse. Se viste, se perfuma o cambia determinados hábitos pensando en la persona que ha incitado su pasión. Hay miradas más frecuentes o toques y caricias que ambos saben que traspasan los límites de lo que hacemos con todas las personas. Se comienza a hablar más directamente de los sentimientos y no de cosas irrelevantes. Se muestran sus emociones más francamente e identifican con palabras las acciones o actitudes coincidentes con sus sentimientos. De allí en adelante es muy difícil que la relación vuelva a ser normal. Cuando una persona habla con sinceridad de sus sentimientos por la otra persona y obtiene respuesta, eleva las pasiones y les conduce al envolvimiento emocional y físico.

Algunas personas quedan atrapadas en ese juego emocional y están dispuestos a perder todo por el alto grado de infatuación que experimentan.

Otros luchan permanentemente, logran controlar a veces sus pasiones y en otras vuelven a caer en ese círculo vicioso de lucha con sus valores y deseo de satisfacción de sus pasiones. Quien llega al momento de que sus emociones y su pasión sean tan fuertes que le ciegan, ha puesto a sus emociones como el más grande obstáculo para que los valores que tiene determinen la práctica que realiza. Mientras más grande la pasión más fuerte la barrera, más oscura la nube que impide que se junten los valores con la práctica. Los que ordenan las prácticas ahora son las pasiones y los sentimientos.

David disfrutó de su encuentro sexual. Lo planificó y lo realizó. Él era un poeta, un cantante romántico y hermoso. Ella era bella y sensual. Ambos estaban atrapados. David era víctima de la infatuación. Rompió los valores y se olvidó de su Dios (2 Samuel 11.4).

Algunas personas quedan atrapadas en el turbador envolvimiento emocional y están dispuestas a perderlo todo por el alto grado de infatuación que experimentan. Otros luchan con fortaleza, unas veces controlan sus pasiones y otras caen en ese círculo vicioso de imponer sus valores por sobre sus emociones, mientras que en otras solo buscan satisfacer pecaminosamente sus pasiones.

Tercera fase: La desestabilización de la relación

Si la persona no se ha cegado totalmente y aún no ha determinado abandonar todo, en algún momento comienza la lucha. Su propia conciencia y la acción del Espíritu Santo empiezan a molestarle. En esta fase puede temer ser sorprendida, comienza a sentir algo de incomodidad, pero no puede abandonar el proceso o puede determinar seguir hasta las últimas consecuencias. Existen cosas que le recuerdan sus valores. Su conciencia le acusa de sus acciones erróneas, y aunque es fuerte la infatuación también siente la necesidad de hacer algo para salir del problema, pero no puede hacerlo. Aunque por momentos siente que su relación pecaminosa se derrumba, también siente confusión y emocionalmente no desea que eso ocurra.

A veces uno u otro intentan separarse, pero vuelven de nuevo cuando no pueden soportar las emociones acumuladas debido a la separación. Una vez más se sienten arrepentidos y una vez más hacen planes de salir para después de un tiempo volver a pecar, a menos que busquen ayuda. Por lo general, las personas que no están acostumbradas a vivir en un mundo de engaño y que han caído presa de sus emociones, en esta fase de la relación experimentan ciclos de arrepentimiento, intenciones de cambio, decisión de realizarlos, separación temporal, necesidad de estar con la otra persona y restablecimiento de la relación.

Con ayuda sicológica o de un consejero, un grupo de apoyo o alguna persona madura ante quien ser responsable, en algunos casos es posible terminar la relación en esta etapa.

Cuarta fase: Confrontación y resolución

En muy pocos casos el cónyuge infiel decide romper el ciclo porque no puede soportar la angustia emocional que vive como producto de su pecado y determina revelar lo que su cónyuge, en la mayoría de los casos, ha sospechado.

Casi siempre el cónyuge infiel es atrapado en alguna parte del proceso. A David le ocurrió y cuando ya cantaba victoria, después de utilizar todas sus artimañas para ocultar su pecado, fue descubierto (2 Samuel 11.8-25). El mensajero de la confrontación venía enviado de parte de Dios y conocía toda la verdad. A pesar de los intentos de David por ocultar su pecado, frente a la presencia del Dios soberano no tenía escape y por ello fue obligado a reconocerlo.

La gran mayoría de las personas que confiesan su pecado de adulterio lo hacen bajo seria presión. Hacerlo así no necesariamente indica que la persona no quiere hacerlo, aunque muchos adúlteros seguirían en su relación adúltera por muchos años si no fueran descubiertos.

Quien se encuentra envuelto en una relación pecaminosa puede confesar cuando ha experimentado demasiado temor o cuando realmente siente que está atrapado; de otra manera nunca podrá salir. Muchas de las personas que fallamos necesitamos presión para rendirnos. En otros casos la persona en pecado solo revela la situación por la presión que siente y trata de manipular el problema, pero sin la intención de arrepentirse, ni de abandonar a su cónyuge. Esa persona está atrapada en dos mundos.

El hecho de que haya confesado por la presión no significa que no exista sinceridad, o que su arrepentimiento no es genuino. Pero la prueba del arrepentimiento no está en la forma en fue movido a arrepentirse sino en las acciones y actitudes elegidas después de la confesión y en el cambio que verdaderamente ha experimentado.

Cuando la situación se descubre todos experimentan una etapa de confusión. En algunos casos el cónyuge infiel trata de obedecer a muchos señores. Sus valores lo presionan, la culpabilidad, su cónyuge y, en el caso de un pastor, también recibe presión de los líderes y de su congregación. El cónyuge infiel está tratando de obedecer a Dios, de comprender y someterse a los deseos de su cónyuge, de sus familiares, de la iglesia y aun de sus propias emociones.

Esa es la razón por la que experimenta una seria etapa de confusión pues no sabe cómo responder en una etapa difícil y que produce mucha incertidumbre. Siempre falla el cónyuge infiel que desea continuar siguiendo los dictados de su corazón en vez de buscar orientación para no cometer errores, porque nadie puede servir a dos señores (Mateo 6).

En esta etapa la persona vive en confusión e inestabilidad. Santiago dice que el hombre de doble ánimo es inestable en todos sus caminos (Santiago 1.8).

El periodo de revelación de nuestros pecados es traumático y angustiante, pero el de arrepentimiento y transformación es lento y difícil. Quien siendo infiel ha batallado duramente con su conciencia y tiene la sincera convicción que le motiva a la confesión, después de confesar y arrepentirse casi siempre puede descansar en paz con su conciencia, pero no sin consecuencias por el pecado cometido.

Mientras tanto, el que ha descubierto el engaño y ha sido herido comienza una de las experiencias más traumáticas. Son noches sin sueño que pueden demorar mucho tiempo o producir un estado permanente de depresión si no es tratado con sabiduría.

Por otra parte, mientras que en el cónyuge infiel no exista la determinación para dar todos los pasos para la separación definitiva de la otra persona —eliminando todo acercamiento, contacto y recuerdos— y mientras que no se inicie el proceso de conquista y restauración de la confianza del cónyuge con la más grande actitud de humillación, no se puede dar el siguiente paso.

Quinta fase: La recuperación

Este es un proceso cuya duración está directamente relacionada con la actitud y las acciones de cada persona. Cada uno debe recuperarse del trauma que vivió. Si el cónyuge fiel no pone en práctica un amor que incluya disciplina y límites, en vez de motivar la recuperación del cónyuge infiel, le perjudica.

Si el cónyuge infiel no sigue los pasos bíblicos apropiados, no podrá recuperarse ni ayudará en el proceso de mejoría del cónyuge fiel. Si este tampoco sigue los consejos bíblicos y profesionales no sanará del trauma y demorará el proceso de recuperación.

El adulterio es una bomba altamente destructiva lanzada en medio de la relación conyugal. Los matrimonios no solo pueden sobrevivir, sino que siguiendo el proceso bíblico y profesional pueden recuperarse y sanar. Si pueden volver a amar bíblicamente, pueden volver a confiar y a tener intimidad; si siguen el consejo sabio y renuncian al engaño, vuelven a vivir en la verdad.

Ambos cónyuges experimentan una serie de emociones después de que se descubre el adulterio, entre ellas: el disgusto, la culpabilidad, el remordimiento, el temor, la vergüenza, la ira, etc. Estas emociones y otras son comunes porque en lo profundo de nuestro corazón sabemos que el adulterio es un terrible pecado. Por eso nos escondemos y mentimos. En muchos casos el adulterio no habría ocurrido si la relación conyugal hubiera sido saludable y muchas parejas pueden recuperarse cuando hay arrepentimiento con humildad y se sigue el debido procedimiento.

El adulterio es considerado por los expertos como una de las experiencias más destructivas de la relación conyugal. Es imprescindible que la pareja entienda y dé todos los pasos de su proceso de sanidad con determinación y fidelidad. Quienes se someten al Dios que creó el matrimonio y son instruidos por su Palabra, y deciden seguir todo el proceso con fidelidad y determinación, de seguro encontrarán la solución.

Mi conocimiento al tratar con personas que han vivido estas experiencias muestra que la posibilidad de que el cónyuge inocente recupere la confianza depende de algunos comportamientos básicos por parte de la persona que cometió el pecado. Esta debe contestar con honestidad y recibir ayuda para saber lidiar con sus emociones y comprender la situación emocional de su cónyuge. Debe demostrar su arrepentimiento aceptando que su cónyuge tendrá el derecho a desconfiar e investigar si las promesas y el arrepentimiento son reales. Además, debe terminar toda relación con la otra persona y hacer todo lo posible para no tener oportunidad de relacionarse otra vez. Esto puede incluir un cambio de empleo, si el pecado ocurrió con algún compañero de trabajo, así como toda otra acción y actitud que permita que quien había sido excluido de la vida privada, vuelva al lugar de confianza que le corresponde. Debe incluir toda acción y actitud que permita tratar la situación con integridad y responsabilidad.

No hay atajos en el proceso de confrontación y recuperación del adulterio. Ninguno de los dos, ni la parte inocente ni la culpable deben convertirse en abogado acusador, ni en abogado de la defensa, ni en jurado ni en juez.

No hay atajos en el proceso de confrontación. Las condiciones del arrepentimiento, de la confesión y el comportamiento de ambos, así como las consecuencias deben ser tratadas por alguien independiente y con la capacidad profesional de aconsejar bíblica y sabiamente. Debe ser un consejero quien trate la situación y ofrezca la sabiduría y la dirección para que ninguno de los dos afectados —ni el afectado por haber cometido el pecado, ni la persona afectada por el engaño— se convierta en abogado acusador, ni en la defensa, ni en el jurado ni en el juez. Cuando se sigue el consejo profesional, de seguro se manejará el proceso basado en convicciones bíblicas y justas y no en las emociones humanas variables y destructivas.

Capítulo 7

LA CONFRONTACIÓN SABIA DE UN PECADO TERRIBLE

Es imposible que solos y por nuestra propia decisión nos arrepintamos. Siempre necesitamos la acción del Espíritu Santo, su penetrante convicción y, muchas veces, ser descubiertos en nuestro pecado; además de una sabia confrontación.

David tiene una historia impresionante. Sin duda admiramos sus logros y nos entristecen sus fracasos. Es tan importante su biografía que su historia cubre sesenta y dos capítulos del Antiguo Testamento, con no menos de cincuenta y nueve referencias a él en el Nuevo Testamento. Pero David no fue perfecto y al igual que todos nosotros, en un momento, cometió un gran disparate. Cuando tenía como cincuenta años o tal vez un poco más, cometió adulterio y —en lugar de enfrentarlo y admitirlo—, trató de cubrirlo con un asesinato premeditado. No satisfecho con eso, vivió en medio del engaño y actuando con hipocresía por casi un año. El tiempo pasaba lentamente y todo parecía indicar que el efecto del pecado desaparecería y que todo volvería a la normalidad. Parecía que Dios ignoraba la terrible situación, pero usted y yo ahora sabemos que no fue así.

De una manera maravillosa, como solo Dios puede hacerlo, este trajo a David un profeta que tenía una difícil misión. Estos son hombres necesarios en la vida. Estos hombres nos motivan a mirarnos en el espejo de las Sagradas Escrituras para que veamos la suciedad que llevamos. He tenido que cumplir esta función muchas veces en mi vida y no es una tarea fácil pero, cuando uno está convencido de la misión divina que realiza, la cumple con determinación y solo espera el momento oportuno para ver los magníficos resultados de una confrontación bien realizada.

Dios envió a un hombre con gran integridad, que se acercó al poderoso rey para decirle la verdad. Creo que no existe otra confrontación que haya sido tan breve y tan efectiva como la realizada por este profeta. Sin mucho rodeo y utilizando una técnica extraordinaria de identificación, dejó a David al desnudo.

El profeta le mostró la verdad de su pecado. El espejo era claro y David estaba frente a él mirándose y descubriendo la suciedad que tenía en su vida. En solo cuatro palabras le dice todo lo que tenía que decir. Después de observar la reacción de David, con palabras enérgicas y seguras, solo le dice: «Tú eres aquel hombre». David sabía que estaba frente a un hombre de Dios y que quien lo enviaba era tan poderoso que no se podía jugar con Él. Ese es un momento radical en nuestro proceso de cambio. Es que mientras estamos envueltos en la pasión, ignoramos a Dios y no estamos pensando en su amor, ni tampoco en la posibilidad de recibir disciplina. Casi pensamos que nunca seremos descubiertos y que podemos llevar una vida oculta sin que Dios tome alguna medida.

El momento había llegado para el apasionado cantor de Israel y estaba frente a un enviado de Dios que una vez más le recordaba que con Dios no podía jugar y debía confrontar su pecado. David amaba a Dios, pero había sucumbido a la presión de sus pasiones. Al escuchar esas cuatro palabras —«Tú eres aquel hombre»—, David tembló con humildad y decidió lanzar todo el veneno que llevaba dentro y por un instante, estoy seguro que sintió algo de alivio. Es que ninguno de nosotros, los que realmente amamos a Dios, pero a veces somos seducidos por nuestras pasiones y las atractivas tentaciones, puede sentir alivio de otra manera que no sea arrepintiéndonos sinceramente y confesando sin excusas y sinceridad, nuestros pecados y nuestra terrible maldad.

Todos los que amamos realmente a nuestro amoroso y paciente Dios, a veces somos seducidos por nuestras pasiones y las atractivas tentaciones. No podemos sentir alivio de otra manera que no sea arrepintiéndonos sinceramente y confesando sin excusas y con sinceridad, nuestro pecado y nuestra terrible maldad.

Desarrollo de una confrontación sabia

En el segundo libro de Samuel capítulo 12, está la historia de esta increíble confrontación. El enviado de Dios, el profeta Natán, visitó al rey David y le dijo la verdad. Examinemos por un momento el desarrollo de esta increíble confrontación.

Estoy convencido de que no podemos salir de las garras de las pasiones pecaminosas sin la intervención divina. Los seres humanos tenemos la habilidad de engañar y desarrollar planes increíbles para el desarrollo de la maldad. Pero Dios tiene sabiduría incomparable para cerrarnos las puertas y meternos en un callejón sin salida de forma que en algún momento seamos descubiertos. Mientras más estrategias utilicemos y más pecados acumulemos en el proceso de disfrutar de nuestras pasiones y de tratar de esconderlas cuando comenzamos a ser descubiertos, más terribles consecuencias recibiremos.

No podemos intentar jugar con Dios y salir sin culpa y airosos sin la disciplina divina. Usted tiene que estar de acuerdo conmigo en que la estrategia de David fue brillante. Cada parte del proceso para ocultar su pecado demandó lo mejor de su inteligencia. Cada paso que dio fue bien pensado y cada vez iba cayendo más en un abismo más profundo.

David tenía que estar pensando y sacando cuentas. Debía traer de la guerra rápidamente al esposo de Betsabé para que tuviera relaciones sexuales con su esposa y así pareciera como que el bebé era de él. No tenía tiempo que perder y por ello puso su estrategia rápidamente en acción. Después de traerlo de la guerra y enviar a Urías el heteo a su casa y tras emborracharlo —y aun así no lograr que se acostara con su esposa—, no tuvo otro remedio que planificar la muerte del inocente soldado. No es fácil llegar a esa decisión. David no era un criminal, era un siervo de Dios que se apasionó.

Muchas personas me relatan historias que ahora ven como increíbles, aunque ellos fueron los protagonistas. Ernesto golpeó a su mujer cuando fue descubierto en adulterio. Ella llamó a la policía y el líder de una congregación terminó en la cárcel en asunto de horas. Elvia rompió cosas de gran valor en su casa. Rompió los televisores, el equipo de sonido, la refrigeradora, los adornos finos que había comprado en el transcurso de muchos años, la ropa de su esposo y hasta intentó suicidarse. Todo eso ocurrió luego de descubrir que su esposo tenía una relación de adulterio. Ella terminó en el hospital y con un problema estomacal que por años le impidió vivir saludablemente. David no fue la excepción y las consecuencias de su adulterio fueron sumamente graves. No siempre es así, pero nunca sabemos cuando puede ocurrir.

David creó un caos para tratar de ocultar su pecado y el profeta le comunicó la forma dura en la que Dios había determinado lidiar con tan difícil situación. Desprendamos algunos principios en el proceso de examinar esta confrontación divina a un destructivo pecado humano.

Dios nunca está desinformado cuando nosotros estamos atrapados por el pecado. Él puede tener paciencia y no ejecutar inmediatamente su disciplina cuando estamos en rebelión, pero en algún momento notaremos su sabia y difícil intervención.

Observe lo que dice el versículo 1: «Y el Señor envió a Natán a David». El capítulo anterior (2 Samuel 11.27) termina con una importante declaración: «Mas esto que David había hecho, fue desagradable ante los ojos de Dios».

Dios envió al profeta Natán a confrontar el pecado de su rey. El Señor puede tardar en dictar una sentencia, pero nunca evita juzgar a sus hijos y actuar con sabiduría. Dios no lo confrontó después de que Betsabé quedó embarazada, ni después del terrible asesinato de Urías. Ni siquiera envió al profeta inmediatamente después de casarse con Betsabé y tratar de arreglar su situación, por lo menos con ella. Dios sabe cuándo es el momento oportuno, Él determina la forma en que nos ayudará para que seamos descubiertos. Sí, escribí bien. Dios decide la forma en que nos ayudará para que seamos descubiertos. Usted y yo lo sabemos. Todos hemos guardado pecados que nunca habríamos abandonado si no hubiéramos sido descubiertos.

Dios envió a su profeta después del nacimiento del niño. Muchos de los grandes estudiosos del Antiguo Testamento piensan que pasó un intervalo de doce meses antes que Natán lo visitara. El bebé tenía por lo menos tres meses de edad porque Dios sabiamente esperó el momento correcto. Él muchas veces permite que la miseria que vive un hijo rebelde, cumpla su trabajo y luego se acerca para darnos la solución, que de ninguna manera es fácil para los humanos, pero es una solución divina que nunca falla.

Las confrontaciones son procesos delicados que cumplen la función de conducir a la persona al arrepentimiento y la restauración. Nunca debe

realizarse de cualquier manera, con un mal espíritu y sin haber obtenido la debida capacitación. Aun un cónyuge que confrontará el pecado, debe estar bien preparado si desea cumplir con el propósito por Dios diseñado.

En muchas ocasiones, especialmente cuando las personas piden mi consejo para intervenir en una situación pecaminosa, he preguntado si han confrontado el problema y todas las personas dicen que sí lo han hecho. Entonces escuchan mi ineludible pregunta: «Y entonces, ¿por qué se encuentra en el mismo problema?» En mi método de consejería la confrontación es la herramienta que trae la solución a los problemas. Siempre que confrontamos bien tendremos la solución. Tal vez no sea la solución que usted esperaba, pero cuando realiza una confrontación bíblica, sabia, enérgica, sistemática y prudente, obtendrá la solución que tanto necesita.

Defino la confrontación como el proceso de medidas que van escalando en consecuencias mayores cuando la persona confrontada no realiza los cambios necesarios y que siempre produce una solución al final del proceso de hacer conocer su rechazo, los principios bíblicos que la persona está rompiendo y las acciones que usted tomará en su proceso de confrontación.

Por ejemplo, Mireya me consultó pues estaba cansada de confrontar a su marido ya que este tenía la terrible costumbre de dejar su ropa sucia regada. Todos los días, a cualquier hora que se bañaba, dejaba todo en el baño y cada vez que se mudaba, dejaba su ropa botada en el lugar que se cambiaba. Mireya, muy molesta, me contó muchos detalles del terrible desorden de su marido. Mi pregunta fue:

—Y usted, ¿ya confrontó el problema con él?

Ella no dudó en responder:

—Innumerables veces. Se lo he dicho de todas maneras.

Entonces le dije:

—Pero usted solo le ha dicho, no lo ha confrontado.

Ella rápidamente me respondió:

—Por supuesto que lo he confrontado con gritos, con enojos, he llorado, le he suplicado y nunca ha cambiado.

Entonces, volví a decirle:

—Usted ha gritado, se ha enojado, ha llorado y suplicado, pero aún no lo ha confrontado.

Es que muchos, la gran mayoría, piensa que las personas dejarán de hacer lo indebido cuando decimos, lloramos, maltratamos, peleamos, discutimos, amenazamos y nos enojamos. Pero la realidad nos indica que nadie puede cambiar solo porque actuemos de esa manera.

Mireya nunca realizó el proceso de confrontación que enseño. La confrontación es un proceso que va produciendo cada vez más graves consecuencias. Ignacio nunca iba a cambiar mientras ella utilizara esas herramientas y al final limpiara, ordenara el baño, recogiera las toallas mojadas y luego toda la ropa que dejaba regada. Así que le enseñé el procedimiento correcto para la confrontación. Habló con su esposo con amor y respeto, pero a la vez con firmeza. Dio el primer paso, que es hacer conocer su dolor, su inquietud, su molestia de la forma bíblica. Le hizo sabe cuánto había sufrido con eso, cuánto se molestó y cuán cansada estaba de la situación.

En segundo lugar, le hizo conocer sus límites. Le comunicó que ambos debían estar sometidos a las mismas reglas y que así como a él le molestaba que ella dejara sus cosméticos regados sobre el lavamanos, y que ella debía dejarlos ordenados, así también ella se molestaba y que pondría una canasta para las toallas mojadas y otra para la ropa sucia y que era su deber ubicar su ropa en el lugar apropiado.

En tercer lugar, estableció las consecuencias. Si ella dejaba regados sus cosméticos, cepillo, pasta de dientes, algodones, sobre el mueble, él tenía el derecho de empujar todo dentro de uno de los lavamanos. Precisamente el que ella utilizaba.

El otro lado de las consecuencias era que ella amontonaría todas las toallas, zapatos y ropa y todo el desorden en el piso del lado de la cama donde él dormía y que ella no lavaría nada que no fuera puesto en el lugar de la ropa sucia. Mireya e Ignacio siguieron teniendo problemas por un tiempo, luego, él aprendió que ese había sido el acuerdo. Con mi ayuda y orientación Mireya se mantuvo en su decisión, aprendió la lección pues le molestaba ver sus cosméticos todos amontonados en su lavamanos mientras que él —poco a poco fue aprendiendo hasta que finalmente, como me decía Ignacio, «es mejor y más fácil ubicar la ropa en el lugar apropiado, en vez de tener que lavarla solo». Esa es una confrontación. Es seguir un proceso de consecuencias que van escalando a mayores y que la persona viva su realidad sin que nosotros lo salvemos.

Esa es una de las más hermosas lecciones que aprendo del método de confrontación divino. El mismo método aparece en el Nuevo Testamento cuando se sorprende a algún individuo en pecado en la iglesia. El proceso de disciplina se inicia con un proceso de confrontación que va escalando hasta que la consecuencia final y más dura es la expulsión de la congregación de quien ha decidido no arrepentirse.

Si usted es como yo, me imagino que existen momentos en que cuestiona el tiempo de Dios. A veces pienso que es demasiado lento para actuar y otras pienso que Dios se ha acelerado. Sin embargo, siempre que reflexiono, me doy cuenta de que el plan de Dios nunca falla, cuán perfecto es su tiempo y cuán sabio es para cumplir esas dolorosas y difíciles tareas. Dios no solamente hace las cosas correctas, sino que las realiza en el tiempo correcto. Esta es una lección que debemos aprender todos. Cuando tenemos el deber de confrontar una situación, debemos tomar en cuenta que el tiempo en que lo hacemos, la forma en que lo hacemos son determinaciones muy importantes. Si usted cree que simplemente debe preparar su garganta, amarrarse bien los pantalones, tomar su Biblia e ir a confrontar a la persona a su conveniencia, no es sabio.

Primero debemos asegurarnos que estamos siendo enviados por el Señor. Él no nos hablará audiblemente, pero si es sabio y examina bien la Biblia se dará cuenta de que debemos seguir ciertos pasos para realizar una confrontación al estilo divino. Y en segundo lugar, debemos seguir el proceso de confrontación sabio que aprendemos mediante el estudio de las Escrituras.

La confrontación es la herramienta que trae la solución a los problemas. Siempre que confrontamos bien, obtenemos una solución. No siempre es la solución que esperamos, pero si la que necesitamos. La confrontación bíblica, sabia, enérgica, sistemática y prudente y que produce consecuencias progresivas en la persona que continúa pecando, siempre nos entrega la solución que estamos necesitando.

El primer paso en el proceso de confrontación que debía realizar Natán era acercarse a solas y personalmente al atemorizado monarca. Natán estaba siguiendo las indicaciones divinas al pie de la letra.

«El Señor envió a Natán a David, y viniendo a él». Es fácil leer el pasaje, pero es difícil tener empatía con el profeta Natán que —aunque era temeroso de Dios—, también sabía que su vida podía depender de la decisión del rey. Tenía que pararse delante de la persona más poderosa de la nación y decirle lo que había escondido por un año. Ninguna otra persona que rodeaba a David le iba a decir la verdad. Tal vez unos arquearon sus cejas, murmuraron; otros, como su general Joab, podían pensar que lo tenían en la mano, pero también sabían las consecuencias. Era difícil encontrar a alguien con la valentía, la honestidad y la entereza suficiente como para decirle: «David, estás en pecado». Pero Dios sabe hacerlo. Sin duda Natán iba pensando en el camino lo que debía decir, y su manera de realizarlo fue brillante. Observe en el versículo 1 cómo comienza la extraordinaria historia que el profeta relata:

Había dos hombres en una ciudad, el uno rico, y el otro pobre. El rico tenía numerosas ovejas y vacas; pero el pobre no tenía más que una sola corderita, que él había comprado y criado, y que

> *había crecido con él y con sus hijos juntamente, comiendo de su bocado y bebiendo de su vaso, y durmiendo en su seno; y la tenía como a una hija.*

Imagínese al rey David que generalmente cumplía la misión de escuchar estos casos y dictaminar su veredicto. Está escuchando con mucha atención y mientras más escucha detalles de este abuso, más molesto se siente. Mi imaginación de conferencista me lleva a verlo sentado en el filo de su trono, escuchando la historia, seguramente está conmovido, mientras el profeta continúa relatando:

> *Y vino uno de camino al hombre rico; y éste no quiso tomar de sus ovejas y de sus vacas, para guisar para el caminante que había venido a él, sino que tomó la oveja de aquel hombre pobre, y la preparó para aquel que había venido a él.*

Pienso que David se encontraba en un estado muy vulnerable como resultado de las palabras tan sabias de Natán. Su corazón que amaba a su pueblo y amaba la justicia estaba siendo movido a la compasión, cada vez se encendía más en enojo por la actitud humillante y pecaminosa del individuo del relato. Mientras iba escuchando, como todo juez no solo debía ir analizando el incidente, sino que, además, debía ir calculando con justicia cuál debía ser la sentencia. David no pudo contenerse y entonces, con claridad, energía y seguridad, dictaminó su sentencia en el siguiente relato:

> *Entonces se encendió el furor de David en gran manera contra aquel hombre, y dijo a Natán: Vive el Señor, que el que tal hizo es digno de muerte.*

Ya la primera parte de la sentencia era durísima pues dictaminaba su muerte, pero además, había que reparar el daño a la otra persona. Note lo que agrega el versículo 6: «*Y debe pagar la cordera con cuatro tantos*». Esa es la segunda parte de la sentencia y añade la razón de ella y la restauración necesaria: «*Porque hizo tal cosa, y no tuvo misericordia*».

Por ello le pedí que al realizar una confrontación usted debe prepararse. La confrontación no tiene el fin de destruir sino de descubrir el pecado, entregar los principios rotos en su sencillo relato y hacer notar las consecuencias que la persona experimentará. No hay gritos ni maltrato, no hay amenazas sino verdades. Note que es la historia la que comunica todo y es la misma persona confrontada que no tiene opción. Todo lo que Natán tuvo que hacer fue tomar las mismas palabras de David y dictar la sentencia. Natán dijo entonces: «David: *Tú eres aquel hombre*».

Las palabras sabias y los verdades bíblicas bien aplicadas son elementos esenciales en una confrontación bien realizada. Los amigos fieles y los líderes sabios, así como los cónyuges y padres que aman genuinamente, nunca deben evitar la confrontación basada en principios y que se realiza bíblicamente.

Ningún proceso de confrontación es sencillo ni es ajeno a experiencias emocionales. Un cónyuge decepcionado y herido por el adulterio nunca está contento. Aunque los esposos se hayan estado hiriendo y precisamente esa haya sido una de las razones que condujeron al adulterio. Cuando este ocurre siempre es una experiencia caótica y muy emocional. Pero cuando pecamos y maltratamos, cuando pecamos por indignación, cuando nuestro cónyuge pecó, nosotros también fallamos.

Natán no odiaba a David, el profeta realmente lo amaba. Los gritos, el maltrato, romper las cosas, insultar, intentar suicidarse o atacar violentamente, nunca produce una solución. Esto más bien agrava la situación y agrega sufrimiento. ¿Cuál desobediencia no es pecado cuando un cónyuge adultera y peca contra Dios y cuando el otro cónyuge insulta, arremete, agrede o reacciona violentamente?

Un eminente escritor británico llamado Alejandro Whyte escribe estas palabras concernientes a la fidelidad de Natán. Ojalá estas palabras bien escritas nos impresionen a los predicadores:

«Predicar es un trabajo magnífico. Si solo pudiéramos obtener predicadores como Natán. Si nuestros predicadores tuvieran la valentía de Natán, su sabiduría de serpiente y su habilidad. Nosotros los ministros debemos estudiar con más detenimiento el método del profeta Natán, especialmente cuando somos enviados a predicar sermones de avivamiento. La espada de Natán estaba a no más de una pulgada de la conciencia de David, antes de que David siquiera notara que Natán tenía una. Una súbita embestida y el rey quedó a los pies del profeta. Tremenda exhortación».

Si Dios le ha llamado a ser Su mensajero, si ha sido llamado para ocupar el púlpito de su congregación, entonces por causa de Dios, hable por Él, use la habilidad adecuada, diga la verdad, confronte el pecado con gracia, pero también con seguridad y fuerza cuando sea sabio, bíblico y prudente. Hágalo correctamente o no lo haga. Muchas personas todavía esperan el mensaje de Dios, y Él todavía sigue honrando a los que predican su Palabra.

Constantemente oro para que Dios levante hombres que puedan declarar la verdad. No hombres codiciosos, no hombres interesados, no hombres que se comprometen con el mal, no predicadores que entregan soluciones fáciles y espiritualizadas a problemas graves que tienen que ser confrontados con fortaleza y en forma práctica. Cuando veo la labor de Natán y su actuación de experto que se somete a las indicaciones divinas, quisiera que su descendencia cubriera la tierra. Quisiera que existieran muchas esposas así, muchos maridos, muchos hijos, muchos amigos, muchos líderes, muchos pastores así, que estemos dispuestos a obedecer al Señor y a seguir sus indicaciones frente a cualquier persona y en toda circunstancia.

Los consejeros tenemos la obligación de actuar de esa manera. Cada vez que descubrimos dónde está el error, cuando se revela quién de la familia está creando los conflictos, debemos descubrirlo y ayudar a confrontar ese comportamiento destructivo. Debemos llamar al error por su nombre correcto y confrontarlo de la forma correcta y en el tiempo correcto.

Necesitamos hombres y mujeres de Dios que tengan un serio compromiso para vivir la verdad y confrontar a quienes pecan con fortaleza, principios y basados en el amor. No queremos más hombres codiciosos e interesados en el dinero de las personas, pero no en enseñarles a confrontar sus pecados y los principios de alta moralidad. No queremos líderes que se comprometan con el mal, ni predicadores que entreguen soluciones fáciles, espiritualizadas y llenas de simples teorías, para enfrentar los problemas graves que tienen que ser confrontados con fortaleza, en forma práctica y con gran valentía.

Los líderes, las congregaciones, los padres, los hijos, los cónyuges no debemos hacernos la vista gorda cuando somos testigos de un permanente comportamiento pecaminoso. Sin embargo, nunca debemos convertirnos en espías de la pecaminosidad de otros o en expertos en resaltar la paja del ojo ajeno. El otro lado de la moneda es la gracia y el inmenso amor de nuestro Señor. Su respuesta llena de misericordia no nos debe motivar a volver a pecar sino a aprender la terrible lección que nos deja nuestro envolvimiento en la desobediencia. Seguramente el profeta estaba esperando comunicar esto y lo vemos con claridad en el versículo 13 que dice que: «Natán dijo a David: También el Señor ha remitido tu pecado; no morirás».

Observe la restauración que ocurre en ese momento: «David, ha sido triste tener que enfrentar tu pecado, pero a ti mismo te ha dolido y tú mismo lo has admitido y sabiamente te has arrepentido. Por esa razón, Dios no terminará con tu vida. Él está dispuesto a restaurar tu situación. David, me alegra decirte que estás perdonado, a pesar de tu horrible pecado. Dios ha decidido extender su gracia sobre ti y ha tenido de ti misericordia».

Le digo la verdad, me encantaría que todas mis historias de pecado hubieran tenido un final así. El arrepentimiento genuino, el perdón maravilloso de Dios y nada más. Pero esa no es la situación de David y casi nunca tampoco es la nuestra. A veces afectamos a inocentes y nos quedan marcas para toda la vida. Lea lo que dice el versículo 14: «Mas por cuanto con este asunto hiciste blasfemar a los enemigos del Señor, el hijo que ha nacido ciertamente morirá».

Es triste, pero es verdad. El efecto que produce nuestro pecado es alarmante. Los que tenían dudas de Dios, los que observaban nuestra conducta sabia y estaban siendo motivados a conocer a nuestro Dios, los que tenían dudas y no estaban seguros de acercarse al Dios que les predicamos y los enemigos de la verdad son afectados por nuestros pecados. Los enemigos de la causa de Cristo blasfeman cuando los cristianos cometen pecados de este calibre.

Y después de tan difícil misión, el versículo 15 nos dice: «Y Natán se volvió a su casa».

La vuelta a casa del profeta debe haber sido complicada. El rey que amaba se había buscado un complicado futuro. Allí terminó la confrontación, ese era todo su trabajo, pero esos no fueron todos los pensamientos que pasaron por la mente de Natán.

Para el rey, la historia y lo que seguía era muy distinto. David debe haberse quedado parado allí, pensando en muchas cosas. Natán no ora, no concluye, se da media vuelta y se aleja. David queda solo y es posible que ese haya sido el momento en que escribió su Salmo 51.

Podría parecer muy extraño y tal vez piense que estoy hilando fino; pero después de realizar por tantos años mi labor de consejero y después de haber pecado y sido confrontado, creo que a David le ocurrió lo mismo que a mí. Creo que un aire de alivio lo conmovió. Ahora había alguien que sabía la verdad, ya no necesitaba seguir escondiendo su pecado, no tenía que seguir imaginándose nuevas estrategias y haciendo un mayor esfuerzo y desgastando su vida tratando de guardar el secreto.

Creo que finalmente pudo abrir su corazón delante de Dios para que el pus que le infectaba pudiese salir de aquella herida. Eso es alivio, se lo digo porque lo he visto en decenas de ocasiones. Uno de mis hijos tuvo una de esas infecciones que comienzan a crecer y a crecer interiormente y van carcomiendo la carne. Esa infección va haciendo un hueco. Fue impresionante ver como se había inflamado la pierna y como iba aumentando el dolor, incluso la persona corre el riesgo de que se transforme en una gangrena. Hay fiebre, se siente dolor, está todo infectado y muy delicado.

Uno de los momentos de mayor alivio ocurre cuando el médico mediante una pequeña incisión saca todo el pus que se ha acumulado. En medio de todo ese dolor se puede sentir un gran alivio. Aunque el tratamiento es doloroso por la presión que se ejerce sobre aquella tremenda herida, hay un alivio cuando sale toda esa podredumbre. Espiritualmente hablando, así se debe haber sentido David.

Alguien me preguntaba qué hacer con un amigo pastor que estaba comprometiendo su vida con el pecado. La pregunta era: ¿Qué debo hacer? ¿Debo inmiscuirme? ¿Cómo puedo confrontar a un amigo de tanto tiempo y decirle que sé que está en pecado? Mi respuesta fue: «Sé que no es una comisión deseable y que nuestra participación puede causar el rompimiento de nuestra relación interpersonal, pero no existe un amor genuino si nuestra conexión de amistad no revela el amor divino. Si Dios no se deleita ni ignora los pecados de los que ama, tampoco nosotros debemos ignorarlos».

Aunque el texto no lo dice, tengo que imaginarme que David quedó totalmente desarmado. Seguramente pensaba que nadie lo sabía, y menos aquel profeta de confianza. Que bueno que Dios utilizó un hombre fiel y sabio para confrontar a un rey desobediente y rebelde. Esa excelente actitud de Natán me recuerda Proverbios 27, versículo 6 que dice:

«Fieles son las heridas del que ama; pero importuno los besos del que aborrece».

Aunque en el momento sea desagradable, una confrontación sabia y bíblica realizada por un amigo, un líder, un cónyuge, un padre, un hijo, un hermano sabio, que sigue las indicaciones divinas y que actúa en forma respetuosa, directa y prudente, es lo mejor que nos puede ocurrir siempre que actuemos en forma desobediente.

Siguiendo las indicaciones divinas, el profeta estaba diciendo personalmente y en forma directa: «David, tú eres aquel hombre. Tú eres el personaje de esta terrible historia. Como lo dijiste, ese fue un acto sin misericordia, y tú eres el que actuó sin misericordia. Tú eres quien aceptó agasajar a ese seductor extranjero llamado lujuria y decidiste atenderlo y darle un gran banquete. Tú fuiste quien decidiste tomar lo que no te pertenecía para darte el gusto de atender a tu despreciable huésped. Tú aceptaste que a tu corazón entrara la lujuria, tú aceptaste que esta te sedujera y la atendiste como reina, dándole lo que no te pertenecía. Tú tenías más posibilidades de satisfacer tu lujuria, y decidiste tomar lo que no te correspondía. Tú eres aquel hombre».

Permítame hacer una pausa y agregar una palabra de instrucción para los padres. Su tarea es mantener los principios en su hogar. Usted y yo somos los encargados de controlar y dirigir el estilo de vida de nuestros hijos. De ninguna manera deben ser ellos los que determinen la conducta de un hogar, ni debemos ser intimidados por nuestros hijos. Usted y yo debemos cumplir esa tarea y si para usted es difícil, para mí también.

Yo también he fallado por no cumplir siempre con este encargo divino. Debe saber que los hijos tienen alguna manera de intimidarnos y exigirnos para que soltemos las riendas y vivamos vidas que por ser pecaminosas o no temerosas de Dios, les permita a ellos más libertad de vivir su estilo no santo. Pero cuando vivimos el estilo de vida que nuestro Dios demanda, en lo más profundo de ese corazón aún no formado, en esa conciencia que aún batalla por entender el bien, anhelan que nosotros nunca botemos nuestros principios de alta moralidad y que nunca vivamos alejados de Dios y la verdad.

Aunque a veces les molesten las reglas que hemos establecido, ellos quieren tener un buen modelo de vida que imitar y para ello necesitan tener padres temerosos de Dios. En realidad ellos no quieren que usted rebaje su estilo de vida y se convierta en un vicioso, dependiente, infiel, violento, grosero o permisivo.

La confrontación es una herramienta divina y mientras más estudiamos a Dios, más nos damos cuenta que delante de Él, el pecado es pecado y que Dios odia todo pecado. En nuestros hogares, todos los miembros de la familia debemos ser confrontados por nuestros pecados. Los padres debemos ser confrontados, los cónyuges, los hijos necesitamos ser confrontados o sufriremos terribles consecuencias.

Fernando buscó mi ayuda y su relato parecía describirme a un hombre amoroso y respetuoso de su esposa. Sus hijos habían crecido y en la adolescencia, Francis, su esposa, decidió que quería trabajar. Después de más de quince años alejada del mundo laboral decidió estudiar para actualizarse. A sus treinta y nueve años, y después de quince años de encierro amoroso en su hogar para criar a sus hijos con amor y ternura, Francis mostraba cierto descuido personal. Había engordado, lucía un tanto descuidada y no le gustaba aceptar invitaciones de otros miembros de la congregación a la que asistía. Se había convertido en una persona muy reservada, muy rutinaria y sin mayores aspiraciones.

Todo cambió cuando recibieron la visita de un primo que se quedó a vivir con ellos durante seis meses. Los elogios, el tiempo que compartía con él y las salidas que realizó para hacerle conocer la ciudad y ayudarle a conseguir empleo, iniciaron un proceso de cercanía que ella no planificó. Se sintió inmensamente halagada y comenzó a arreglarse mejor para salir a pasear con su primo y para ayudarle mientras se establecía en los Estados Unidos. Después de todo, él no sabía inglés, el esposo trabaja largas jornadas, los hijos estudiaban y la ayuda de su prima era esencial.

Cuando su primo decidió entrar a estudiar para aprender inglés, ella fue motivada a estudiar para actualizarse en su profesión. Había trabajado cinco años, antes de tener sus hijos, como secretaria. Pero quince años habían dejado su marca y no conocía mucho de computación. Fernando había comenzado a notar algunos cambios, pero no le dio importancia. En algún momento le mencionó su cambio, pero ella lloró amargamente por lo que su esposo le había dicho.

Él decidió no molestarla más y confiar plenamente en ella. Francis admitió que a partir de ese intercambio con su esposo, fue más cuidadosa. Sabía que algo estaba ocurriendo en ella, no quiso admitirlo, pero tampoco decidió tratarlo. Fernando fue siendo testigo de serios cambios, pero temeroso de ofenderla y herirla, prefirió no decir nada. Todas las tardes estudiaba, iba y venía con su primo pues él no tenía licencia de conducir y ella era quien manejaba.

Francis siempre llegaba contenta, atendía a Fernando normalmente, pero evitaba al máximo las relaciones sexuales, siempre arguyendo que estaba cansada y estresada por haber vuelto a estudiar después de tanto años. Su esposo mantuvo su actitud comprensiva y trataba al máximo de evitar conflictos. Un día intentó conversar con ella y Francis se enojó tanto que le armó un escándalo impresionante. Le dijo que era un desconsiderado, un injusto porque ella le había servido por más de quince años y había cuidado a los hijos y se había encerrado y ahora que se vestía linda y estaba estudiando y cuando él debía sentirse orgulloso de ella, quería impedirle estudiar y realizarse. Fernando me confesó que se sintió tan culpable que esa noche le pidió perdón y pidió perdón a Dios por ser tan incomprensivo con su esposa.

Fernando falló al no separar los asuntos. Una cosa eran los estudios. Él estaba de acuerdo y la apoyaba. Otro era lo bonita que se vestía ahora y cuánto se preocupaba por su físico. Fernando también estaba de acuerdo y le encantaba, pero el problema era la relación inadecuada con otro hombre, la cercanía que tenía, el tiempo que pasaba con él y su alejamiento y rechazo de una vida sexual saludable que es esencial para la salud matrimonial.

Fernando me decía que la había confrontado algunas veces, pero ella no había cambiado. Fernando ni siquiera había tenido serias conversaciones ni había realizado las debidas investigaciones de un comportamiento que ningún cónyuge debe permitir, lo hiciera el esposo o la esposa. La confrontación era indispensable.

Cuando ella se escandalizó por ser enfrentada, él no escribió un plan de separación de los asuntos y una solución para cada uno. Él debía apoyarla en sus estudios, debía estar contento por su cambio pues le molestaba cuando vivía descuidada, pero no le dijo que no permitiría que siguiera conduciendo, y yendo y viniendo a solas con su primo. No solo porque sospechaba, sino porque ninguna mujer debe andar a solas regularmente con alguien que no sea su esposo.

Fernando no investigó el horario de estudios de su esposa, no investigó nada, pese a que notaba comportamientos sospechosos. Aunque su declaración constante era que había confrontado el problema con amor, la verdad y bíblicamente le demostré que solo expresó débilmente su preocupación por un seudo concepto de amor, que no investigó ni actuó con energía ni por amor, sino por temor; y que no actuó como un avisado que ve el mal y lo confronta, sino como un simple que pasó y recibió el daño.

Cuando nuestros hijos, cónyuges, padres están comportándose repetitivamente en forma sospechosa y existen elementos que muestran actos indebidos tenemos el deber de actuar bíblicamente y con el amor que imita el ejemplo divino, realizar la debida confrontación. Me quito el sombrero en señal de respeto ante los padres que son capaces de mantener un buen modelo de vida en su hogar y que saben confrontar bíblicamente. Si usted lo está haciendo pasará a la historia como aquellos héroes silenciosos a quienes Dios ha reservado una recompensa especial. Vivimos en días de gran compromiso con el mal y por lo tanto, es necesario aprender de la actitud sumisa a Dios que tuvo Natán y convertirnos en buenos confrontadores, en personas que no cambian los principios divinos, aunque las épocas pasen y los estilos de vida mundanos sean cada vez más liberales. Dios sigue siendo santo, sigue siendo puro, nunca cambia y sus demandas tampoco.

Es Dios quien conoce todos los detalles de nuestras temporadas de rebelión y el pecado que tenemos en nuestro corazón, y como un acto de amor y corrección, determina las justas consecuencias de nuestra actitud de desobediencia.

Esta no era una simple exhortación de un amigo sino la declaración de un juicio divino. Natán estaba diciéndole a David: «Tú eres aquel hombre», dijo y antes que David pudiera interrumpir, Natán continuó con la terrible sentencia: «Así ha dicho el Señor Dios de Israel. Yo te ungí por rey sobre Israel, y te libré de la mano de Saúl, y te di la casa de tu señor, y las mujeres de tu señor en tu seno; además te di la casa de Israel y de Judá; y si esto fuera poco, te habría añadido mucho más».

Se nota en esta declaración que Dios había puesto su corazón en David y que había sido bendecido y sería objeto de mayor bendición, pero la pasión del monarca fue más fuerte que su relación con Dios. Luego Natán continúa:

> *¿Por qué, pues, tuviste en poco la palabra del Señor, haciendo lo malo delante de sus ojos? A Urías heteo heriste a espada, y tomaste por mujer a su mujer, y a él lo mataste con la espada de los hijos de Amón. Por lo cual ahora no se apartará jamás de tu casa la espada, por cuanto me menospreciaste.*

En estas claras palabras existen tres actitudes erróneas de David que el profeta identifica. Uno puede pensar que lo único que hizo David fue tomar otra mujer, pero observe las palabras que identifican el serio problema:

Primero le dice: «Tuviste en poco la palabra del Señor». Eso ocurre en todas nuestras rebeliones. Conocemos la Palabra, conocemos nuestras responsabilidades, conocemos lo que Dios prohíbe y aun así nos dejamos llevar por las pasiones que experimentamos. En segundo lugar: «Haciendo lo malo delante de sus ojos». David, como nosotros, conocía perfectamente cuándo sus acciones y actitudes eran correctas y cuándo comenzó a tener actitudes erróneas ante los ojos de Dios. Todos sabemos que estamos siendo observados permanentemente por un Dios a quien no se le escapa ningún detalle de nuestro comportamiento. En tercer lugar, Natán le comunica a David lo que Dios sentía al decir: «Me menospreciaste».

Esas tres razones eran suficientes para mover al amoroso Dios a uno de sus más severos actos de disciplina con la vida de uno de sus siervos. Por dedicarme al asesoramiento familiar por muchos años y por estar en contacto con el dolor de las personas, estoy convencido de que no existe dolor más grande que la angustia que producen las relaciones familiares enfermizas y destructivas. Cuando nuestros hijos, los cónyuges, o los padres viven vidas destructivas, el dolor es incomparable. Y cuando Dios aprieta porque hemos activado su disciplina, lo hace fuerte. Ponga atención a las distintas partes de una terrible sentencia:

> *He aquí yo haré levantar el mal sobre ti de tu misma casa, y tomaré tus mujeres delante de tus ojos, y las daré a tu prójimo, el cual*

yacerá con tus mujeres a la vista del sol. Porque tú lo hiciste en secreto; mas yo haré esto delante de todo Israel y a pleno sol.

Esto lo vamos a ver más adelante. David experimentó la angustia y el dolor de una casa llena de aflicciones como pocos hombres de las Escrituras. Desde ese momento en adelante le parecerá increíble lo que sucedió en la casa de un hombre conforme al corazón de Dios y que podía haber disfrutado de relaciones familiares maravillosas. Usted puede leer sobre una vida marcada por la angustia, la tragedia, herida por la violación de una de sus hijas, la actitud rebelde de hijos incontrolables y que aun quisieron sacar a su padre de su trono.

Me imagino que David tenía sus ojos fijos en el profeta y escuchando la voz de Dios a través de este, quizás casi paralizado por las aterradoras palabras.

En su inmenso amor y solo por su gracia y misericordia, Dios perdona todo pecado del pecador sinceramente arrepentido, pero su actitud de gracia y su paciencia, de ninguna manera elimina las terribles consecuencias.

David hizo lo que tenía que hacer y dijo lo único bueno que podía decir: «Pequé contra el Señor». No existe mejor manera de responder antes las exhortaciones divinas que el arrepentimiento sincero. Quisiera concluir este capítulo con dos importantes observaciones como una aplicación de lo que he compartido. Una tiene que ver con la confrontación en sí misma y otra con el verdadero arrepentimiento. Luego quisiera contarle una historia desafortunada, pero igualmente verdadera.

En primer lugar, concerniente a la confrontación. Para ser efectivo como confrontador, como exhortador, usted necesita cuatro cosas muy importantes. Recuérdelas siempre y utilícelas sabiamente. No es prudente realizar confrontaciones movidos por las emociones ya que puede hacer más daño que bien. Usted necesita aprender cómo hacerlo porque es una labor muy delicada. Tome nota de estas cinco piezas que deben ser parte de su equipo.

Primero: Aunque duela y sea difícil, actúe siempre con la verdad. No quite ni aumente, no ande con rodeos, ni tenga temor. Antes de actuar, asegúrese de que tiene los hechos correctos en la mano e investigue adecuadamente la situación. Tome el tiempo que sea necesario para realizar una buena evaluación.

Segundo: Converse con respeto, con firmeza y personalmente. Luego de investigar debe acercarse con amor a la persona que desea beneficiar. La confrontación no es un mal, es una actuación beneficiosa para la persona. Busque a la persona sin hablar con nadie más y nunca desate rumores ni confíe la información a otras personas.

Tercero: Procure el tiempo correcto. Muchas personas confrontan en el tiempo incorrecto y provocan situaciones más complicadas. No actúe apuradamente, ni confronte súbitamente. Espere hasta que confíe que es el tiempo de Dios. No puedo decirle cuándo es. Si usted es una persona sensible al Señor, si está haciendo las cosas con amor y está buscando su dirección, usted lo sabrá. Hágalo en el tiempo correcto. En muchos momentos de mi vida he tenido que tratar con actos de mi carne que me habría encantado haber hecho antes. Así también he confrontado a personas en el momento en que el Señor me ha guiado, aunque a mí me habría gustado hacerlo mucho antes; pero no era el tiempo divino.

Es más fácil evitar hacerlo o hacerlo en el tiempo inapropiado, pero es mejor y más sabio hacer la confrontación en el tiempo de Dios. Debemos seguir el sabio consejo del proverbista: «Manzana de oro con figura de plata son las palabras dichas a su tiempo».

Cuarto: Use palabras sabias. Me impresionan las palabras de Natán a David: «Tú eres aquel hombre». No hay necesidad de adornar y mucho menos de evitar palabras bíblicas y sabias. No hay razón para prolongar el asunto, siempre es mejor ir directamente al grano utilizando las palabras que edifican y no las que alteran, insultan, amenazan, ofenden o destruyen. Pablo dice que ninguna palabra corrompida debe salir de nuestra boca, sino las que sean buenas para la sabia edificación de quienes escuchan.

Quinto: Actúe con valentía y elija la mejor actitud. No tema hacer lo correcto, pero asegúrese con temor que lo está haciendo bien. No asuma una postura de superioridad ni actúe con orgullo solo porque tiene información privada y destructiva. Tenga una actitud de humildad y seguridad.

Recuerde que la Biblia dice que el que está firme, debe asegurarse de no caer y que no debemos convertirnos en jueces inclementes por los pecados de otros, porque con la misma vara con que medimos, seremos medidos. Que la confrontación bíblica que realizamos sea la misma que aceptamos para nuestra propia vida. Nuestro acercamiento debe ser como amigos, miembros de la familia de Dios, personas que amamos y que buscamos el bien y la restauración de la persona que ha caído. No debe ser nuestro deseo hacer leña del caído, sino implementar una sabia exhortación que prepare el ambiente para la necesaria restauración.

Recuerde que Natán fue enviado por el Señor, y fue responsable ante el Dios que le envió. Nosotros también. No tenemos nada que perder si cumplimos con la voluntad del Señor. Si la persona no acepta nuestra actuación amorosa, podemos perder la relación, pero recibiremos bendición de Dios. Si es el Señor quien nos envía no debemos temer alguna pérdida, pues actuando bíblicamente siempre ganaremos. Alguien que no ama, nunca confronta y aquel que ama, confronta de la manera que Dios lo hace.

Cuando somos llamados a realizar una confrontación, nuestro acercamiento debe ser como amigos, como miembros de la familia de Dios, como personas que amamos y que buscamos el bien y la restauración de la persona que ha caído. Nunca debemos actuar movidos por un deseo erróneo de hacer leña del caído, sino con la intención amorosa de realizar una sabia exhortación que prepare el ambiente para la necesaria restauración.

Lo segundo que quiero decir tiene que ver con la actitud de la persona confrontada. Nuestro único deber es la confrontación amorosa. No podemos tratar ni programar la reacción de la otra persona, solo podemos reaccionar bíblicamente dependiendo de la reacción observada. Si la persona se arrepiente y desea que continuemos ayudando en su proceso de restauración, debemos continuar hasta donde estemos capacitados y luego buscar la orientación de personas con mayor preparación.

Como explico en detalles en uno de los próximos capítulos, cuando existe un verdadero arrepentimiento la persona tendrá una admisión desguarnecida del pecado. No tendrá justificaciones, no debe tener defensas. La persona debe tener un deseo de cambio radical. Debe estar dispuesto a dar una vuelta de ciento ochenta grados. El arrepentimiento hace volver en dirección contraria a la persona que estaba yendo erradamente. Dice la Palabra del Señor que: «El que encubre su pecado no prosperará; mas el que lo confiesa y se aparta alcanzará misericordia» (Proverbios 28.13). El abandono del pecado es parte del verdadero arrepentimiento. La persona debe mostrar un espíritu quebrantado y humillado. David dice: «Los sacrificios delante de Dios son el espíritu quebrantado, un corazón contrito y humillado Dios no despreciará». Un verdadero arrepentimiento es aquel que reclama el perdón y la restauración divina.

Si la persona no da estas importantes muestras, o no se ha arrepentido o puede estar en el proceso, pero aún no está arrepentido genuinamente y si aprecia nuestra ayuda, solo podemos guiarle al verdadero arrepentimiento; pero si no desea la continuación del proceso, es inapropiada e infructífera nuestra insistencia.

El pastor Charles Swindoll relata un testimonio impresionante sobre una confrontación difícil. Se trata de un ministerio en particular y conocido por él y que reunía a un padre y un hijo que trabajaban codo a codo, principalmente en el evangelismo, y de alguna manera, en la educación cristiana. La mano de Dios se veía sobre ellos y con el paso del tiempo comenzaron a trabajar en equipo. La madre también estaba en el ministerio y junto con ella otros miembros de la familia. Dios había elegido usar en forma única ese equipo de personas en un área particular en el mundo.

Sin embargo, después de algún tiempo, llegó a ser obvio para algunos miembros de la familia que el padre, el patriarca de ese ministerio, estaba viviendo una vida comprometida con el pecado.

El hijo estaba muy preocupado por su padre y notaba que pasaba mucho tiempo con una señorita. Si no había nada más, por lo menos era una situación indiscreta y era un problema. Por lo tanto, el hijo quiso enfrentar al padre y le dijo: «Papá, yo no sé lo que está sucediendo, no sé que pasa; pero tú estás trayendo mal testimonio a nuestro ministerio. Creo que eso no es sabio». Con mucho cuidado y respeto confrontó a su padre.

El padre lo rechazó. Le dijo que no había verdad en sus palabras, que estaba exagerando. El muchacho se tranquilizó, dejó pasar el asunto, no presionó más. El tiempo pasó y la relación crecía más y más. Aunque estaba en secreto, apartada del público, algunos de los miembros de la familia sabían que algo estaba ocurriendo. Cada vez eran más los que sospechaban, hasta que finalmente llegó a tal punto que el hijo se dirigió a su padre, diciéndole: «Debemos hablar».

Subieron al automóvil, y fueron a dar una vuelta. En la noche el joven le dijo a su padre: «Papá, sé que estás pecando. Estoy seguro de ello y vengo a suplicarte que dejes de hacerlo. Por favor, termina. Esto deshonrará, herirá el nombre de Jesucristo y nuestro ministerio. Ya está trayendo consecuencias en nuestras relaciones y en la unidad de nuestra familia».

El padre, con una mirada seria lo negó todo. El muchacho metió su mano en el bolsillo, sacó un casete: «Papá, no quería decirte esto, pero tengo que hacerlo porque tienes el deber de confrontar tu situación. Esta grabación fue hecha en el cuarto que estabas con esa chica. Esta es la grabación, si quieres oírla, te la pongo». Solo pudieron cruzar unas pocas palabras más y finalmente el padre comenzó a manejar para regresar a casa.

Al llegar, empacó sus cosas y se marchó con la señorita trayendo inmenso dolor y vergüenza a su familia y a todo su ministerio. Luego vino el divorcio y siguió el nuevo matrimonio con la muchacha. Todo el proceso estaba inundado por el terrible pecado y las pasiones.

Sin duda esa es una dolorosa historia con un final terrible. Quisiera decirle que todas las confrontaciones resultan en arrepentimiento, como ocurrió en el caso de David, pero lo triste es que no siempre es así. Lo esencial es que recordemos la forma extraordinaria y efectiva en que Dios actúa.

Todos somos responsables de nuestra vida de pureza. Dios nunca dejará sin disciplina a quienes decidimos actuar pecaminosamente. Su misericordia nos seguirá, pero su justicia nos alcanzará y cuando decida intervenir, lo hará soberana y efectivamente. A veces, utilizará su poder sobrenatural para proveer una experiencia de incomparable dolor y a veces utilizará siervos que realizan confrontaciones amorosas bíblicamente, para motivarnos a que nos arrepintamos genuinamente.

La pecaminosidad será nuestra permanente compañera y por ello la confrontación bíblica, sabia y firme de los pecados personales y de nuestros seres queridos es esencial para vivir en santidad. A veces la confrontación lleva al arrepentimiento y a una sabia restauración, otras veces solo abre las puertas para otro acto de rebelión. Los cónyuges fieles que confrontan los pecados bíblicamente sanan sus vidas y pueden vivir con excelencia. Los desobedientes serán disciplinados y recibirán las debidas consecuencias.

Capítulo 8

CONSECUENCIAS DOLOROSAS DE UN PECADO GRAVE

Dios perdona siempre todo pecado al pecador genuinamente arrepentido, pero no siempre evita las consecuencias dolorosas y a veces permanentes que viven los hijos de Dios que actúan en desobediencia.

Este no es un mensaje fácil de entregar ni de leer, pero proviene del Señor y de su Palabra, por lo que debe ser escrito y leído. He sufrido consecuencias debido a mis rebeliones y he aprendido duras lecciones. Por ello, mi motivación no es condenar a quien peca, sino identificar la situación que merece nuestra debida atención.

He estado en contacto con el dolor de muchas familias y he sido testigo de escenas aterradoras después que se ha descubierto un adulterio. La verdad es que aun cuando existen experiencias sospechosas que no comprueban el hecho, igual hay dolor y angustia. He sido testigo de llantos aterradores, de desmayos, de crisis nerviosas, de huidas sin dirección del cónyuge herido y aun de tristes intentos de suicidio, pero nada se compara con las consecuencias terribles que experimentó el rey David.

Los problemas en la vida familiar son desesperantes y decepcionantes. A veces son intrusos enemigos que desde afuera no solo asedian, sino que se meten en las relaciones de quienes deberían amarse y provocan crisis dolorosas. En otras ocasiones son mucho más dolorosas pues los problemas más difíciles de confrontar son los que vienen desde el interior del círculo familiar. Es cierto, los problemas que vienen de afuera son devastadores y difíciles, pero nada como los que se originan, desarrollan y nos atacan en el seno de nuestras relaciones de familia.

Cuando papá o mamá han determinado vivir de manera carnal y han actuado tontamente, cuando los niños están en rebelión y entre los padres existe desacuerdo o desarmonía, y aun ataques y presión, la situación es grave. El dolor de la fricción permanente y de la conducta pecaminosa de los esposos o de los padres y los hijos a veces se torna insoportable.

Antes de entrar al estudio del capítulo 12 del segundo libro de Samuel quisiera detenerme un momento en una declaración impresionante que aparece en Gálatas 6. De los versículos 7 y 8 quiero que saquemos algunos principios que deben ser recordados. Estos versículos se inician con esta importante advertencia: «No os engañéis».

Esta no es una declaración única en el Nuevo Testamento. Más bien estas palabras aparecen muy a menudo pues Dios acostumbra plantear serias advertencias. Estas palabras tienen sentido pues el diablo, nuestra propia carne o la filosofía de pensamiento liberal que caracteriza a este mundo, trabajan en nuestro sistema de pensamiento tratando de engañarnos haciéndonos creer que el pecado de alguna manera produce satisfacción. Es cierto que existen pecados que pueden producir gran pasión y precisamente por ello son tan atractivos, pero Satanás nunca nos advierte del peligro y las consecuencias de nuestra desobediencia. Debido a la tendencia humana a creer que podemos disfrutar del pecado y nunca ser disciplinados, tendemos a pensar que pese a nuestro pecado, nada pasará. La advertencia es: «No os engañéis acerca de esto, no dejen que nadie los engañe con una enseñanza opuesta. No se permitan a sí mismos convencerse de que las pasiones pagan bien».

Después de la orden de que no nos dejemos embaucar por la ausencia de consecuencias inmediatas, el apóstol formula una advertencia especial en los versículos 7-8a:

> *No os engañéis; Dios no puede ser burlado: Pues todo lo que el hombre sembrare, eso también segará. Porque el que siembra para su carne, de la carne segará corrupción.*

Aprendamos algunos principios que aparecen en la Biblia. Estos no siempre son fáciles de detectar y cuando los entendemos, tristemente, no siempre los practicamos, pero en forma sencilla ellos nos indican que hay consecuencias dolorosas cuando cometemos pecados graves.

Aunque Dios, por su gran amor, siempre perdona nuestros pecados y es movido por su amor, misericordia y paciencia, en muchas ocasiones y debido a su justicia, permite que vivamos serias consecuencias.

Si hay algo que ha causado serios conflictos en la vida de los creyentes es la tendencia a pensar que simplemente si confesamos nuestros pecados y reclamamos la misericordia y el perdón de Dios, el asunto de las consecuencias queda anulado. La Palabra de Dios y los ejemplos que aparecen en ella nos demuestran que no siempre es así. Algunos creen que todo lo que necesitamos cuando caemos en pecado es dirigirnos al Señor y decirle: «Señor, te confieso que me he equivocado, estoy de acuerdo contigo, cometí un error, te lo declaro a ti y solo a ti y reclamo tu perdón y cuento con que me vas a regresar al camino adecuado. Ahora solo te pido que me restaures». Después de admisiones y oraciones como estas, muchos están convencidos de que todo termina allí y que no sufrirán otras consecuencias que las que han ocurrido hasta ese momento. Pero eso no es lo que dice este versículo. Este versículo fue escrito para personas como usted y como yo que vivimos en la era de la gracia. Está escrito para la iglesia. No es un versículo de la ley, no es para Israel, es para los hijos de Dios, para las personas que estamos bajo la gracia de Dios.

Todo esto ocurre a pesar del perdón que recibimos. La gracia se manifiesta en el perdón que nuestro Dios nos otorga. Su misericordia se manifiesta en que Él no nos destruye, no nos elimina, no nos mata, aunque en algunos casos lo merezcamos. Recuerde que la Biblia enseña que la paga del pecado es muerte. Pero el amor divino también incluye la justicia divina y con ella nos disciplina y permite consecuencias que son necesarias para nuestra instrucción y motivación al cambio requerido.

Además, la gracia significa que Dios al perdonarnos nos da la fortaleza para soportar las consecuencias que merecemos y que Él ha permitido, pero no que las consecuencias sean automáticamente removidas. Si peco, y en este proceso de pecar me rompo un brazo, cuando le pido perdón a Dios por mi pecado, Él me perdona, pero todavía tengo que cuidar mi brazo roto. Cuando un drogadicto decide vivir pecando y destruyendo su cuerpo con sustancias dañinas, puede arrepentirse y, sin duda alguna, Dios lo perdona. No obstante, en la mayoría de los casos, sufrirá toda su vida las consecuencias de su falta de mayordomía personal.

Es muy fácil entender y aceptar que hay consecuencias físicas pues ninguna persona puede negar que su páncreas está enfermo, que su mente ha sido dañada por la droga, o que el niño se rompió un brazo por desobediente, ya que un brazo roto seguirá estando roto aunque hayamos pedido perdón o no. Si tenemos un brazo roto, tiene que curarse y sanar. Para muchas personas es difícil aceptar que ocurra lo mismo en el campo emocional. Sin embargo, esa es la verdad, ocurre exactamente lo mismo. Cuando un padre, voluntariamente actúa en contra de lo que Dios ha escrito en su Palabra y actúa desobedientemente maltratando, abusando de sus hijos en vez de disciplinarlos con amor y firmeza, seguro que sufrirá los efectos y no solamente él, sino su familia también. El versículo 8 agrega la siguiente verdad: «Porque el que siembra para su carne, de la carne segará corrupción». Esta declaración nos permite establecer otro principio, que es el siguiente:

Cuando pecamos segamos angustia y dolor, a pesar de disfrutar un momento de placer al cometerlo.

No hay ninguna duda de que existe placer en muchos pecados. Precisamente por esa razón nos encanta pecar. Pero, el otro lado de la moneda es que cuando somos objetos de la disciplina divina, nadie la disfruta.

Piense que su vida es como la de un campesino que mientras camina por la vida, va plantando diariamente. Mientras avanza, usted va dejando sus semillas regadas. Si elige sembrar semillas de pecado, de carnalidad, mientras planta sus semillas de pasiones va descubriendo que existe placer al hacerlo. En medio de una relación amorosa oculta hay placer y cada vez que encuentra satisfacción a una pasión, especialmente en la vida sexual, encontrará satisfacción. Cualquiera que niegue que no hay placer en cometer algo prohibido, está negando lo que dice la Biblia. Ella declara que el pecado trae placer —aunque sea pasajero— pero es placer. Esa es una de las cosas que debemos aceptar, por eso el pecado nos atrae y lo volvemos a cometer aunque hayamos recibido consecuencias en el pasado. Cada vez que nos involucramos en el pecado disfrutamos de una aventura, pues los encuentros ocultos producen estímulo. La vida sexual emocionante, satisface al cuerpo y lograr una relación con una persona que nos gusta y que admiramos o deseamos, nos trae un sentimiento de conquista.

Ahora, mientras disfrutamos el placer de sembrar ese tipo de semillas, no nos gusta pensar en que más tarde tendremos que enfrentar la cosecha, que de seguro va a eclipsar el placer que vivimos durante la emocionante etapa de la siembra.

Margarita me llamó desesperada cuando se encontraba en pleno dolor debido a que estaba sufriendo las consecuencias de su pecado. Suplicó hablar conmigo pues quería encontrar una respuesta bíblica que pudiera librarla de las terribles consecuencias de su pecado. Margarita había robado una cantidad de dinero de la casa en que trabajaba sin darse cuenta de que había una cámara que la filmaba. Estaba sinceramente arrepentida, me pidió que hablara con su patrona y lo hice con mucho agrado, pero ni la oración, ni su arrepentimiento, ni mi intervención evitaron que fuera despedida. Una madre soltera que depende de su único ingreso y que tiene la abrumadora tarea de sostener económicamente a cuatro hijos sufría la consecuencia de su pecado.

En algún momento ella tomó una decisión necia y aunque sabía que era una decisión errada y que le traería consecuencias si era descubierta, nunca se imaginó que la descubrirían. Por unos días disfrutó del dinero robado y logró terminar con una deuda y con el acoso del acreedor; por ello sintió la tranquilidad de haber eliminado esa presión, pero creó una situación terrible con consecuencias personales y familiares.

Una gran muestra de que el dolor de la cosecha eclipsará todo el placer que obtuvimos mientras sembrábamos lo hallamos en la dolorosa experiencia de David. Observe lo que nos narra 2 Samuel 12. Este es un relato que nos recuerda verdades que no debemos olvidar, sobre todo cuando somos tentados por el placer que nos ofrece la siembra pecaminosa.

Francamente hemos sido mal programados con nuestra teología en el área del pecado. Por lo tanto, es necesario estudiarla de una manera más fresca. Si hay algo que me preocupa es aquella intención de la gente de usar la gracia como una herramienta para justificar su pecado o para tratar de evitar el dolor de las consecuencias. Hoy más que nunca quisiera que la gente recordara la diferencia que existe entre la teología correctiva y la preventiva.

Mientras los hijos van creciendo, todo padre procura enseñarles cómo conducirse y esto, de ninguna manera, es una tarea fácil. No importa cuán cuidadosos sean sus hijos, los padres debemos orientarles y enseñarles cosas que necesitan para la vida. Por ejemplo, un padre tiene que decidir de qué forma enseñará a sus hijos a conducir un automóvil. Puede elegir enseñar a conducir un automóvil de una manera correctiva o de una manera preventiva.

Si elegimos enseñar en forma correctiva, deberíamos hacerlo de la siguiente manera: «Hijo, quisiera enseñarte a conducir un automóvil, pero como hay riesgos, antes de que nos subamos al automóvil, permíteme mostrarte que tenemos una póliza de seguros, y que por lo tanto tu vida está asegurada. Por ello quiero comunicarte que cuando tengas un accidente, pues seguramente lo tendrás, podrás llamar inmediatamente a este número telefónico». Entonces el padre le entrega el número telefónico y le dice: «Después del accidente quiero que te asegures de llamarme porque vamos a hacer lo siguiente...» Eso sería enseñarle a manejar pensando en una forma correctiva.

Sin embargo, el padre tiene otra opción y puede enseñarle de una manera preventiva y decirle: «Hijo, quiero darte algunas instrucciones pues quiero prevenir una serie de problemas diciéndote algunas cosas. Quiero prepararte para la conducción y por lo tanto, esta es la forma como quiero que conduzcas. Te entrego una serie de reglas y principios que debes respetar. Si los sigues, si obedeces estas señales, seguramente vas a pasar mucho tiempo sin un accidente. No puedo garantizártelo, pero de seguro tienes gran posibilidad de evitar muchos».

Lamentablemente creo que muchos cristianos no han sido enseñados bien y por ello actúan mal. Muchos han sido enseñados de una manera curativa y por ello se nos ha recalcado y hemos aprendido de memoria lo que dice 1 Juan 1.9. Si es cristiano, tan pronto comience a leer este versículo, podrá repetir el resto de memoria: *Si confesamos nuestros pecados, él es fiel y justo para perdonar nuestros pecados y limpiarnos de toda maldad.*

Tal vez se aprendió este versículo desde que era niño y ha acostumbrado a su mente a pensar que después de pecar todo lo que necesita es decirle a Dios que ha pecado y todo se arreglará. Sin embargo, se ha olvidado que este mandato divino no se refiere al simple acto de sentir remordimiento y admitir que falló o confesar su error después de haber sido descubierto *in fraganti*. La confesión es mucho más que eso.

Es posible que no haya aprendido de memoria lo que dice en Romanos 6 porque hemos sido entrenados para pensar de una manera correctiva, para no preocuparnos tanto por el pecado como por restablecer nuestra relación con Dios cuando pecamos. Puede sonar un poco herético, pero en la práctica es así. A muchos se les ha enseñado en forma sencilla: «Si pecas y confiesas tu pecado, Él es fiel y justo para perdonar y limpiarnos de toda maldad». Y tienen razón, esa es la verdad. Se nos ha dicho: «Cuando peques, pídele perdón al Señor». Se ha enfatizado en el perdón después del pecado, pero no siempre se destaca que nuestra más grande responsabilidad es luchar por evitarlo. Este es un versículo maravilloso y podría ser descrito como el gran detergente de la vida cristiana. Tenemos una manera de limpiarnos y por cierto es una respuesta para restablecer la comunión con Dios, pero de ninguna manera es la respuesta al problema del pecado. Cuando el pecado ocurre debemos recordar las palabras del apóstol Juan, pero antes que el pecado ocurra debemos recordar las del apóstol Pablo escritas en Romanos 6.13:

> *Ni tampoco presentéis vuestros miembros al pecado como instrumentos de iniquidad, sino presentaos vosotros mismos a Dios como vivos de entre los muertos, y vuestros miembros a Dios como instrumentos de justicia.*

Es cierto que nuestras miradas lujuriosas, nuestros mensajes de texto pecaminosos, nuestras llamadas telefónicas para flirtear y aun el acto sexual con alguien fuera de la relación matrimonial, están cubiertos por el perdón maravilloso que nos ofrece nuestro Señor y Salvador. No obstante, también es cierto que la lucha por evitar esos pecados, la demanda divina de huir de esos instrumentos de iniquidad, el control que debemos tener de nuestras pasiones, no solo son un mandato divino, sino nuestra única responsabilidad. ¿Qué significa esto?

Significa que si he rendido mi vida al Señor, si realmente soy su hijo, debo mantenerme en pie de lucha y que cuando el pecado se me acerque, tengo la responsabilidad de decidir que no pecaré, aunque mi carne se muera por hacerlo. ¿Sabe usted por qué usted y yo pecamos? Porque sentimos un profundo, tranquilo, sincero y respetable amor por el pecado. Mentimos cuando decidimos que odiamos el pecado que cometemos. La verdad es que lo amamos y por ello lo cometemos. Tomamos la decisión de cometerlo y no olvide que cada elección que hacemos trae consigo consecuencias.

Parte de la razón por la que no respetamos la maravillosa verdad que revela Romanos 6 es porque no muchos piensan ni hablan con seriedad acerca de las consecuencias. Aparentemente mucha gente ha quedado con la idea de que la gracia quita las consecuencias y que nos sobrepondremos rápidamente al dolor del pecado. Pero la verdad es que la gracia no quita las consecuencias del pecado, así como no desaparece el dolor al instante aunque confesemos nuestros pecados con sinceridad.

Todos pecamos porque sentimos un profundo, tranquilo, sincero y respetable amor por el pecado que cometemos. Mentimos cuando declaramos que odiamos el pecado que cometemos. Tal vez podemos odiar el pecado que cometimos, especialmente por las consecuencias que recibimos. Pero la verdad es que lo amamos y por ello lo cometemos, de modo que solo aprendemos a odiarlo con firmeza y coherencia cuando aprendemos a amar a Dios y a odiar las consecuencias.

Un mensaje claro de una oscura tumba

Si David pudiera gritar desde su oscura tumba nos enviaría un claro mensaje. Estoy seguro de que si pudiera levantarse de la tumba y se sentara junto a usted para leer con atención el mensaje de este libro, agregaría tremendas palabras de advertencia. Es que un hombre que ama a Dios y que ha vivido terribles consecuencias, no quisiera que usted y yo las viviéramos. Ese pecado horrible en la vida de David le llevó a tremendos conflictos, y a sufrimientos graves, como pocos padres en la tierra han podido experimentar. Estudiar este relato de la vida de David nos permite escuchar un mensaje claro desde su oscura tumba. Una mirada a esta historia nos podrá mostrar las gradas que David fue bajando hasta llegar a la miseria, y todo como consecuencia de su pecado. Sepa cuál es el mensaje de un atribulado hijo de Dios que a pesar de su amor cometió terribles pecados:

> *Dios conoce todo lo que hacemos y confronta siempre nuestro pecado aunque lo hayamos ocultado.*

Ese es un claro mensaje que nos entrega David en el relato de su experiencia. En el 2 Samuel 12.7 aparecen las palabras de Natán, el profeta enviado por Dios quien le dice: «[David] tú eres aquel hombre».

Así como Dios conocía todo lo que ocurría con David, conoce también todo lo que hacemos. Así como Dios en su tiempo, a su manera, confrontó al rey, tampoco tiene problema para confrontarnos en algún momento debido a nuestro pecado. El profeta se paró delante del rey y le dijo lo que nadie le había dicho durante muchos años de su vida. Le dijo con impactante claridad: «David, tú eres el que tomó a Betsabé. Tú eres aquel que asesinó a Urías. Tú eres el que ha vivido todo este tiempo como un hipócrita, tú eres aquel hombre».

David nos quiere recordar que aunque no sabemos dónde, cuándo, cómo y por medio de qué persona o experiencia, Dios en algún momento nos confrontará con nuestro pecado. A veces es el encuentro con un hombre de Dios, a veces una dura enfermedad, a veces una tragedia, pero Él nunca se equivoca y sabe perfectamente cómo debe tratar con cada uno de nosotros.

No existe otro camino para enfrentar nuestro pecado y ordenar nuestra vida y pensamientos, que la admisión honesta y nuestro sincero arrepentimiento.

Ese es precisamente el mensaje que nos entrega David en esta parte de su experiencia. No hay discurso ni palabras de justificación. El versículo 13 nos muestra la sencilla pero sincera respuesta de David: «Pequé contra el Señor».

Estas son solo cuatro palabras, pero son una de las más importantes que salieron de la boca de David. Son las palabras que debió haber dicho inmediatamente después de haber pecado, pues le hubieran movido a enfrentarse a Betsabé y a pedirle perdón con dolor. Si luego hubiera hecho lo mismo con Urías, el esposo de su amante, seguramente le habría perdonado.

Estoy convencido de que las consecuencias habrían sido menores si él hubiera actuado inmediatamente declarando su pecado y confesándolo con franqueza delante del pueblo y de Dios. Sin embargo, no lo hizo. David evitó confesarlo y por ello la maldad creció en su corazón. David hubiera evitado engañar más a Urías, hubiera evitado asesinarlo, y junto con ello habría evitado muchas de las terribles consecuencias. Pero él es como nosotros. Es uno de aquellos que acarició el pecado, que lo dejó aumentar, que siguió siendo dominado por sus pasiones y por ello agravó tanto la situación. No fue inmediatamente que confesó, sino que luego de diez, once, doce meses Natán le dijo: «Tú eres aquel hombre David». Y él responde: «He pecado».

Dios puede determinar que por nuestros pecados y debido a su misericordia suframos leves consecuencias. Pero también es juez justo y puede determinar que las graves consecuencias nunca se aparten de nuestra vida ni de nuestro hogar.

La sanción divina fue una de las más drásticas que ser humano pueda recibir. Pero la respuesta de David a las advertencias divinas de que no podía jugar con Él y seguir con sus intentos de esconder su pecado, no solo fueron ridículas, sino también agresivas. Cada plan para ocultar su pecado que Dios frustraba, provocaba una respuesta más pecaminosa de David. Recuerde que la respuesta que había tenido David cuando le informaron que había conseguido su objetivo al provocar la muerte de Urías parecía petulante e insensible. Él se había mostrado sensible ante la muerte de Saúl y Abner, que eran sus rivales (2 Samuel 1—3.31-39), sin embargo no mostró ninguna aflicción por la muerte de uno de sus soldados valientes y leales. El pecado deliberado y repetido nubló su sensibilidad a la observación divina y a los derechos de los demás. En algunos casos Dios permite pequeñas consecuencias, pero a veces su mano cae tan fuerte como la necesitamos.

Observe con mucho cuidado la predicción que Natán hace bajo la guía e inspiración de Dios en el versículo 10: «No se apartará *jamás* de tu casa la espada, por cuanto me menospreciaste».

Enfatizo en la palabra «jamás» pues esa es la demostración de la drástica sentencia divina. Tal vez esté pensando: «Bueno, yo pensé que David había sido perdonado». Usted tiene razón, por supuesto que ante su arrepentimiento, David había sido perdonado. El Señor recibió su confesión y le dijo con claridad y certeza: «No morirás». Esa es una extraordinaria demostración de perdón, pero la mención de las consecuencias viene más adelante. Lea ahora lo que dice el versículo 10: «Por lo cual ahora no se apartará jamás de tu casa la espada».

No estoy diciendo que todo aquel que peca tenga las mismas consecuencias, ni que todos los efectos sean iguales, sino que Dios sabe cómo, cuándo y de qué forma nos permite sufrirlos. Dios, en su manera soberana de tratar y juzgar las cosas, permite las consecuencias que cree apropiadas para cada persona. Eso es algo que depende de Él, es su plan, es su determinación soberana.

¿Por qué elige Dios que unos caigan en un hueco más profundo que otros? No lo entiendo, no tengo la menor idea, pero sé que siempre es justo. En el caso de David, determinó llevarlo por la senda de la miseria, para que nunca pudiera olvidarlo, y lo dejó escrito para que tampoco nosotros olvidemos que cometer esa serie de actos pecaminosos trae serias consecuencias y que nunca produce bien el mal que hacemos.

Como si eso fuera poco, en el versículo 11, Dios le indica cuál será el origen del mal que él y su familia experimentarían:

> *Así ha dicho el Señor: He aquí yo haré levantar el mal sobre ti de tu misma casa, y tomaré tus mujeres delante de tus ojos, y las daré a tu prójimo, el cual yacerá con tus mujeres a la vista del sol.*

Dos veces en el mismo versículo se repite la declaración: «De tu propia casa». Estas declaraciones revelaban algo sumamente doloroso. En su propia familia comenzarían todos los conflictos.

David vivió bajo una constante amenaza en su familia. Al principio dije que este sería un mensaje difícil de escuchar porque es delicado para predicarlo. La razón es que ninguno de nosotros está libre de vivir situaciones como las que estamos tratando. He vivido consecuencias del pecado tal como usted y, sin duda, sé que vendrán otras más porque soy un hombre imperfecto. Cada vez que peco, de seguro mi Dios no permitirá que lo burle. Cuando voy delante de Él y me presento arrepentido para buscar su perdón, me libra de la muerte, me guarda en su gracia; sin embargo, no elimina las consecuencias. Puedo tener la seguridad de que pasaré por aquel doloroso periodo de tiempo escogido por Él soberanamente, pero lo más triste es que mis hijos también sufrirán las consecuencias. Aun nuestro cónyuge, inocente del pecado que nosotros hemos cometido, podrá salir afectado en algunos casos. Las consecuencias pueden llegar a la iglesia que sirvo y no solo a mi familia.

David fue perdonado, pero las consecuencias que vendrían después serían originadas por su propia familia. Recordemos la predicción general: «Los problemas vendrían sobre la casa de David». La casa de David es el ejemplo de los problemas internos. No hay manera de describir la forma lamentable en que David vivió cuando llegó a la miseria debido a los pecados que había mantenido aquellos meses.

Esto trae a mi memoria el pasaje de Job 4.8 pues nos recuerda el concepto que obtuvimos de Gálatas 6, que dice: «Todo lo que el hombre sembrare, eso también segará». Job 4.8 registra las palabras de Elifaz cuando afirma:

> *Como he visto, los que aran iniquidad, y siembran injuria, la siegan.*

Oseas 8.7 también nos recuerda lo peligroso que es jugar con Dios cuando dice que Israel sembró viento y que segará torbellino. En todo tiempo, en toda cultura, Dios aplica el mismo principio. No existe duda que cosecharemos lo que sembramos y que lamentablemente la cosecha será de la misma naturaleza que la siembra. Cuando David sembró, lo hizo en la carne y cosechó lo que la carne había producido.

Subraye, remarque y resalte esto en lo más profundo de su mente: la confesión y el perdón de ninguna manera detienen la cosecha. David sembró, David cosechó. El perdón ocurrió, pero las consecuencias también.

Es el mismo énfasis que el apóstol Pablo les da a los gálatas, aunque vivamos en la época de la gracia. No debemos ser engañados porque Dios no puede ser burlado, y todo lo que sembremos eso cosecharemos, no hay excepción.

Tristemente nuestra teología simplista nos ha llevado a creer cosas erradas. Para poder vivir con la culpabilidad, nos imaginamos que las consecuencias van a ser eliminadas. Esto es precisamente lo que ha llevado a que la gente actúe sin pensar, creyendo que está bien comprometerse con las pasiones de la carne, antes que con las enseñanzas y los mandatos divinos. Pablo insiste en que no tenemos que pecar y que si pecamos es porque queremos, ya que tenemos el poder del Espíritu Santo que nos motiva a decir no a cada tentación de la vida. Si elegimos decir sí —en contra de la advertencia del Espíritu Santo— debemos vivir con las consecuencias que estas decisiones nos traerán, ya sean severas o leves.

Subraye, remarque, resalte esto en lo más profundo de su mente: la confesión y el perdón de ninguna manera detienen la cosecha que recibiremos inevitablemente. David sembró, David cosechó. David de seguro recibió el perdón, pero también las consecuencias.

Quisiera decir que como resultado del juicio divino solo nosotros sufriremos, pero desafortunadamente, también traerá consecuencias a las personas cercanas. En 2 Samuel 12, el profeta anticipa a David que la espada del Señor nunca se apartará de su casa.

Consecuencias sorprendentes de un camino descendente

Como ya hemos mencionado, la caída de David no fue súbita y las consecuencias terribles no llegaron al inicio de su descenso sino cuando se encontraba en lo más profundo del abismo que él mismo creó. Observemos las terribles consecuencias de la caída del cantor de Israel:

Siembre infidelidad y también podrá cosecharla

El versículo 11 muestra que David, de acuerdo a lo anticipado por Dios, también sufriría la infidelidad marital. Es más fácil pedir perdón por nuestras infidelidades que tener que lidiar con la deslealtad e infidelidad de las personas que amamos. Dice el versículo 11:

> *He aquí yo haré levantar el mal sobre ti de tu misma casa, y tomaré tus mujeres delante de tus ojos, y las daré a tu prójimo, el cual yacerá con tus mujeres a la vista del sol.*

Las mujeres de David fueron parte de esa experiencia de infidelidad marital. La palabra «prójimo» que se usa allí es un término muy íntimo que podría referirse a un miembro de la familia de David, y en realidad cuando usted traza esta predicción hasta el capítulo 16 encontrará exactamente que así como Dios lo determinó, se cumplió. Su propio hijo Absalón cohabitó con las esposas de David (2 Samuel 16.21). A David le fue anunciada la consecuencia de una infidelidad matrimonial y nótelo aquí en 2 Samuel 16.20:

> *Entonces dijo Absalón a Ahitofel: Dad vuestro consejo sobre lo que debemos hacer.*

Ahitofel era un mal consejero, en realidad estaba lleno de maldad. El versículo 21 dice: «Y Ahitofel dijo a Absalón: Llégate a las concubinas de tu padre, que él dejó para guardar la casa; y todo el pueblo de Israel oirá que te has hecho aborrecible a tu padre, y así se fortalecerán las manos de todos los que están contigo».

Entonces ellos hicieron una tienda en la terraza para Absalón. ¿Recuerda dónde fue que David cayó en pecado y plantó la primera semilla de corrupción? Fue precisamente allí en el techo del palacio. Ellos decidieron llamar la atención de la gente y que ese acto fuera parte de un plan más grave. Lo que ocurría era muy vergonzoso, pero eran las consecuencias del cobarde pecado que David había cometido.

Las consecuencias se agravan cada vez más. La siguiente muestra otra área de la vida del rey que fue afectada por su pobre decisión y otro principio que nosotros debemos recordar:

Abuse de su poder y en algún momento alguien abusará de usted

David abusó de su poder. Lo utilizó para aprovecharse de una mujer que tenía a su esposo en la guerra. David abusó de su poder pues mandó a asesinar a Urías, el esposo de Betsabé. David abusó de su poder pues ordenó a su general que participara de su complot para matar a Urías. David abusó del poder que tenía como rey de Israel y luego su hijo preparó todo para abusar de su propio padre.

Después de recibir el consejo de Ahitofel, el hijo de David, Absalón, fue parte del cumplimiento de la sentencia divina. El consejo de Ahitofel había sido que conviviera con las concubinas de su padre y que lo supiera todo el pueblo, y así podría alcanzar adherentes para su revuelta. Note lo que aconteció:

> *Entonces pusieron para Absalón una tienda sobre el terrado, y se llegó Absalón a las concubinas de su padre, ante los ojos de todo Israel.*
>
> —2 SAMUEL 16.22

La mayoría de los gobernantes tenían consejeros que los ayudaban a tomar decisiones acerca de asuntos políticos y gubernamentales. Ahitofel era un terrible consejero pues fue el que motivó a Absalón a alzarse. David comenzaba a vivir una temporada de abuso de poder que traería severas consecuencias a su vida, su familia y aun a la nación. Dios permitió que ese consejero fuera parte de su plan, parte de la espada divina que traería las consecuencias dolorosas que David se había buscado.

Ese incidente era el cumplimiento de una parte del plan divino y tenía un significado más profundo que el que podemos imaginarnos. David sufrió mucho por sus actos de desobediencia. La poligamia era una práctica socialmente aceptada para los reyes de esos tiempos, a pesar de que Dios la prohibía (Deuteronomio 17.14-17). Dormir con cualquiera de las esposas o concubinas del rey era reclamar para sí el trono y era considerado como traición. David había abusado de su poder y ahora se iniciaba el abuso que su hijo ejercería por mucho tiempo.

Mientras más avanzamos en esta historia más notamos cuán graves fueron las consecuencias que experimentó David. De este relato podemos desprender otro principio como una seria advertencia:

Decida vivir constantemente en pecado y no solo afectará su vida, sino aun la de personas inocentes

Cuando alguien que no suele vivir en un mundo de maldad comete un pecado y sufre las consecuencias pertinentes, la experiencia es dolorosa. Sin embargo, cuando esa persona —que se ha equivocado y que no quería que sus inocentes familiares sufrieran terribles consecuencias—, es sincera, es mucho más doloroso. Tan es así que puede vivir con un sentido de culpabilidad toda la vida. Eso es precisamente lo que ocurrió debido al adulterio de David. En 2 Samuel 12.15 aparece una de las dolorosas consecuencias. Es el relato de la pérdida de su hijo recién nacido. Observe lo dramático del relato bíblico:

> *Y Natán se volvió a su casa. Y el Señor hirió al niño que la mujer de Urías había dado a David, y enfermó gravemente.*

El versículo muestra que no fue una muerte circunstancial sino el resultado de la disciplina divina. Afirma el versículo que «el Señor hirió al niño». Esto había sido anunciado por el profeta y tuvo su fiel cumplimiento. Observe esta declaración:

> *Mas por cuanto con este asunto hiciste blasfemar a los enemigos de Jehová, el hijo que te ha nacido ciertamente morirá. (12.14)*

La muerte de un niño recién nacido es dolorosa, pero mucho más cuando sabemos que es resultado de nuestro pecado. Note cuán triste fue la experiencia:

Entonces David rogó a Dios por el niño; y ayunó David, y entró, y pasó la noche acostado en tierra. Y se levantaron los ancianos de su casa, y fueron a él para hacerlo levantar de la tierra; mas él no quiso, ni comió con ellos pan. Y al séptimo día murió el niño; y temían los siervos de David hacerle saber que el niño había muerto, diciendo entre sí: Cuando el niño aún vivía, le hablábamos, y no quería oír nuestra voz; ¿cuánto más se afligirá si le decimos que el niño ha muerto? Mas David, viendo a sus siervos hablar entre sí, entendió que el niño había muerto; por lo que dijo David a sus siervos: ¿Ha muerto el niño? Y ellos respondieron: Ha muerto.

—2 SAMUEL 12.16-19

Según el versículo 17, los ancianos de su casa estaban preocupados por el estado de David. El niño estuvo gravemente enfermo y al séptimo día falleció. El versículo 19 concluye terriblemente la historia cuando dice: «Ha muerto».

David había sido perdonado por Dios, pero vivía las tristes consecuencias de una noche de pasión.

Hay otra advertencia que debemos tomar muy en serio cuando calculamos los costos de nuestras posibles relaciones pecaminosas:

Decida vivir un estilo de vida pecaminoso en forma regular y notará las terribles consecuencias en su familia. Familiares inocentes pueden vivir serias crisis y provocar a la familia un daño permanente.

Seguir avanzando en esta historia nos permite pensar seriamente y calcular los costos de nuestra rebeldía. Espero que este proceso que estamos analizando muestre el triste estado de la familia de David. Él nunca pensó que viviría esas experiencias. Ninguno de nosotros se imagina cómo puede escalar una noche pecaminosa y placentera, pero el ejemplo bíblico no es una parábola sino la triste historia de un hijo de Dios.

En 2 Samuel 13.1-14 observamos el desarrollo de otro aspecto de la herida provocada por la espada de Dios que se enterraba cada vez más profundo en la vida de David. Uno de sus hijos comete un grave pecado en su propia familia. Amnón toma la terrible decisión de establecer toda una estrategia para violar a su propia hermana. Este capítulo es el estudio de una serie de desgracias, es un relato tan terrible que solo leerlo altera nuestras emociones. Solo imagínese el dolor de quienes realmente lo vivieron.

Antes de continuar con el relato es necesario recordar que David había actuado desobedientemente. David se había casado con muchas esposas y tenía muchas concubinas, por consiguiente, tuvo muchos hijos. No tenemos un registro genealógico total de sus descendientes, pero sabemos que de la relación de David con Maaca nacieron dos hijos: Absalón y Tamar. Por lo tanto, estos hijos eran hermanos de sangre, y de la relación de David con otra mujer nació Amnón, que se convirtió en medio hermano de Tamar. A Amnón no le importó que Tamar fuera su media hermana y se sintió atraído por ella. Recuerde que ella era la hermana de sangre de Absalón y este vivió una experiencia traumática al enterarse de lo que había ocurrido con su hermana. Se nota que Absalón y su hermana Tamar tenían una relación cercana, lo que fue clave para la reacción violenta de su hermano. Observe como se inicia el relato en el versículo 1:

> *Aconteció después de esto, que teniendo Absalón, hijo de David, una hermana hermosa que se llamaba Tamar, se enamoró de ella Amnón, hijo de David.*

La frase «después de esto» significa después del pecado de David. Es por ello que lo incluyo dentro de las consecuencias ya que es otro empujón de la mano de Dios sobre la espada que estaba enterrada en la familia de David. Amnón desarrolló una infatuación que lo motivó a acciones pecaminosas. Movido por sus pasiones, Amnón decidió cometer una violación. El versículo 2 dice: «Y estaba Amnón angustiado hasta enfermarse por Tamar su hermana, pues por ser ella virgen, le parecía a Amnón hacerle cosa alguna».

Las consecuencias del pecado llegaron a la relación de los hermanos. El pecado sexual de David trajo como consecuencia el de sus hijos. Amnón tenía un amigo que se llamaba Jonadab, que le explicó una estrategia para que se acercara a Tamar. Amnón fingió una enfermedad y en 2 Samuel 13.11 le pide que se acueste con él. La respuesta de una chica inocente fue la misma de una muchacha con buenos principios. La chica virgen, hermosa y difícil de ser seducida rechazó aquella oferta pecaminosa. La decisión fue determinante. Note los versículos 12 y 13:

> *Ella entonces le respondió: No, hermano mío, no me hagas violencia; porque no se debe hacer así en Israel. No hagas tal vileza. Porque ¿adónde iría yo con mi deshonra? Y aun tú serías estimado como uno de los perversos en Israel.*

La hermosa hija de David rechazó el acto de violencia, un hecho pecaminoso que no debía realizarse ni en Israel, ni en nuestros países. Ella también lo describe como un acto de vileza que la dejaría sufriendo una deshonra y su medio hermano cometería un acto de perversidad. Y lamentablemente, experimentó todo eso en el versículo 14:

> *Mas él no quiso oírla, sino que pudiendo más que ella, la forzó y se acostó con ella.*

Todo el mundo pasional de David desencadenó una serie de consecuencias pasionales en su familia. Note que Amnón no está realizando un acto de amor sino que enceguecido por sus pasiones no solo dañó a su media hermana, sino que él se llenó de odio:

> *...la aborreció Amnón con tan grande aborrecimiento que el odio con que la aborreció fue mayor que el amor con que la había amado.*

Tamar dejaba de ser virgen, sufrió una experiencia traumática que la marcó emocionalmente.

> *Y llevaba ella un vestido de diversos colores, traje que vestían las hijas vírgenes de los reyes. Su criado, pues, la echó fuera, y cerró la puerta tras ella. Entonces Tamar tomó ceniza y la esparció sobre su cabeza, y rasgó la ropa de colores de que estaba vestida, y puesta su mano sobre su cabeza, se fue gritando. Y le dijo su hermano Absalón: ¿Ha estado contigo tu hermano Amnón? Pues calla ahora, hermana mía; tu hermano es; no se angustie tu corazón por esto. Y se quedó Tamar desconsolada en casa de Absalón su hermano.*
>
> —2 SAMUEL 13.18-20

Recuerde que esta terrible experiencia de una chica hermosa, virgen e inocente no solo fue resultado de la pasión descontrolada de su medio hermano que provocó la violación, sino que era también una de las terribles consecuencias del pecado de David, su propio padre. Sin duda en la mente de David estaba grabada la frase del profeta que comunicaba la sentencia divina. «La espada de Dios nunca se apartará de tu casa» era una sentencia dura que se cumplía al pie de la letra.

Debemos recordar que aunque nos arrepintamos sinceramente, hay tristes ocasiones en que seremos testigos de la destrucción de nuestros familiares debido a nuestros pecados y a pesar de que ellos son absolutamente inocentes.

Quisiera decirle que allí termina esta espiral descendente de consecuencias lamentables, pero el relato continúa en el versículo 22:

> *Mas Absalón no habló con Amnón ni malo ni bueno; aunque Absalón aborrecía a Amnón porque había forzado a Tamar su hermana.*

Las consecuencias en las relaciones familiares cada día se agravaban. Se inició un inmenso odio entre los hermanos. Comenzó un mundo de desprecio, la ira iba creciendo en silencio y estos hermanos se iban llenando de amargura al punto que lamentablemente se llegó al asesinato. Esta clase de odio, aunque no es siempre expresado físicamente, puede convertirse en algo común en algunos hogares, especialmente cuando los padres viven en forma pecaminosa y traen duras consecuencias a los hijos. Absalón y Amnón no se hablaron por dos años hasta que el odio acumulado dio los destructivos frutos.

Después de dos años completos, Absalón inicia un astuto y engañoso plan. Absalón era inteligente, era un muchacho que se levantaba mucho más temprano que su padre y que se iba más tarde a la cama. Sin duda solía engañar a su padre, por lo que esta vez planeó ir a esquilar las ovejas. Lo hizo de tal manera que su padre no pudo negarse, dice el versículo 24:

> *Y vino Absalón al rey, y dijo: He aquí, tu siervo tiene ahora esquiladores; yo ruego que venga el rey y sus siervos con tu siervo. Y respondió el rey a Absalón: No, hijo mío, no vamos todos para que no seamos gravosos. Y aunque porfió con él, no quiso ir, mas le bendijo. Entonces dijo Absalón: Pues si no, te ruego que venga con nosotros Amnón mi hermano.*

David había perdido la autoridad y se dejaba dominar por sus hijos. Note el versículo 27:

Pero como Absalón le importunaba dejó ir con él a Amnón y a todos los hijos del rey.

Absalón sabía cómo convencer a su padre. Por eso le rogó, le suplicó, le intimidó, usó cualquier herramienta para conseguir el permiso de su padre. Así consiguió su objetivo y en el versículo 28 encontramos otra parte de esta terrible historia de terror iniciada por una noche de pasión de un padre que nunca se imaginó que todo terminaría en una tragedia permanente:

Y Absalón había dado orden a sus criados, diciendo: Os ruego que miréis cuando el corazón de Amnón esté alegre por el vino; y al decir yo: Herid a Amnón, entonces matadle y no temáis, pues yo os lo he demandado. Esforzaos, pues y sed valientes.

Y en el versículo 29 se lleva a cabo otra sentencia:

Y los criados de Absalón hicieron con Amnón como Absalón les había mandado. Entonces se levantaron todos los hijos del rey y montaron cada uno en su mula, y huyeron. Estando ellos aún en el camino, llegó a David el rumor que decía: Absalón ha dado muerte a todos los hijos del rey, y ninguno de ellos ha quedado.

Como producto del odio a muerte que existía entre los dos hermanos, Absalón mata a su hermano Amnón. Tristemente la espada divina seguía enterrándose profundamente. David está profundamente angustiado por el dolor que todo eso le producía y, para agregar más a la tragedia, Absalón decide huir a la casa de su abuelo: «Así huyó Absalón y se fue a Gesur, y estuvo allá tres años» (2 Samuel 13.38).

Allí vivía su abuelo materno, el padre de Maaca, que era el rey de Gesur. Absalón no podía seguir en su casa, por lo tanto fue a refugiarse donde su abuelo. Mientras lamía sus heridas en aquel lugar, establecía su estrategia para rebelarse contra su padre. Absalón lidera entonces una conspiración en contra de su padre. En 2 Samuel 14.28 se señala:

Y estuvo Absalón por espacio de dos años en Jerusalén, y no vio el rostro del rey.

Luego Absalón consiguió llegar hasta las puertas del rey y comenzó a robarse el corazón de la gente. Si usted lee el registro bíblico se dará cuenta de que se paró a las puertas de la ciudad y, mientras la gente venía a buscar el consejo de David, Absalón los interrumpía, los abrazaba, los besaba y decía: «Mi padre no tiene tiempo, yo puedo ayudarte». Incluso hablaba mal de su padre. Así muy pronto, Absalón consiguió ganarse la simpatía de la gente y provocar una seria crisis no solo en la familia, sino en la nación.

David se encontraba bajo una serie de presiones como consecuencia de su pecado y sufriendo experiencias realmente traumáticas. Como si todo lo vivido fuera poco, Joab, el jefe del ejército, mató a su hijo Absalón. La espada no se apartó nunca de la casa de David. Él nunca se imaginó hasta dónde llegarían las consecuencias de su carnalidad. No dudo que David odiara el día en que pecó con Betsabé. Después de la violación de la hermana de Absalón, después de la conspiración de su propio hijo, de su rebelión, del odio, del asesinato, David está sentado allí en su palacio. Sin duda cansado hasta el punto de estar exhausto cuando le llega otro reporte según relata 2 Samuel 18.32:

> *El rey entonces dijo al etíope: ¿El joven Absalón está bien? y el etíope respondió: Como aquel joven sean los enemigos del señor el rey, y todos los que se levanten contra ti para mal.*

La noticia era sencilla: tu hijo Absalón está muerto, y murió como queremos que mueran todos tus enemigos. ¿Enemigo? Recuerde que era su hijo, recuerde que todo ocurrió como resultado de la sentencia divina por ese momento placentero que David quiso tener, en la siembra. La cosecha era tan dolorosa que el rey se siente culpable por lo que ocurría con su hijo y llega a una seria crisis ya que no puede controlar la situación. Quedó totalmente decepcionado.

Lo siguiente es el relato más trágico de una situación que ocurre en la vida familiar en todo el Antiguo Testamento. Dice el versículo 33:

> *Entonces el rey se turbó, y subió a la sala de la puerta, y lloró; y yendo, decía así: ¡Hijo mío Absalón, hijo mío, hijo mío Absalón! ¡Quién me diera que muriera yo en lugar de ti, Absalón, hijo mío, hijo mío!*

Creo que más que su muerte, David deseaba que nunca se hubiera dejado dominar por sus pasiones, pues una escapada sexual, una emocionante noche pasional, unas horas de rebeldía produjeron consecuencias que nunca se imaginó. Estoy convencido de que al final de este versículo debería escribirse como un fuerte recordatorio, la seria advertencia divina: «No os engañéis, Dios no puede ser burlado, todo lo que el hombre sembrare eso también segará».

Las advertencias divinas son serias, sabias y motivadas por su amor y el deseo de evitarnos el dolor de la terrible cosecha. Siempre debemos pensar y recordar que podemos escondernos de todo ser humano, pero que a nuestro Dios soberano y omnipresente nunca lo podemos engañar.

Capítulo 9

EXPERIENCIAS DOLOROSAS ACTUALES PARA PROMOVER LA FIDELIDAD

Debemos adquirir la costumbre de pesar las consecuencias y, antes de pecar, debemos pensar en las que podemos experimentar. Es muy importante que cuando nos encontremos en la apasionada siembra pecaminosa recordemos las historias de los pecados de otros y sus terribles experiencias dolorosas.

Las paredes de mi oficina son testigos del inmenso dolor que han experimentado quienes han buscado mi asesoramiento por las terribles consecuencias de los pecados cometidos. He escuchado dramáticos y dolorosos relatos de pérdidas económicas, pérdidas ministeriales, pérdida de confianza, de trabajo, de los hijos, del cónyuge, de las familias, de los amigos, de las congregaciones, de líderes y aun de la libertad y de la vida que han experimentado personas que han decidido involucrarse en un momento de pasión o una temporada de pecado.

Yo mismo he sufrido por el pecado de seres queridos y amigos cercanos, así como también, mis acciones pecaminosas han provocado dolor a mi familia, a mis amigos y a otros que me han dado su cariño. Es mi deseo que estos relatos reales, aunque con nombres ficticios, le ayuden a tener fortaleza para prevenir sus experiencias dolorosas y las consecuencias lamentables que pueden resultar al ignorar nuestras convicciones y rendirnos a nuestras pasiones.

Ignacio, el terrible dolor de la muerte

Ignacio buscó mi ayuda pues no podía vivir con el dolor que llevaba. Él cometió adulterio con su cuñada. Vivieron juntos como dos años y poco a poco se fueron acercando al punto que cayeron en una relación pecaminosa. Fueron descubiertos en la cama un día que su esposa —que trabajaba de noche— regresó inesperadamente a casa pues estaba muy enferma.

Noelia no pudo resistir el dolor y esa misma noche, después de echar a su esposo y a su hermana de la casa, se suicidó. Ignacio quedó destruido y admitía que no era tan «valiente» como su esposa para cometer suicidio, pero estaba muerto en vida. Durante varias sesiones solo recordaba lo maravillosa que había sido ella. Ignacio se había involucrado en el alcoholismo y llevaba una vida totalmente descuidada. Apenas podía cubrir sus gastos y debido a su dependencia e irresponsabilidad había perdido algunos trabajos. Había perdido su casa y vivía de allegado en la casa de un amigo cristiano que le había servido con amor durante los últimos seis meses.

Cuando fue a mi conferencia llegó bien vestido y se notaba limpio, pero su cara reflejaba las marcas de su descuido y alcoholismo. Su mirada perdida y su nerviosismo al conversar conmigo eran muestras de la crisis que vivía. Ya habían pasado más de dos años de la muerte de su esposa y no podía soportar el dolor de lo que había provocado. Ignacio había perdido casi todo y su vida cristiana desapareció por completo. Concertamos una cita y llegó a mi oficina consumido por el dolor. A pesar de todo mi esfuerzo, nunca logré que terminara con él. Nunca más supe de él pues no pudo superar el dolor y la culpabilidad que le embargaba.

Elsa, el dolor intenso de haberle fallado al Dios que amaba

Elsa creció en un hogar cristiano. Su más grande deleite era la vida eclesiástica, por lo que había desarrollado sus dones y talentos en forma exitosa. Me confesaba que no había tenido mayor problema para mantenerse virgen y que solamente había tenido una relación de noviazgo antes de conocer a Patricio, un músico que se había integrado a la congregación que el padre de Elsa pastoreaba. Ella nunca había experimentado lo que sintió cuando conoció a Patricio. «Solo lo comparo a lo que sentía por mi Señor», me dijo en una oportunidad.

Elsa amaba lo que hacía, era una ardillita en su congregación. Estaba tan enamorada de Dios que dejó su carrera de enfermera y decidió ir a estudiar a un instituto bíblico. Estaba a ocho meses de su partida y ayudaba muy emocionada a su padre en todo lo que podía. Elsa y su grupo de discípulas tenían un equipo de oración muy organizado y fiel. Oraban antes de cada servicio y muchos solían entregarle a su grupo peticiones de oración. Así fue como comenzó a acercarse a Patricio.

Hacía unos meses se había convertido y necesitaba toda la ayuda del mundo para no caer en el estilo de vida alegre que había acostumbrado como músico no cristiano. No era primera vez que Elsa y su grupo ayudaban a jóvenes que se sentían débiles y vulnerables. En efecto, esa era una parte de su enfoque ministerial en el grupo de oración. Pero aunque ella creía que ese sentimiento especial que tenía por Patricio era producto de su empatía, un día cuando este la abrazo, sintió algo muy especial. «Pasaron los días y me di cuenta de que por primera vez estaba profundamente enamorada», admitió Elsa. De allí en adelante todo parecía un sueño y su pasión fue escalando niveles no experimentados. Patricio trató de ser prudente, pero también poco a poco comenzó nuevamente a experimentar lo que acostumbraba antes de ser cristiano.

Los padres de Elsa salieron de la ciudad y Patricio llevó a su casa a Elsa. Después de esa noche apasionada, Elsa vivió las noches de más terrible ansiedad. Además, cayó en un serio estado depresivo cuando después de unas semanas se dio cuenta de que no le llegaba su periodo menstrual.

Para acortar la historia, Elsa y Patricio llegaron a mi oficina con su hijita de un año, a punto de divorciarse porque los dos años que habían pasado juntos habían sido caóticos. Se casaron en una boda privada, fueron disciplinados en su congregación, Elsa tuvo que abandonar sus planes de estudio en el seminario, Patricio era un músico que trabajaba de vez en cuando y ahora, estaban a punto del divorcio.

Elsa estaba sufriendo una seria depresión, pero no podía distinguir entre los síntomas de su estado depresivo y su vacío espiritual. Como explico en mi libro *La mujer: Sus tensiones y depresiones,* muchas mujeres creen que Dios se ha alejado de ellas en sus temporadas depresivas por no entender lo que están experimentando. Elsa era una de ellas. Y, por supuesto, su vida espiritual era seca y sin sentido. Estaba muy decepcionada por su terrible caída, pero también sufría los estragos de un estado de permanente ansiedad y angustia provocada por su depresión. «Mi más grande dolor, fue mi terrible pecado, haberle fallado al Señor que tanto amaba y con quien había hecho planes ministeriales extraordinarios», me dijo llorando con amargura.

Elsa sentía que no podía ser perdonada porque había herido al Dios que la salvó, le había «desacreditado» y algunos de sus familiares odiaban el evangelio como resultado de su pecado. Además, dos chicas que estaba evangelizando y daban sus primeros pasos en la congregación sufrieron una seria decepción, por lo que sus padres no las dejaron volver a la iglesia. Su más grande temor era que un día tenía que enfrentar a su Juez justo y severo. Su vacío espiritual era sorprendente y su culpabilidad abrumadora. El proceso de asesoramiento fue largo y por momentos decepcionante. Pero al final dio sus frutos. Sanaron sus heridas, volvió a sentir su pasión por el Señor y a servir en su congregación junto a su esposo. Elsa, por primera vez, se sentía perdonada y estaba dispuesta a guiar a su hijita en los mismos principios que sus padres le habían enseñado.

Pedro, la destrucción del envolvimiento emocional

No comprobé que Pedro le haya sido infiel a su esposa, pero sí que solía flirtear y tener cercanía y avances emocionales pecaminosos con las señoritas que debía pastorear. Aunque tenían problemas conyugales como la mayoría de los matrimonios, Consuelo —su esposa— experimentó algunos desconsuelos principalmente por el espíritu conquistador de Pedro. Ella había sufrido porque había descubierto a su marido en acciones pecaminosas. Este pastor de jóvenes solía cruzar notas amorosas con una chica que estaba en el grupo de jóvenes.

Fue disciplinado en su congregación y tanto él como su esposa recibieron la orientación adecuada, y pasaron por el proceso de confrontación y restauración pertinente. El proceso se le hizo tedioso y Pedro no solo decidió abandonarlo, sino también, la iglesia. Su esposa cometió el terrible error de seguirlo a pesar de que no había terminado el proceso. Más tarde supe que estaban en otra congregación y cumpliendo la misma función. Después de un par de años, Consuelo regresó a mi oficina. Su esposo había vuelto a sus mismas andanzas y en la otra congregación nuevamente cruzaba notas amorosas con alguien de su grupo. El final de esa parte de la historia fue extremadamente doloroso. Pedro acusó a su esposa de acciones indebidas, convenció a sus hijos pequeños para que acusaran a su mamá y finalmente, se separaron. Le quitó los hijos a Consuelo y ella terminó sola y despreciada por sus pequeños.

Las palabras de Jesús vienen a mi mente una vez más. «Cualquiera que mira a una mujer para codiciarla en su corazón, ya cometió adulterio». Las consecuencias de este comportamiento fueron terribles para todos. Después de un proceso de asesoramiento, Consuelo hoy vive una vida saludable. Aprendió a aceptar su realidad, a enfrentarla bíblicamente y a dar los pasos sabios para ganarse el corazón de sus hijos con buenas acciones y actitudes. Ya lo ha logrado con dos de los tres y hoy tienen excelentes momentos de encuentro. El cariño y la cercanía ha ido creciendo. Hoy día una de sus hijas ya vive con ella y Consuelo no solo ha sido consolada, sino que al seguir fielmente el consejo profesional, se ha convertido en una mejor mujer, mejor madre y una extraordinaria cristiana que aconseja bíblica y sabiamente a otras mujeres que viven experiencias similares. Consuelo se ha convertido en una consoladora.

Simples etapas de flirteo y de acciones pecaminosas que no necesariamente se convierten en encuentros físicos de adulterio, igual son considerados graves si las examinamos a la luz de las palabras de Jesucristo, que dicen que todo el que mira a una mujer para codiciarla en su corazón, ya cometió adulterio. La participación emocional con una persona fuera de su cónyuge, los encuentros y las cartas amorosas, también son acciones inadecuadas y también pueden producir consecuencias muy dolorosas.

Samuel, un enamoramiento destructivo

Una de las experiencias más hermosas en la vida es enamorarse, pero no de otra mujer, si es casado, y mucho menos si es pastor. Sin embargo, los pastores no estamos exentos de sentir algo cautivante por una mujer que no sea nuestra esposa. Pero, la verdad sea dicha, ningún líder está libre de esto. Todos los que estamos en posición de liderazgo y que somos hombres que anhelamos una vida sexual estimulante y muy regular, sabemos la batalla que libramos. Nuestra posición de poder y respeto no solo es peligrosa para nosotros, sino para muchas mujeres que no se enamoran de nuestro físico, sino de nuestro carisma, amabilidad, comprensión y ternura. Aunque los hombres somos atraídos con rapidez por la sensualidad, la mayoría de las atracciones que enfrentamos no son repentinas y, por supuesto, las más peligrosas son las que se van desarrollando poco a poco. Y eso es precisamente lo que ocurre en las relaciones en la congregación. Somos admirados por personas jóvenes, por mujeres que nos agradan y a quienes les agradamos. Hasta las mujeres que no sienten atracciones súbitas, son susceptibles a los encantos que paulatinamente se van forjando.

Samuel es un reconocido pastor, muy respetado en su ciudad y parte de un grupo de líderes que me invitó a una serie de conferencias. En una de mis últimas conferencias, su esposa lloraba mientras escuchaba mi plática sobre los conflictos en la vida conyugal. Al final me le acerqué para ofrecerle mi ayuda. En su primera llamada me dijo que necesitaba consejo y que además me iba a ofrecer material para este libro. Yo había anunciado que lo estaba escribiendo mientras estaba allí.

Su relato era el que he escuchado muchas veces. Ella se dio cuenta de que él hablaba mucho por su teléfono celular, así que decidió revisarlo. Encontró muchas llamadas a una mujer joven de la iglesia. Revisó en la computadora y el teléfono se repetía mucho. «Ya no me besaba en la boca y evitaba la intimidad», me dijo Marcia. Y agregó: «Me culpaba de ser una mujer insegura por mi intento de investigar y de tener una baja autoestima». Finalmente él le fue confesando poco a poco y le dijo que ella lo acosaba, que no había tenido sexo con ella, pero que la llamaba muy seguido. La situación llegó a niveles incontrolables para ellos y poco a poco su esposa fue descubriendo más y más información sobre el enredo, por lo que decidieron enfrentar la situación.

El pastor vivía el dolor de haberles fallado a sus hijos, a su congregación y a su esposa, y estaba dispuesto a enfrentar su situación siguiendo el debido proceso. La esposa, los hijos, los líderes tenían una actitud comprensiva y se inició todo un plan de restauración.

No ocurrió lo mismo con otro matrimonio que vivió la misma experiencia, solo que se descubrió un comportamiento pecaminoso mayor, y después de una serie de incidentes, todo salió a la luz. La mujer con quien se había involucrado, una fiel y activa hermana de la congregación contó toda la historia y luego se marchó. Es muy triste que personas que hasta unos días compartían lindos momentos y apasionados encuentros, de pronto sean prácticamente enemigos y cada uno quiera excusar su responsabilidad.

El pastor acusaba a la mujer de acoso y ella a él de lo mismo. Ambos se acosaron y ninguno pudo resistir, ahora los dos se culpaban. Es triste que nosotros, los pastores, caigamos rendidos a nuestras pasiones. Casi siempre nos involucramos emocionalmente a pesar de nuestras luchas y no es fácil dominar nuestra pasión cuando existe una mujer que disfruta de nuestro cariño y disfruta de flirtear con nosotros.

No es fácil tener éxito cuando uno está enfrentando conflictos matrimoniales, a veces por culpas y errores particulares, pero es mucho más difícil cuando un líder está casado con una esposa incomprensiva, problemática, difícil, inmadura y que se niega a tener una relación sexual saludable. Es terrible que cedamos a la tentación y que acusemos a la otra persona; y es triste que la otra persona nos acuse a nosotros, cuando es mucho mejor lidiar personalmente con su pecado y luchar por restaurar nuestras vidas bíblicamente.

Marcelo perdió su amante, la congregación que pastoreaba, el respeto de su esposa, de su familia y tuvo que abandonar su casa. Perdió toda la confianza de los que le habían seguido por tantos años. A sus cincuenta y ocho años comenzó a buscar trabajo y se dio cuenta de que era prácticamente imposible por su edad y la falta de experiencia. Su vida se transformó en una historia caótica que hasta la fecha no encuentra un derrotero.

Todos hemos sufrido consecuencias por nuestros pecados, y algunos tenemos que dar gracias a Dios que solo por su gracia nuestras vidas no han sido destruidas como resultado de nuestros enredos pecaminosos. Pero no por ello debemos abusar de la gracia divina. Estoy convencido de que todos o muchos líderes tenemos pecados que no quisiéramos que sean conocidos. No creo que exista una persona que no sienta vergüenza por los pecados cometidos. Entre los líderes, entre los pastores y miembros de las congregaciones habemos quienes hemos flirteado con una linda mujer, y mujeres que han cortejado a los líderes. Existen chicas que han enamorado a líderes y líderes que han enamorado a chicas.

Estoy seguro de que hombres y mujeres hemos coqueteado, piropeado indebidamente, hemos halagado más de la cuenta, permitido que nos abracen, que nos acaricien, que escriban notas, que se desarrolle una amistad indebida y muchos hemos aprendido las lecciones y tratamos de vivir al máximo nuestra vida de pureza. Estoy seguro de que todos tenemos secretos que si fueran descubiertos serían terribles, pero que es mejor guardar y que cada uno de los que ha fallado, disfrute del perdón divino, se refugie en la gracia de Dios y siga adelante con su vida, superando experiencias del pasado y luchando por no volver a cometerlas.

No creo que debamos vivir culpándonos sin sentirnos libres por la gracia de Dios. No creo que todo pecado tenga que ser confesado delante del público o a otras personas, aunque creo que tiene que ser confesado a Dios. Creo que todo pecado es perdonado por nuestro Dios de gracia, pero no todo pecado tiene que ser confesado a quienes hemos fallado en toda nuestra historia. Creo que no todos nuestros pecados y nuestra vida pasada tienen que ser revelados a nuestro cónyuge, pero todos los pecados y las consecuencias, traumas y culpabilidad que nos llevaron al arrepentimiento, deben ser eliminados de nuestra vida para tener un presente saludable, aunque hayamos pecado en el pasado.

El otro lado de la moneda es que no debemos vivir guardando nuestros pecados y continuar cometiéndolos.

Si está tomando livianamente la gracia de Dios, si como David está caminando por los corredores de su palacio sin vivir una vida adecuada, si está como un pequeño niño escogiendo el pecado y la maldad a voluntad pensando que la gracia lo cubre todo, usted no ha entendido la gracia.

Si está viviendo en este mismo momento una situación comprometedora, si está desarrollando amistades indebidas, si está flirteando con su líder o con algún miembro de la congregación o algún compañero de trabajo, antes de continuar y antes de caer en el pecado, evalúe su relación con Dios, su moralidad y su espiritualidad. Piense en el daño y las consecuencias que pueden ocurrir a pesar de nuestro cuidado y tome la determinación de enfrentar el problema si realmente puede o busque la ayuda necesaria si se da cuenta de que realmente no puede.

David vivió consecuencias que ninguno de nosotros quisiera, pero que todos podemos elegir. David termina esta parte de su vida como un hombre vencido, tal vez odiando el momento en que decidió satisfacer sus pasiones rompiendo sus convicciones. Al fin de esta etapa de su vida, está sufriendo la angustia y el dolor más profundos que puede sufrir un hombre; y todo por un momento de siembra satisfactoria de sus pasiones que resultó en una terrible cosecha de sufrimiento.

> *¿Y por qué, hijo mío, andarás ciego con la mujer ajena, y abrazarás el seno de la extraña? Porque los caminos del hombre están ante los ojos de Jehová, y él considera todas sus veredas. Prenderán al impío sus propias iniquidades, y retenido será con las cuerdas de su pecado. Él morirá por falta de corrección, y errará por lo inmenso de su locura.*
>
> —Proverbios 5.20-23

Capítulo 10

LA RESTAURACIÓN BÍBLICA DEL PECADOR ARREPENTIDO

Todo pecador arrepentido sinceramente
y conforme a las instrucciones bíblicas reveladas,
puede alcanzar la restauración si sigue el procedimiento bíblico
correcto, independientemente de la opinión de su cónyuge
y de su reacción. Dios bendice nuestro arrepentimiento
y nuestra obediencia, no la obediencia ajena.

Creo que es imprescindible definir los términos y las metas con claridad para poder lograr el objetivo establecido. El objetivo bíblico es la restauración de las personas. Dios no se deleita en nuestras caídas y mucho menos en dejarnos botados o hacer leña del árbol caído. Él conoce nuestras debilidades y pecados, y desea nuestra restauración. La finalidad de todo paso del proceso disciplinario, sean los primeros o los más drásticos, debe ser la restauración del individuo y nunca su destrucción. Así deben entenderlo todas las partes. Un buen proceso de asesoramiento y la cooperación, humillación y sumisión de ambos cónyuges a la Palabra de Dios, resultará en la sanidad de ambos y en una relación conyugal saludable.

En los casos que trato, mi meta es la restauración del pecador arrepentido, sea que el cónyuge inocente del adúltero lo desee o no, sea que coopere o no, sea que lo perdone o no. Todo pecador arrepentido puede restaurar su vida si sigue el procedimiento correcto, independientemente de la reacción de su cónyuge.

No sea fariseo, no apedree

Los líderes religiosos podemos adoptar una posición condenatoria ante el pecado y no ofrecer la guía ni las herramientas necesarias para corregir el problema. Los líderes que condenan y «apedrean» al pecador no cumplen el propósito de la restauración. Observe este ejemplo:

> *Y Jesús se fue al monte de los Olivos. Y por la mañana volvió al templo, y todo el pueblo vino a él; y sentado él, les enseñaba. Entonces los escribas y los fariseos le trajeron una mujer sorprendida en adulterio; y poniéndola en medio, le dijeron: Maestro, esta mujer ha sido sorprendida en el acto mismo de adulterio. Y en la ley nos mandó Moisés apedrear a tales mujeres. Tú, pues, ¿qué dices? Mas esto decían tentándole, para poder acusarle. Pero Jesús, inclinado hacia el suelo, escribía en tierra con el dedo. Y como insistieran en preguntarle, se enderezó y les dijo: El que de vosotros esté sin pecado sea el primero en arrojar la piedra contra ella. E inclinándose de nuevo hacia el suelo, siguió escribiendo en tierra. Pero ellos, al oír esto, acusados por su conciencia, salían uno a uno, comenzando desde los más viejos hasta los postreros; y quedó solo Jesús, y la mujer que estaba en medio. Enderezándose Jesús, y no viendo a nadie sino a la mujer, le dijo: Mujer, ¿dónde están los que te acusaban? ¿Ninguno te condenó? Ella dijo: Ninguno, Señor. Entonces Jesús le dijo: Ni yo te condeno; vete, y no peques más.*
>
> —Juan 8.1-11

Los líderes judíos no tenían la intención de ayudar a la mujer pecadora, solo deseaban vivir su religiosidad presentando trampas para hacer caer a Jesús. Ellos menospreciaron la ley al traer solo a la mujer. La ley exigía que se apedrearan a ambas personas sorprendidas en adulterio (Levítico 20.10; Deuteronomio 22.22). Jesús, en cambio, con su actitud y su acción muestra la importancia de la compasión, del perdón y del cambio de la persona. Jesús desafió a los religiosos a que lanzaran la primera piedra, el que, al evaluarse, descubriera que estaba sin pecado.

Nosotros tampoco tenemos el derecho de hacer leña del árbol caído. Debemos tener compasión, ofrecer nuestro perdón y motivar, así como ordenar a la persona a que cambie su comportamiento. Cuando se trata del tratamiento de un caso de adulterio, eso debemos tener en mente. Debemos recordar que Jesucristo dijo que no solo adulteramos cuando nos involucramos física y sexualmente con alguien que no es nuestro cónyuge, sino aun cuando miramos con la intención de codiciar en nuestra mente. Frente a la descripción divina, ¿quién se atreve a tirar la primera piedra?

Los líderes religiosos podemos adoptar una posición condenatoria del pecado y de los individuos, y no ofrecer la guía ni las herramientas necesarias para capacitarles de forma que realicen la debida transformación. Los líderes que condenan y «apedrean» al pecador no cumplen el propósito de la restauración.

Motivaciones, varas y escogidos

«No juzgue para que no sea juzgado», «mida con la misma vara con que usted será medido» y «no toque a los escogidos» son expresiones que deben ser analizadas ya que han sido muy mal interpretadas. Un dicho popular afirma que en la casa del jabonero todos resbalan. Esto es verdad concerniente al pecado. No hay cristiano, ya sea líder, un nuevo o antiguo creyente, sea que ore o ayune todos los días, que conozca su Biblia de memoria, no existe cristiano, que no peque. Todos en algún momento cometeremos algún pecado y tendremos que ser juzgados. Unas veces nos juzgarán nuestros hijos, otras veces los padres, a veces los cónyuges, otras los líderes de la congregación, el gerente de la empresa o el juez de una nación. Todos seremos medidos y vamos a medir a los demás. Todos en algún momento pecaremos y todos en algún momento necesitaremos ser exhortados, amados, orientados y restaurados.

Los líderes y todas las personas que fallan debemos recordar que con la misma vara que medimos, seremos medidos. Los líderes maduros que escribimos este tipo de libro no lo hacemos con el orgullo que nos lleva a decir que nunca hemos pecado, ni asumiendo que nunca pecaremos. Establecemos procedimientos bíblicos que deben ser los mismos con los que nosotros debemos ser juzgados, si en algún momento caemos en los pecados que hemos condenado.

Cada vez que comento, revelo o enseño, exhibo los parámetros que descubro en la revelación divina de la voluntad de nuestro Señor, sé que estoy estableciendo principios, verdades, leyes que serán las mismas que deben ser utilizadas para juzgarme. Yo no quiero caer en adulterio y lucharé por no caer. Pero si por descuido, y por dejarme guiar por mis pasiones caigo, prefiero ser juzgado y restaurado por los parámetros bíblicos que he enseñado. No quiero ser condenado ni destruido por quienes no conocen los procedimientos bíblicos de restauración. No deseo ser apoyado ciegamente por quienes me estiman y quieren perdonarme todo sin un procedimiento, pues no tienen parámetros bíblicos para proceder.

Los líderes maduros debemos recordar que la Biblia nos enseña que no debemos juzgar para no ser juzgados. Esto de ninguna manera significa que no debo evaluar, investigar y aun condenar las acciones pecaminosas de otros creyentes o de mis líderes, o de otros dirigentes. Tenemos el deber de condenar el pecado y amar al pecador, tenemos el deber de condenar el adulterio de otro y de nosotros mismos, y amar al adúltero.

Si un cristiano mintió, debo juzgar la acción y condenarla, pero lo que ese pasaje bíblico enseña es que no debo juzgar las motivaciones de esa persona. No conozco las motivaciones, no conozco las intenciones, no conozco las razones y por ello no debo juzgarlas. No sé por qué alguien no me saludó, pero el hecho es que no me saludó y tengo que juzgar que no me saludó. No debo juzgar que lo hizo porque le caigo mal, porque me odia o porque le desagrada mi nacionalidad. Sólo debo entender que no me saludó y si quiero saber la razón debo preguntarla. No sé por qué alguien mintió y no debo juzgar su acción y confrontarla, pero no debo determinar cuál es su motivación ni imaginarla.

Los líderes maduros no tememos ser juzgados. Ningún siervo de Dios debe ser maltratado, insultado, agredido, calumniado, amenazado ni condenado. Dios juzgará duramente a quienes levanten falsos testimonios y maltraten injustamente a sus siervos. Pero eso no significa que cuando peco no tengo que ser juzgado por los individuos, mi esposa, mis hijos, mis amigos, mi congregación, mi audiencia y aun por las leyes. Nadie debe juzgar mis motivaciones, pero sí mis acciones y nadie debe medirme con la vara de sus opiniones, gustos, imaginación o ideas, sino con la vara que yo estoy juzgando a los demás, que son los principios y valores divinos.

Sea un cristiano espiritual, restaure

Ningún cristiano debe pensar que es independiente, que no necesita la ayuda de otro, que cuando falla no necesita ser orientado, exhortado ni restaurado y que cuando otro falla su ministerio es la condenación de la persona que ha fallado. Esas no son conductas cristianas.

No confunda la disciplina con el castigo ni la disciplina con la restauración. El castigo es la actitud punitiva mientras que la disciplina es el proceso por medio del cual llevamos a la persona para que alcance la meta, que es su restauración.

Observe lo que dice Pablo en su consejo a la congregación en Galacia:

> *Hermanos, si alguno fuere sorprendido en alguna falta, vosotros que sois espirituales, restauradle con espíritu de mansedumbre, considerándote a ti mismo, no sea que tú también seas tentado. Sobrellevad los unos las cargas de los otros, y cumplid así la ley de Cristo.*
>
> —Gálatas 6.1-2

Cuando el apóstol se refiere a restaurar a quien ha pecado usa una palabra que en el griego secular significaba corregir o reparar huesos rotos. Restaurar, en el Nuevo Testamento se emplea para describir la reparación de las redes rotas (Mateo 4.21; Marcos 1.19) o para perfeccionar el carácter humano (2 Corintios 13.11). La palabra entonces significa traer a alguien o algo de regreso a su integridad o salud.

La restauración es seguir un proceso bíblico y con una actitud positiva para que la persona vuelva a tener una comunión saludable con Dios, con los afectados y con la congregación.

Restaurar es recuperar o recobrar algo. Es reparar la integridad o volver a poner a la persona en el estado de estimación que antes tenía. Es recobrarse del deterioro moral que la persona ha sufrido. Por el pecado, la persona dejó de ser íntegra. El perdón recibido de parte de Dios, de su familia y de la iglesia, debido a su arrepentimiento, restitución y cambio de vida, le permite volver a ser una persona íntegra.

La caída de una persona en el pecado revela su participación con la carnalidad. Los creyentes descritos como espirituales no son los que más cantan en la congregación, ni los que son activistas religiosos o los que más oran. En Gálatas 5.25, Pablo dice:

Si vivimos por el Espíritu, andemos también por el Espíritu.

Su amonestación es para que los creyentes que hayan sido transformados y en los que el Espíritu de Dios more, se dejen guiar por el Espíritu. En vez de obedecer a sus pasiones, deben obedecer al Espíritu de Dios y a sus indicaciones. Él nunca nos guiará ni motivará al pecado; por lo tanto, cada llamado o instigación al pecado proviene de nuestra carne.

El cristiano maduro que camina en el Espíritu ha decidido vivir una vida de obediencia y en el momento lo está haciendo. No podemos decir que para ser espirituales debemos obedecer siempre y en toda circunstancia. Actuamos como carnales cuando obedecemos a nuestra carne. Hay personas que aun siendo cristianos, por su inmadurez, por su falta de sabiduría, por su rechazo a participar de los medios de gracia, por su rebelión, tienen una vida caracterizada por satisfacer, actuar y reaccionar siguiendo los dictados de sus pasiones. Hay quienes viven pecando y de vez en cuando viven en santidad. Y hay quienes viven en santidad y de vez en cuando pecan. El cristiano que actúa como espiritual lucha por no pecar y a veces peca, pero el que es dominado por su viejo hombre, por su naturaleza pecaminosa, peca y lucha por volver a la comunión.

Cuando un cristiano que lucha diariamente por vivir en santidad, es maduro, ama a Dios y a sus hermanos, descubre a otro creyente en pecado, tiene la obligación de actuar bíblicamente. Nuestra obligación es la restauración del individuo.

Pablo no describe a una persona que anda buscando el pecado sino uno que es atrapado por el pecado. Cada vez que un creyente cae en un pecado, debe tener respuesta. Los sermones y los estudios bíblicos deben brindar respuesta a los creyentes para que sepan cómo lidiar con sus caídas en pecado. Ese es uno de nuestros papeles como líderes del cristianismo. La personas que son atrapadas por dependencias, que tienen problemas con su sexualidad, que pecan con sus relaciones conyugales, que pecan al no disciplinar sino más bien abusan de sus hijos, que están atrapados en la pornografía, que tienen tendencia a la mentira, todos esos casos demandan una respuesta y nosotros debemos darla. Nuestra respuesta nunca debe ser la sola condenación del pecado, sino entregar el conocimiento y guiar a la persona para que sepa cómo abandonarlo.

La intención, la meta, el propósito de todo proceso disciplinario debe ser restaurar al que peca. La forma como debemos actuar en este proceso es con un espíritu de mansedumbre. Este es fruto del Espíritu, como dice Pablo en Gálatas 5.22-23:

> *Mas el fruto del Espíritu es amor, gozo, paz, paciencia, benignidad, bondad, fe, mansedumbre, templanza; contra tales cosas no hay ley.*

Es el Espíritu el que produce estos rasgos de carácter que deben ser desarrollados por todos los creyentes. Ellos se encuentran en la naturaleza de Cristo y son el producto de la unión con Él, que ocurre cuando nos salva. Estos no son frutos que podamos producir ni que se desarrollan automáticamente en nuestra vida. Los que somos hijos de Dios —y que luchamos por vivir imitando a Cristo y sometidos a su Palabra— cuando sorprendemos a otro hijo de Dios en pecado, tenemos el deber de restaurarle con un espíritu de sumisión a Dios, a su Palabra y con respeto por la dignidad de la persona.

Debido a que estamos caminando en la verdad, tenemos el poder para ayudar, exhortar y restaurar, pero ese poder está bajo control y no se usa para el mal. La mansedumbre es poder bajo control. Los que condenan, los que atacan, los que destruyen con sus comentarios, los que actúan como fariseos apedreadores, no solo no tienen el poder bajo control, sino que además son inmaduros, incapaces de actuar bíblicamente y no tienen conciencia de que en cualquier momento ellos caerán y serán juzgados con la misma terrible vara que han utilizado. Eso es precisamente lo que agrega Pablo: «Hermanos, si alguno fuere sorprendido en alguna falta, vosotros que sois espirituales, restauradle con espíritu de mansedumbre, **considerándote a ti mismo, no sea que tú también seas tentado**» (Gálatas 6.1, énfasis añadido).

Al entrar en el proceso de disciplina y restauración debemos tener plena conciencia de que estamos sentando un precedente, formas, reglas, sistemas y actitudes que serán también aplicadas a nosotros cuando caigamos.

Pasos para la restauración

El primer paso en este proceso hacia su restauración lo da el individuo que ha pecado. Es quien falló el que después de ser exhortado debe decidir qué va a hacer como respuesta a su pecado. ¿Se rebelará, manipulará, se humillará, se justificará o se arrepentirá? No se puede iniciar ningún proceso de restauración sin un sincero arrepentimiento. Sin arrepentimiento genuino y sin condiciones, no se puede iniciar el proceso hacia la restauración aunque el cónyuge, la familia, la congregación y los líderes lo deseen.

He aquí algunos principios que sirven para guiar el proceso hacia la restauración.

Arrepentimiento genuino e incondicional

Para iniciar el proceso de restauración, el pecador debe comunicar su arrepentimiento genuino y sin ninguna condición.

Todos estaremos de acuerdo que se puede fingir el arrepentimiento. Los líderes de la congregación, la familia, las personas ofendidas y el cónyuge fiel no pueden creer solo las palabras de quien dice haberse arrepentido. Las palabras pueden convencer y el papel aguanta todo. Esas palabras deben estar confirmadas con las acciones. Sin embargo, eso no es todo. Una persona puede decir que está arrepentida, puede actuar como si lo estuviera, pero a esos dos elementos debe agregarse la buena actitud. La actitud de dolor y la humillación. La aceptación sin defensas de la exhortación del cónyuge. Las condiciones bíblicas que este ponga para reanudar la relación conyugal. Debe existir una actitud de humildad de la disciplina de la iglesia.

Evaluar el arrepentimiento es importante pues la persona puede sentir remordimiento por lo que hizo y terrible dolor por haber sido descubierto, pero puede que no exista arrepentimiento genuino e incondicional. Para que este exista, debe ocurrir lo siguiente.

Un encuentro difícil entre personas honestas

Para que la confrontación entre dos cónyuges entre los que ha existido infidelidad debe haber completa receptividad y honestidad. Tanto el cónyuge fiel como el infiel deben actuar con sinceridad al reconocer su pecado y al admitir su dolor por el pecado cometido.

Para que el arrepentimiento sea genuino, el cónyuge infiel tiene que sentir dolor por el daño causado, debe confesar sinceramente por las faltas cometidas y debe exhibir un cambio en las actitudes erróneas.

Por supuesto que podemos ser engañados pues los seres humanos tenemos la capacidad de fingir emociones y decir palabras que no revelan nuestra verdad. Sin embargo, como consejero no tengo manera de detectar lo genuino de las palabras, actitudes o comportamiento de las personas. Si son genuinos, se revelará en el futuro, si están engañando, lo identificaremos más adelante y en ese momento lidiaremos con la realidad.

El cónyuge fiel debe ser franco y honesto consigo mismo y con su cónyuge. Si el cónyuge fiel permitió el abuso o la manipulación, y si confundió la sumisión con silencio y falta de exhortación, debe recordar que cometió un serio error. Debe recordar que no dijo la verdad en amor. Que no demostró su amor a través de la disciplina. Ahora, debe cambiar. No solo se exige la honestidad del cónyuge que falló, sino también la respuesta bíblica, honesta y sincera del cónyuge inocente del acto de adulterio.

El cónyuge fiel debe hablar con valor y expresar su dolor, confusión, frustración y dudas con honestidad. De ninguna manera debe minimizar el pecado cometido o las consecuencias que experimenta, especialmente si antes guardó un silencio perjudicial que no comunicó los problemas que experimentaban.

En la Biblia encontramos un excelente ejemplo de esto en José. No existe duda de que él perdonó a sus hermanos; sin embargo, no evitó decirles la verdad de lo que sentía:

> *Vosotros pensasteis mal contra mí, mas Dios lo encaminó a bien, para hacer lo que vemos hoy, para mantener en vida a mucho pueblo.*
>
> —GÉNESIS 50.20

José no eximió de responsabilidad a sus hermanos. No excusó el comportamiento pecaminoso que tuvieron. Más bien descubrió sus intenciones malignas, les mostró que habían actuado mal, pero que fue Dios quien permitió el bien a pesar del mal que ellos hicieron. José no escondió su dolor.

La historia de José es una de abandono y traición que tiene elementos como los que existen en la infidelidad conyugal. José perdonó a sus hermanos, pero no los recibió inmediatamente con los brazos abiertos. Buscó formas de poner la presión necesaria para que comprendieran la gravedad de sus acciones y el daño que habían causado, así como el peligro en que se encontraban al ser descubiertos. Tampoco un cónyuge debe recibir con los brazos abiertos y evitando toda confrontación al que le traicionó. Más bien debe tener acciones, palabras y actitudes que motiven a la contrición.

Pablo fue duro con los corintios, pues aunque su intención no era herirles, tampoco quería evitarles el dolor por lo inapropiado de sus actitudes.

José buscó una evidencia de que sus hermanos estaban arrepentidos, por lo que estaba escuchando sus conversaciones. Cuando ellos comenzaron a hablar en hebreo el sintió que ellos decían la verdad y se sintió conmovido:

> *Y decían el uno al otro: Verdaderamente hemos pecado contra nuestro hermano, pues vimos la angustia de su alma cuando nos*

> *rogaba, y no le escuchamos; por eso ha venido sobre nosotros esta angustia. Entonces Rubén les respondió, diciendo: ¿No os hablé yo y dije: No pequéis contra el joven, y no escuchasteis? He aquí también se nos demanda su sangre. Pero ellos no sabían que los entendía José, porque había intérprete entre ellos. Y se apartó José de ellos, y lloró; después volvió a ellos, y les habló, y tomó de entre ellos a Simeón, y lo aprisionó a vista de ellos.*
>
> —Génesis 42.21-24

Finalmente los confrontó en forma directa y expresó su dolor sin temor frente a quienes le habían tratado tan mal y lo habían despreciado.

> *No podía José contenerse delante de todos los que estaban al lado suyo, y clamó: Haced salir de mi presencia a todos. Y no quedó nadie con él, al darse a conocer José a sus hermanos. Entonces se dio a llorar a gritos; y oyeron los egipcios, y oyó también la casa de Faraón. Y dijo a sus hermanos: Yo soy José; ¿Vive aún mi padre? Y sus hermanos no pudieron responderle, porque estaban turbados delante de él.*
>
> —Génesis 45.1-3

José permitió y provocó que sus hermanos sintieran el dolor por sus acciones, y todos esos pasos los dio con temor a Dios y con gran sabiduría. Cada uno de sus movimientos y sus palabras eran bien filtrados y aun las acciones de sus hermanos eran bien evaluadas y supervisadas. José les hizo notar el mal que hicieron, les hizo conocer sus sentimientos con profundo dolor, les dio órdenes que debían cumplir para restaurar la relación, evaluó si eran sinceros, los puso a prueba para juzgar su honestidad, los perdonó con todo su corazón y los restauró con mucha prudencia y sabiduría.

El cónyuge fiel debe actuar de la misma manera. Aunque debe aceptar el arrepentimiento como genuino y creer en la sinceridad del cónyuge que falló, también debe expresar su dolor y su frustración, la humillación y las pérdidas que él o ella, la familia, la iglesia y el cónyuge infiel han tenido como resultado de su pecado.

En un caso de adulterio hay pérdida de respeto por parte del que pecó, pérdida del respeto que experimenta el cónyuge inocente como producto del engaño y el rechazo recibido. El cónyuge infiel sufre la pérdida grave de su testimonio con la familia. Los hijos experimentarán la lógica decepción y el cónyuge fiel también. Existirá el inevitable rompimiento de la confianza que demanda tiempo, paciencia y esfuerzo de ambas partes para que sea restaurada.

Cómo identificar el arrepentimiento genuino

Muchas personas que han sido sorprendidas en actos de adulterio no necesariamente sufren dolor por el acto pecaminoso, sino más bien por haber sido sorprendidas. Esto puede llevar al adúltero a sentir un simple remordimiento, pero no experimenta todavía un sincero arrepentimiento. El remordimiento es la inquietud, el desasosiego interior que vive quien hizo algo incorrecto. El arrepentimiento no solo incluye el dolor sino la determinación a cambiar el comportamiento erróneo y a restaurar la relación para que sea saludable.

Los siguientes principios guiarán a las personas a determinar si el proceso de arrepentimiento va por los caminos bíblicos adecuados. Este proceso no certifica que la persona esté genuina y verdaderamente arrepentida, pues puede dar todos los pasos en forma hipócrita, pero por lo menos comprueban que se siguió el procedimiento adecuado. Si es genuino o no, el tiempo lo dirá.

El reconocimiento personal o el descubrimiento del cónyuge de la relación pecaminosa permite la confrontación que obliga a la persona a una definición.

En pocas ocasiones los seres humanos estamos dispuestos a admitir nuestro pecado, aunque nadie nos haya descubierto. La parábola del hijo pródigo nos muestra que este primer paso es esencial y que en medio de las circunstancias difíciles que vivía y, sin duda, la amonestación divina que recibía, no tuvo otro camino que reconocer su situación.

Cuando eso ocurre, casi siempre preferimos callar y algunos logran lidiar efectivamente con su pecado y realizar cambios serios después de su sincero arrepentimiento. Las conversaciones, las exhortaciones de amigos, las predicaciones en la congregación, el estudio de la Biblia, una experiencia dolorosa y otras circunstancias unidas al trabajo del Espíritu de Dios, preparan el ambiente propicio para que alguien que oculta un pecado se arrepienta y haga un cambio serio y radical.

Otras personas, además de todo lo anterior, necesitan la ayuda de un consejero que les guíe para tratar con su imposibilidad de abandonar su pecado, o la inhabilidad para sanar sus heridas y abandonar la culpa. Con la ayuda de un consejero bíblico y profesional puede identificar cuando la culpa proviene del Espíritu Santo que nos mueve al arrepentimiento y cuando la persona simplemente no puede perdonarse o está muy sensible a las acusaciones satánicas que quieren mantenerle esclavo de las culpas. También el consejero le ayudará a determinar cuándo es saludable confesarle a su cónyuge algún pecado y cuándo debido a situaciones y circunstancias, así como enfermedades del cónyuge, no es prudente hacerlo. Nadie puede iniciar un proceso si no reconoce que está pecando y que debe cambiar.

Aquellos que están en adulterio casi siempre son sorprendidos y nunca confesarían si no fueran descubiertos. Cuando eso ocurre la persona está obligada a definir lo que quiere. ¿Desea arrepentirse y cambiar o no está seguro de lo que quiere? ¿Desea abandonar a su amante o a su cónyuge? ¿Desea que le dejen solo o sola, desea ayuda profesional? ¿Está dispuesto a lidiar con el asunto ahora o quiere postergar su confrontación? Independientemente de la decisión del cónyuge sorprendido, el cónyuge fiel debe buscar la orientación bíblica y sabia para iniciar de inmediato el proceso de confrontación del problema pues nunca debe quedar a expensas de los pasos, decisiones, acciones o impavidez de la otra persona.

Es esencial que los cónyuges entiendan, en especial la parte que quiere arreglar la situación, sin la cual no es posible hacerlo. Cometen un serio error que imposibilita la solución bíblica, los cónyuges que permiten lo que generalmente quiere el cónyuge en adulterio, es decir, que traten el asunto ellos dos solos, o que una vez confesado el pecado todo quede arreglado.

Ni el cónyuge fiel ni mucho menos el infiel deben convertirse en víctima, victimario, abogado defensor, abogado acusador, jurado ni juez.

Como consejero tengo que creer que el matrimonio tenía problemas conyugales y uno o ambos, problemas personales que condujeron a la vida pecaminosa; por lo tanto, también debo asumir que no tienen la capacidad para enfrentar su problema con sabiduría.

Cuando caemos en adulterio no pecamos por sabios, amorosos y obedientes, sino por nuestra actitud necia y rebelde, además de desobedientes. Ese tipo de persona, a pesar de las buenas intenciones, está incapacitada para arreglar los problemas generados por el domino de las pasiones. Ni el cónyuge fiel ni mucho menos el infiel deben convertirse en víctima, victimario, abogado defensor, abogado acusador, jurado ni juez. Ellos son partes interesadas que difícilmente serán imparciales ni tendrán la sabiduría ni la actitud apropiadas.

Reconocimiento franco y con dolor

El reconocimiento del pecado debe hacerse con franqueza, desguarnecidamente y con dolor. Esa es la única manera de seguir con el procedimiento que llevará al sincero arrepentimiento del pecador.

La persona sorprendida en el pecado no siempre siente dolor. A veces puede sentir angustia, susto, quiere evitar más problemas, puede experimentar confusión y aun temor, pero no siempre experimenta dolor. No obstante, sentir dolor por haber fallado, sentir dolor por haberse dejado guiar por las pasiones y sentir dolor por haber engañado, mentido, humillado, rechazado, despreciado y avergonzado al cónyuge que debía amar y respetar es esencial para que el arrepentimiento siga su debido curso.

Pablo demuestra que no le pesaba haber contristado a los corintios. Él sabía que una exhortación franca y directa provocaría dolor temporal en el pecador que se arrepiente, pero sabía que todo eso era necesario:

> *Porque aunque os contristé con la carta, no me pesa, aunque entonces lo lamenté; porque veo que aquella carta, aunque por algún tiempo, os contristó.*
>
> —2 Corintios 7.8

Pablo reconoce que existe una tristeza que es necesaria en el proceso de arrepentimiento. Note lo que dice:

> *Porque la tristeza que es según Dios produce arrepentimiento para salvación, de que no hay de que arrepentirse; pero la tristeza del mundo produce muerte.*
>
> —2 Corintios 7.10

Podemos definir el arrepentimiento, según Dios, como aquel dolor profundo por haberle ofendido a Él y a los seres queridos. El arrepentimiento según el mundo es dolor por lo triste de la experiencia que estamos viviendo y por las consecuencias que la persona va a recibir, pero no necesariamente por haber ofendido al Señor que nos ama y a los seres queridos que decimos amar.

En el primer arrepentimiento hay un enfoque no egoísta que genera dolor por haber causado sufrimiento. En el segundo hay un enfoque egoísta.

Es dolor por el padecimiento que la misma persona experimenta y por lo que pierde al haber sido descubierto. El arrepentimiento que no es según Dios es el resultado de la autocompasión más que de la compasión y empatía con los seres queridos y por la ofensa a Dios. La persona, a pesar de haber sido sorprendida, todavía sigue su enfoque en sí mismo, en sus anhelos y sus emociones. Es decir, mantiene el mismo enfoque de satisfacción personal que le llevó al pecado.

Si no hay dolor profundo por el daño causado a todas las personas ante quienes es responsable o con quien tiene una relación cercana la persona infiel, no existe una aceptación genuina de su responsabilidad. Es muy importante que las personas que han sido afectadas, especialmente el cónyuge, vean al arrepentido en su dolor. Cuando se encuentre con su cónyuge y al conversar con él o con ella, sentirá dolor por haber fallado, herido y creado una situación angustiosa en la vida de esa persona.

Si antes, debido a la lejanía que experimentaba la relación, no existían expresiones emocionales y de cariño, ahora poco a poco el cónyuge arrepentido debe ir mostrándolas y deben aprender a compartir sus emociones. Especialmente el cónyuge arrepentido debe trabajar con determinación y congruencia para que se vaya dando un vínculo emocional más profundo. Debe luchar para que exista una cercanía y unión hermosa que produzca un fuerte y nuevo vínculo conyugal que le permita estar más preparado para evitar otra relación extramarital.

Cuando hay lamento intermitente; es decir, cuando en ocasiones el cónyuge infiel siente el dolor y vuelve a llorar, está mostrando una expresión de su arrepentimiento. Si la persona no siente nunca dolor ni deseos de llorar, posiblemente no haya entendido el dolor que causó. La persona debe sentir dolor y debe buscar la forma de expresarlo. El pecado de adulterio daña a quien lo comete, con quien se comete y al cónyuge fiel. Observe lo que dice el apóstol Pablo:

> *Huid de la fornicación. Cualquier otro pecado que el hombre cometa, está fuera del cuerpo; mas el que fornica, contra su propio cuerpo peca. ¿O ignoráis que vuestro cuerpo es templo del Espíritu Santo, el cual está en vosotros, el cual tenéis de Dios, y que no sois vuestros?*
>
> —1 Corintios 6.18-19

La orden es que huyamos de toda relación pecaminosa porque nuestra participación errónea nos afecta seriamente. La parábola del hijo pródigo nos muestra a un joven arrepentido y que estuvo dispuesto a reconocer su situación, pero también concreta una admisión de su pecado sin ninguna racionalización, sin palabra de justificación y con dolor por los pecados cometidos. Simplemente dice: «He pecado contra Dios y contra mi padre, fui un hijo rebelde y no merezco ser tratado como hijo». Note lo que dice Lucas 15.13-16:

> *No muchos días después, juntándolo todo el hijo menor, se fue lejos a una provincia apartada; y allí desperdició sus bienes viviendo perdidamente. Y cuando todo lo hubo malgastado, vino una gran hambre en aquella provincia, y comenzó a faltarle. Y fue y se arrimó a uno de los ciudadanos de aquella tierra, el cual le envió a su hacienda para que apacentase cerdos. Y deseaba llenar su vientre de las algarrobas que comían los cerdos, pero nadie le daba.*

Las circunstancias difíciles, las diferencias entre su nueva realidad y la realidad de su familia, la angustia por vivir las consecuencias y sin duda la acción divina provocaron un dolor no soportable. El hijo pródigo fue movido al arrepentimiento al reconocer el dolor que había provocado a sus seres queridos y no solo por el que sentía.

Si no hay dolor profundo por el daño causado a todas las personas o no tiene el deseo de sanar las heridas y desarrollar una relación cercana con la persona fiel, no existe la aceptación genuina de su responsabilidad. El cónyuge arrepentido debe trabajar con determinación y coherencia para desarrollar un vínculo emocional muy profundo, y desarrollar un nuevo y fuerte nexo conyugal que le permita estar más preparado para evitar otra relación extramarital.

Confesión sin racionalización

El siguiente principio que revela otro paso del proceso de arrepentimiento es este: El pecador arrepentido debe concretar una confesión sin ningún tipo de racionalización. Aunque para cometer pecados exista alguna razón, delante de Dios nunca existe justificación.

La racionalización consiste en reflexionar, aplicar la inteligencia y descubrir las mejores razones y los argumentos para justificar un comportamiento erróneo o disminuir su impacto. Para que el arrepentimiento tenga otra característica que demuestre que es genuino, no debe existir ningún «pero» en el reconocimiento.

Debido a que no existe ninguna justificación para el pecado, el que desea arrepentirse no debe defenderse. Nunca se le debe permitir que diga: «Yo adulteré, pero es que mi esposa no quería tener relaciones sexuales conmigo». «Yo pequé, pero teníamos problemas hace mucho tiempo».

El mejor ejemplo de confesión sin racionalización lo encontramos en la parábola del hijo pródigo. No existe palabra que racionalice, el relato simplemente dice:

> *Y volviendo en sí, dijo: ¡Cuántos jornaleros en casa de mi padre tienen abundancia de pan, y yo aquí perezco de hambre! Me levantaré e iré a mi padre, y le diré: Padre, he pecado contra el cielo y contra ti. Ya no soy digno de ser llamado tu hijo; hazme como a uno de tus jornaleros.*
>
> —Lucas 15.17

El reconocimiento es franco, su admisión es sincera, no existe palabra de racionalización, no busca culpas en su padre, no condena, no ataca, no se justifica y sus expresiones con dolor son sinceras, sencillas y directas. Parece que escucháramos al hijo pródigo decir: «Le he fallado a Dios y a mi familia. Soy culpable, lo admito y no tengo excusas». No existe intento de justificación, no hay intento de racionalizar, de buscar razones para justificar su rebeldía.

La confesión franca y la decisión de decir la verdad son muestras de que el pecador está comprometido a seguir el proceso con honestidad.

En el sabio proceso de arrepentimiento no existe espacio para la hipocresía. Es esencial confesar la verdad aunque sin entrar en exagerados detalles. Cuando se realiza la confesión, no debe hacerse de cualquier manera, debe ser con honestidad y tacto. Honestidad significa que el pecador no está dispuesto a engañar por lucir bien. Tacto significa que tratamos con sumo cuidado a la persona, que respetemos su forma de ser así como también los comentarios que formula. Tacto implicar responder con respeto y afirmar que es mejor definirse sobre las situaciones y no tratar de lidiar con los problemas del futuro. También significa que tenemos tino, destreza para ayudar con sus problemas. Actuar bíblicamente nos permite tomar una decisión sabia. La parábola del hijo pródigo nos muestra que este primer paso es esencial. En medio de las circunstancias difíciles que vivía y, sin duda, la amonestación divina que recibía, no tuvo otro camino que reconocer su situación.

Debe hacerse delante de Dios y de todas las personas ante quien el cónyuge infiel es responsable por su calidad moral. En mi concepto, el hijo pródigo no solo estaba admitiendo un error ni solamente aceptando haber tomado una decisión poco sabia. Estaba reconociendo que hubo pecado contra Dios y su familia. Se dio cuenta de cuán mal agradecido había sido con el padre que Dios le había dado y como él, por su propia voluntad, había traicionado y abandonado su hogar. Así que simplemente dice: «He pecado contra Dios y contra mi padre, y merezco las consecuencias». No hay gota de racionalización en esas palabras sinceras.

Cambio de actitud sistemática

> ***El arrepentimiento genuino implica un cambio de actitud radical. Debido a que la actitud no es una emoción sino una elección, el cambio del pecador incluye adquirir conocimiento, realizar una planificación y actuar diaria y coherentemente con determinación.***

El hijo pródigo, después del dolor experimentado decidió volver a su hogar, enfrentar su situación independientemente de las consecuencias que recibiría y, además, cambiar totalmente su actitud. El relato de su proceso nos indica que cuando comenzó a experimentar el dolor de haber herido a su padre, el dolor de haber actuado en rebeldía, el dolor por haber rechazado la autoridad paternal, entonces tuvo un despertamiento y experimentó el deseo de cambiar. Observe su actitud:

> *Me levantaré e iré a mi padre, y le diré: Padre, he pecado contra el cielo y contra ti. Ya no soy digno de ser llamado tu hijo; hazme como a uno de tus jornaleros... Y el hijo le dijo: Padre, he pecado contra el cielo y contra ti, y ya no soy digno de ser llamado tu hijo.*
>
> —Lucas 15.18-19, 21

La expresión «volviendo en sí» (v. 17) indica que despertó de su etapa de rebeldía, dejó de ser dominado por sus pasiones y comenzó a pensar en el daño que había hecho, sintió dolor por las personas ofendidas y decidió cambiar drásticamente de actitud. Determinó que cambiaría su rebeldía por sumisión.

Su orgullo por humildad. Su rechazo y abandono lo convertiría en aceptación y servicio. Por eso dijo: «Quiero volver a una relación íntegra con mi Dios y con mi familia». Definitivamente ese es un cambio motivado por las circunstancias y el Espíritu Santo, pero que tiene que escoger la persona. A la misma vez, experimenta dolor, no solo por la experiencia que vive y las consecuencias que tiene, sino por haber fallado a quienes no merecían esa traición.

Las palabras pueden comunicar nuestro arrepentimiento, las acciones pueden mostrar el cambio, pero son las actitudes las que determinan la humillación de la persona. Un individuo puede decir que está arrepentido, pero seguir pecando. Una persona adúltera puede decir que está arrepentida porque la sorprendieron, pero emocionalmente no tiene dolor por el daño causado a su cónyuge y familia y todavía puede seguir vinculado emocionalmente a su amante, puede seguir mandando mensajes de texto, haciendo llamadas telefónicas, puede seguir en comunicación con la otra persona.

La persona que cometió adulterio, y todavía no está arrepentida, puede actuar como si lo estuviera, pero en el corazón y en la mente puede saber que es solo un engaño o manipulación para pasar la dificultad en que se metió. La tristeza que es del mundo, como dice Pablo, puede movernos a cambiar nuestras palabras y acciones, pero solo la tristeza que es según Dios puede cambiar la actitud de orgullo y egoísmo con que ha actuado la persona.

Tristemente, ni los consejeros ni el cónyuge inocente pueden conocer la verdad. No podemos detectar la sinceridad de inmediato, ni podemos forzarla, pero con el paso del tiempo y mediante la observación de las actitudes de la persona, vemos si confiesa su arrepentimiento. La evaluación permanente de su conducta es necesaria y si aún existen serias sospechas de que no ha terminado su relación y está manipulando, mediante la investigación se puede determinar si es sincera o engaña.

La actitud no es una emoción que sentimos sino un cambio que escogemos. Pablo les ordena a los filipenses que tengan la misma actitud de Cristo. Que elijan esta actitud de humillación. Cristo decidió humillarse sin aferrarse a su condición de Dios. Decidió rebajarse a la condición de mayor desprecio en la humanidad. Así el que se arrepiente verdaderamente y deja de enfocarse en la satisfacción de sus deseos y pasiones a pesar del dolor y perjuicio que causa a los demás, va a enfocarse en el bienestar de los demás por encima de sus propios intereses.

El cambio de actitud se ve en que quien antes no dio cuenta de sus actos y engañó a su cónyuge, ahora debe someterse a este con humildad. Antes no tomó en cuenta los sentimientos de su cónyuge, ahora tiene que mostrar empatía. Antes no fue honesto ni sincero con su cónyuge, ahora no debe ocultarle nada. Antes estaba destruyendo la confianza, ahora tiene que restablecerla. El cambio de actitud se nota en que la persona que antes luchó y planificó todo para llevar una vida oculta, ahora no tiene problemas para ser investigado.

No se ha arrepentido el que dice: «Ya te confesé, deja de investigarme». No se ha arrepentido quien molesto cuando le hacen preguntas por sus nuevos retrasos responde: «Ya deja de investigar mi vida, ya te confesé mi pecado, ¿qué más quieres que haga?» Quien está actuando con absoluta integridad, no debe temer que su cónyuge intente comprobar si está viviendo en la verdad. Quien está arrepentido y desea vivir correctamente, no debe tener ningún temor de ser investigado exhaustivamente.

El cambio de actitud indica que quien antes no quería revelar su intimidad y vivía una vida secreta, ahora está dispuesto aun a revelar su privacidad para ganarse el derecho de tener una vida privada, aunque no oculta. Quien cambia de actitud antes se molestaba o evitaba tener cercanía y ser responsable ante los líderes de su congregación, ahora anhela tener autoridad sobre su vida para ser responsable no solo ante su cónyuge sino también ante los líderes sabios que pueden ayudarle. Antes ocultó algunos actos, ahora debe dar cuenta ante las personas que le aman y desean su bien.

Arrepentimiento sin condiciones

Quien cometió adulterio y está sinceramente arrepentido y ha cambiado de actitud, no se dejará llevar por sus emociones y se someterá a su cónyuge y a las autoridades eclesiásticas sin poner condiciones.

Es imposible que quien está arrepentido no experimente emociones, aunque no todas le hagan sentir bien. Seguramente en ciertas ocasiones el cónyuge inocente del adulterio se equivocará, se irá a los extremos o actuará inadecuadamente y allí quien confesó su pecado sentirá molestia y dolor. Esa persona se encontrará entre la espada y la pared. Se preguntará si no debe decir nada aunque la acción de su cónyuge sea injusta ya que creerá que no se está arrepintiendo, o muestra su enojo por la acción injusta de su cónyuge aunque esté de acuerdo con el proceso que se está llevando.

El cónyuge inocente no tiene derecho de pecar, maltratar ni humillar a su pareja solo porque pecó. Nadie tiene derecho a responder mal o pecaminosamente solo porque su cónyuge cometió un pecado. Pero tampoco el cónyuge que pecó tiene derecho a responder grosera, injusta o pecaminosamente al cónyuge que está respondiendo mal debido al pecado cometido. En este proceso de sanidad y restauración no deben permitirse actitudes erróneas ni acciones pecaminosas de ninguna persona. Cuando el cónyuge inocente o el que cometió pecado evalúa que existen excesos, maltratos, malas actitudes o palabras ofensivas, debe expresarlo y buscar la ayuda del consejero.

El arrepentimiento debe ser sin condición. Note las palabras del hijo pródigo:

> *Y el hijo le dijo: Padre, he pecado contra el cielo y contra ti,* ***y ya no soy digno de ser llamado tu hijo.*** *Pero el padre dijo a sus siervos: Sacad el mejor vestido, y vestidle; y poned un anillo en su mano, y calzado en sus pies. Y traed el becerro gordo y matadlo, y comamos y hagamos fiesta; porque este mi hijo muerto era, y ha revivido; se había perdido, y es hallado. Y comenzaron a regocijarse.*
>
> —LUCAS 15.21-24 (ÉNFASIS AÑADIDO)

El hijo pródigo no estableció ninguna condición para su regreso ni para relacionarse con su familia. Estaba convencido de que no merecía estar en la misma posición que antes. No tomó la determinación de ubicarse donde anhelaba o donde antes estuvo. Esperaba y creía que debía estar en una condición inferior y por ello estuvo dispuesto a partir de más abajo que como miembro de la familia. Solo quería estar cerca de su padre, aunque eso significara únicamente trabajar para él.

Aunque sí es esencial que existan condiciones para el inicio de la nueva relación, ningún cónyuge adúltero debe poner condiciones. Quien pecó no tiene el derecho de decir: «Me arrepiento, vuelvo a casa, creo que no debes controlarme, voy a vivir sin pecar pero no quiero preguntas, me declaro perdonado después de haberte confesado, creo que debes aceptarme en las mismas condiciones, creo que debes perdonarme porque eres más espiritual». Quien así actúa se convirtió en acusado, en abogado acusador, en abogado de la defensa, en su propio jurado y su juez.

El otro lado de la moneda es que el cónyuge herido, triste, inocente del pecado de adulterio —pero no perfecto ni inocente de otros pecados y conflictos— tampoco tiene la capacidad para establecer los procedimientos bíblicos adecuados que deben ser respetados tanto por quien cometió el pecado, como por todas las partes. Por esto es necesario buscar la ayuda de un consejero ya que un mal procedimiento, a pesar del sincero arrepentimiento, en vez de terminar en reconciliación puede producir más conflictos y no permitir la restauración.

El hijo pródigo no puso condiciones. Fue su padre quien le explicó en qué condiciones sería recibido. Él no esperaba nada ni podía exigir nada.

Quien ha pecado debe tener la misma actitud de humillación. No debe esperar nada ni exigir nada.

Ni el cónyuge adúltero ni el inocente de ese pecado deben convertirse en acusados, víctimas, abogados acusadores, abogados de la defensa, juez ni jurado. Generalmente deben buscar la ayuda de un consejero ya que un mal procedimiento, a pesar del sincero arrepentimiento, en vez de terminar en reconciliación puede producir más conflictos y no permitir la restauración.

Capítulo 11

LA FORMA CONSTRUCTIVA DE ENFRENTAR UNA EXPERIENCIA DESTRUCTIVA

Cuando el cónyuge que ha cometido terribles pecados, se arrepiente sinceramente y decide enfrentar el problema de manera sabia, y buscar la ayuda de quienes le guiarán bíblicamente, tiene toda la potencialidad para utilizar la experiencia dolorosa y destructiva, y convertir su relación conyugal en amorosa y constructiva.

Después de que se descubre un adulterio físico o emocional, la relación conyugal entra en crisis. No solo el cónyuge inocente de ese pecado sufre el dolor del rechazo y la decepción, sino también el que pecó, esté arrepentido o no, se encuentra en una seria crisis. En muchas ocasiones el más grave problema no es el adulterio, sino la incapacidad, la actitud errónea o el desconocimiento que tienen los cónyuges.

David tiene el nombre de uno de mis héroes. David lleva el nombre de un extraordinario joven pastor con grandes talentos. David fue un amoroso pastor que protegía a sus ovejas y luchaba por ellas, era un músico excepcional, un hombre popular y admirado por la gente. Se convirtió en un dirigente exitoso y respetado, pero tristemente cayó en adulterio.

La descripción del David bíblico que he realizado se asemeja mucho a la realidad del David de mi historia.

Después de una de mis conferencias a pastores en un país de América Latina, un joven pastor y su esposa me esperaron un largo rato y me pidieron tener una conversación privada. No tenía mucho tiempo pues debía almorzar e ir a mi siguiente compromiso, pero su angustia era tan evidente que pedí permiso al pastor para usar su oficina. Ellos no pararon de llorar por unos cinco minutos.

David se había convertido en un líder popular y había caído en una relación de adulterio. Era un ministro joven, de treinta y nueve años, que amaba a su esposa, a su ministerio y a su familia. Cometió un terrible pecado y estaba sinceramente arrepentido. El más grave problema no era el pecado sino que ya llevaban más de once meses de crisis y no tenían ni esperanza de terminarla. Debido a su inexperiencia como pastor no sabía qué pasos dar ni cómo lidiar con la situación de acuerdo a los preceptos bíblicos. Quería dar los pasos correctos, pero en ciertos momentos cometió lo que otros percibieron como errores, pero que no lo eran para él.

Su esposa quería confrontar el problema y ser dura con él, pero tampoco quería actuar sin gracia ni misericordia. Los líderes de la congregación estaban confundidos, no solo por la caída de su admirado dirigente, sino porque no sabían cuáles eran los pasos bíblicos que debían dar. Los padres de la chica con quien David adulteró intentaban responder bíblicamente a pesar del dolor por la situación, la decepción por la caída de su amigo y pastor, y la molestia, enojo, decepción y dolor por el envolvimiento pecaminoso de su hija. No sabían si marcharse de la congregación, qué hacer con su hija, ni cómo acercarse a la esposa del pastor y aun a su propio ministro.

David les había notificado a los líderes de su denominación y estos le pidieron que se apartara del pastorado por un tiempo y que se dedicara a restaurar su relación conyugal. Él no sabía qué hacer con su esposa para restaurar su relación. Ya llevaba cinco meses fuera del pastorado, sin saber si supervisar o no al anciano de la congregación que quedó encargado, que había sido elegido por sus años en aquella iglesia y su alto espíritu de servicio, pero que no tenía habilidades de predicador ni de pastor.

Los líderes de la denominación iban una vez al mes a predicar y a tener una reunión con la pareja. En resumen, todos tenían buenas intenciones, todos querían la restauración del pastor, todos querían que hubiera un proceso bíblico, pero nadie sabía cómo realizarlo. Y hay un detalle más, no solo curioso sino que demuestra las prioridades que tienen en algunas congregaciones.

Ayudé a aquellos jóvenes pastores mediante llamadas telefónicas, pero se hacía indispensable un proceso de asesoramiento sistemático y con todas las personas involucradas. Los pastores, los líderes de la congregación y los familiares me solicitaron que interviniera. Les presenté un plan de asesoramiento general y los costos de mi viaje internacional y, además, de mis honorarios por la semana de reuniones, sesiones y predicaciones que realizaría y que eran esenciales. La meta era restaurar al pastor, guiarles en su sanidad conyugal, orientar a los hijos, a los familiares de la chica, a la propia chica, a los líderes y a toda la congregación. Lo he hecho en otras oportunidades y siempre ha funcionado en forma extraordinaria.

Sin embargo, fue decepcionante que rechazaran la oferta de mis servicios porque requería una inversión que no estaban dispuestos a pagar. El pastor me había contado que la iglesia había crecido y, como buen músico, amaba la música e invitaban a conocidos artistas y pagaban costos muy elevados. No obstante, no estuvieron dispuestos a invertir en la sanidad de las personas y la congregación.

De alguna manera, el énfasis y las inversiones demostraron el orden de prioridades que tenían. Esa es una de las razones por la que existía tanta ignorancia, desde el liderazgo de la denominación, incluyendo el pastor, los líderes y los miembros. Nunca podemos arreglar una crisis sin tener el conocimiento bíblico para poder confrontarlo. Lamentablemente, existen líderes y organizaciones que no saben cómo confrontar situaciones ni se preparan para hacerlo.

Cuando un adulterio ocurre con un miembro de una congregación, el pastor tiene el deber de guiar a los cónyuges y la familia bíblicamente a través de todo el proceso para sanar la situación. Cuando el adulterio ha ocurrido en el liderazgo, cuando un pastor ha cometido el adulterio, los directivos de su organización deben tener la capacidad para dirigir todos los pasos en forma bíblica y profesional. Y cuando una congregación es independiente y los líderes no saben qué hacer ni cómo operar bíblicamente, deben buscar alguna organización, algún líder, que esté capacitado para conducirles a una restauración bíblica.

En un adulterio todas las personas involucradas sufren la crisis y el liderazgo debe ayudar a los que estén dispuestos a recibir la orientación bíblica y someterse a su liderazgo. No podemos ayudar ni orientar a quienes rechacen la asesoría y no debemos perder el tiempo tratando de hacerlo, pero debemos enfocarnos en todos los que anhelen la guía bíblica.

La crisis personal del cónyuge infiel

El cónyuge infiel no cayó súbitamente, nuestras caídas más graves son resultado de pasos que se han ido dando consciente o inconscientemente. Analicemos algunos de los pasos que da el cónyuge infiel.

No huye a tiempo de un proceso peligroso porque le agrada

Todos nos damos cuenta cuándo se inicia una relación que reviste peligro. Nos damos cuenta que existen circunstancias que permitirán encuentros, que nos agrada compartir con la persona y que existe alguna conexión mutua que puede ser inocente pero que tiene toda la potencialidad para seguir creciendo lentamente. Todos sabemos cuándo seguimos avanzando, cuánto nos agrada y la respuesta que tenemos. El mandato bíblico es huir de las pasiones, huir de las situaciones, encuentros y relaciones peligrosas, pero debido a que están involucradas nuestras pasiones, es muy difícil obedecer.

Por orgullo, se aprovecha de su situación o posición

David se aprovechó de ambas cosas. La situación era ideal. La mujer bañándose y él estimulado por verla desnuda. Su posición de rey lo ubicaba en un lugar privilegiado para aprovecharse de quien seguramente le admiraba. Nuestra posición, nuestra personalidad admirada, nuestros talentos y habilidades impresionan a las mujeres. Los hombres nos aprovechamos de nuestra posición, poder, popularidad y autoridad, eso que es admirado por las mujeres. Ellas se aprovechan de nosotros por la atracción física que consiguen. Ellas y nosotros nos damos cuenta, ambos somos culpables de seguir avanzando y de aprovecharnos de nuestra situación o posición.

El orgullo es nuestra tendencia a la exaltación. A hombres y mujeres nos encanta que nos alimenten el ego. Siempre habrá mujeres que admiren nuestro trabajo, nuestros dones. En los trabajos y ministerios siempre hay mujeres que estarán cerca de quienes ocupan posiciones de liderazgo y les admirarán. Somos seres humanos que anhelamos palabras de aprecio y halago. Mucho más cuando tenemos esposas que no estimulan ni aprecian el trabajo o más bien se convierten en constantes críticas de nuestra función pastoral. Algunas esposas de pastores actúan erróneamente y es posible que en algunas ocasiones tengan razón de estar molestas, pero no tienen razón para dejar que la relación se enferme pues agregan brazas al incendio que está quemando la relación conyugal.

El otro lado peligroso es la actitud de las mujeres. Ellas también necesitan cariño, aprecio, palabras de estímulo, y algunas de ellas no las tienen en su vida matrimonial. A la mujer le gusta escuchar palabras cariñosas y que exalten su belleza y cuando las recibe, es tan vulnerable como el hombre que es admirado por ellas.

Cuando un cónyuge cae en adulterio es porque ha vivido una etapa de enfoque en sus pasiones. Durante cierto periodo de su vida, vivió enfocándose en su satisfacción personal y alimentando su orgullo. No pensó en que en algún momento sería descubierto, confió en su habilidad para engañar y no pensó en los sentimientos de quienes sufrirían. No se enfocó en buscar el bienestar emocional y espiritual de los demás, sino en su propia satisfacción carnal.

Por satisfacción, rechazó a Dios y a sus valores

La persona se sentía satisfecha en el proceso de desarrollo del adulterio. Disfrutó del avance y eligió palabras, asumió actitudes y decidió ciertas acciones con el afán de conquista; hechos que estimularon a la otra persona, pero que rompieron sus convicciones y mostraron su rebelión contra Dios y su desprecio por la relación conyugal.

Hizo lo que pudo para satisfacer su pasión sin importarle el daño que causaría a su persona, a su relación con Dios, a la persona con quien pecó, a su familia y al testimonio de la iglesia. Ignoró a Dios, a su cónyuge y a la iglesia. Rechazó coherentemente los valores que aceptó y conocía, y se dejó llevar por la influencia de las emociones que sentía.

Durante la época de pecado y hasta el momento del arrepentimiento, la influencia emocional era más grande que cualquier otra. Por la acción del Espíritu Santo, por el dolor causado por la exhortación de los líderes y por la confrontación de su cónyuge, la persona fue motivada a no dejarse dominar por las emociones, aunque las continúe sintiendo.

Desarrolló una estrategia pecaminosa para lograr su objetivo

A estas alturas del proceso, todo acercamiento, acción y actitud es muy bien planificada. El cónyuge ha dedicado tiempo para desarrollar la relación. Se entregó voluntariamente a un proceso destructivo y a la otra persona, planificó cada paso, expresó sus sentimientos, se involucró física y emocionalmente, y luego desarrolló la relación oculta por cierto periodo de tiempo.

Por la gracia de Dios, se terminó su relación

Es verdad, digo por la gracia de Dios. Mientras la persona rechaza la gracia divina, mientras uno de los involucrados no se apropia de la gracia divina o mientras por gracia divina no es descubierto, la relación pecaminosa seguirá. Para que se logre confrontar la situación alguna de estas tres cosas debe ocurrir. El cónyuge infiel fue motivado por el Espíritu de Dios y decidió poner fin a su relación pecaminosa. Uno de los amantes fue tocado por el Espíritu de Dios y recibió la fortaleza, poder y sabiduría para terminar la relación, fijar fuertes límites y alejarse a pesar de sus sentimientos . O por la gracia de Dios la relación pecaminosa fue descubierta. Si el cónyuge decide arrepentirse y someterse a un proceso bíblico y profesional para confrontar su pecado hasta las últimas consecuencias, logrará la restauración de su vida y, en algunos casos, la de su relación conyugal y es probable que hasta la de su ministerio. Si el cónyuge decide no arrepentirse y alejarse sea que se vaya con su amante o no, o si decide rechazar todo proceso de ayuda y de confrontación sabia, no logrará su restauración ni debe ser considerado arrepentido.

Solo por la gracia y la misericordia de Dios podemos terminar la relación pecaminosa en que nos encontramos atrapados. A veces obedecemos al Espíritu Santo que nos convence de pecado y abandonamos la rebelión, a veces la otra persona ha sido redargüida y termina la relación, y otras veces somos descubiertos, por lo que enfrentamos la dura confrontación. Dios siempre nos da oportunidad para arrepentirnos y nosotros elegimos desobedecer o una vida de pureza y excelencia.

El doloroso proceso del cónyuge fiel

Sin duda, la experiencia del cónyuge fiel es muy traumática. A menudo el culpable intenta minimizar su falta o de alguna manera justificarla y hasta de culpar al cónyuge como causante de su errónea elección. Siempre que el cónyuge infiel elige actuar negativamente y no arrepentirse, provoca mayores heridas en el cónyuge que permaneció fiel.

Las reacciones de un cónyuge sorprendido en pecado pueden ir desde el sincero arrepentimiento hasta seguir provocando más sufrimiento. En algunas ocasiones quien confiesa su pecado reacciona defensivamente y busca intimidar a su cónyuge para no ser investigado en lo sucesivo.

René, después de ser sorprendido y tener que admitir su pecado, reaccionó como acostumbraba. Asumió una actitud agresiva y solo le dijo a su esposa: «Bueno, ya me arrepentí, ya te he pedido perdón, hasta he llorado y no puedo hacer nada más. Olvidemos el asunto y sigamos adelante». Enfrentar el dolor parece muy sencillo, pero no lo es. La verdad es que para la mayoría de los hombres que son descubiertos es un proceso más fácil. Después que pasa el temor de lo que ocurrirá por ser descubierto, tendemos a relajarnos y no darle mayor importancia, pero no ocurre lo mismo con las mujeres. Debido a su mundo sentimental tienden a sufrir más y extender por mayor tiempo su proceso de recuperación.

El cónyuge fiel necesita sentir que está siendo comprendido y que quien falló está sinceramente arrepentido. El cónyuge fiel debe sentir que su cónyuge está dejando de pensar en sí mismo y que siente empatía. El que fue traicionado necesita que le escuchen y le expliquen y no que el cónyuge culpable se justifique. La persona ofendida necesita ser comprendida y no ignorada, quiere expresar su dolor, frustración y decepción, mas no escuchar una condenación a manera de justificación. No quiere que critiquen su forma de reaccionar por el dolor que experimenta ni que le dirija quien le ha engañado.

El peor dolor que experimenta es el que resulta del rompimiento de la confianza, sobre todo si ha confiado de manera ciega en la integridad de su cónyuge. El grado de dolor dependerá del nivel de dependencia que haya tenido del cónyuge que ha fallado. Al cónyuge herido le asaltan muchos pensamientos y se pregunta si podrá volver a confiar otra vez. Vivirá días difíciles y noches de insomnio, cada salida de su cónyuge provocará desconfianza y nunca se sentirá satisfecho con lo que conoce. Por eso ninguna respuesta satisfará todas sus preguntas e inquietudes. Querrá saber más detalles de los que son saludables y difícilmente creerá que le están diciendo toda la verdad.

Así como existe un proceso en la caída de un cónyuge también lo hay en la vivencia traumática que sufre el cónyuge fiel.

El descubrimiento del pecado y el trauma del impacto

Descubrir un serio pecado de un ser querido es algo sumamente duro. Las formas pueden ser muy variadas y unas más traumáticas que otras.

Fernando sospechaba que su esposa estaba enredada sentimentalmente y decidió investigar. Descubrió algunos mensajes de texto y correos electrónicos que constataban que estaba relacionada pecaminosamente con un compañero de trabajo. Nunca pudo descubrir si tuvieron o no relaciones sexuales, aunque los textos parecían insinuarlo. Fernando nunca se imaginó que una persona tan fiel y amante de la familia como ella iba a engañarlo después de treinta y dos años de matrimonio.

Alba se divorció después de tres años del adulterio de su esposo. Nunca pudo recuperarse del trauma que vivió al encontrar en su dormitorio a su esposo con la empleada de la casa. Fue mucho más grave el asunto al descubrir que llevaban más de diez años de adulterio. Solo en ese momento entendió la constante oposición de su esposo para despedir a la empleada. Alba nunca pudo superarlo y vivió tres años de increíble sufrimiento.

Camila solicitó mi asesoramiento después de más de cinco años de sufrimiento. Su esposo había negado tener una relación pecaminosa con Gladis, la tesorera de la congregación, y a pesar de la insistencia de ella, nunca quiso poner a un hombre en esa posición de cercanía al trabajo pastoral. Fabricio no permitía que su esposa le preguntara nada con respecto al ministerio y mantenía una vida más que privada, por momentos oculta.

Camila me buscó porque se encontraba en un severo estado depresivo y me confesó que tenía pensamientos suicidas, pero no pensaba llevarlos a cabo. Debido a que su esposo, el pastor Fabricio, no le permitía conversar sobre el asunto, la dominaba y la intimidaba, y como estaba en peligro su vida, le recomendé que buscara a un investigador privado. Camila lo hizo y descubrió todas las evidencias que necesitaba. Fabricio reaccionó con indignación y vivía amenazando e intimidando a su esposa para asegurarse de que no dijera nada. Finalmente fue inevitable el divorcio y la denuncia del pastor no arrepentido, intimidador y agresivo.

Sin importar la forma en la que el cónyuge inocente descubra el adulterio, esta es una experiencia muy traumática. La sanidad ocurrirá más rápido o tomará más tiempo dependiendo de la orientación y ayuda que reciba, de su dependencia del Dios que le ama y de la aplicación que realice de los sabios consejos recibidos.

La ira y la decepción por el engaño recibido

Cuando nos damos cuenta de un terrible engaño no podemos evitar la ira. Y, por cierto, debemos sentirla porque vivimos una experiencia muy dolorosa y decepcionante. La ira en sí no es pecado y es necesario experimentarla, aunque debemos expresarla de la manera apropiada y no permitir que nuestras emociones nos conduzcan al pecado. Mientras más piensa y menos controla la situación con sabiduría, el nivel de decepción puede aumentar dramáticamente. Esa tristeza no tratada apropiadamente, por no tener la ayuda de un consejero, puede provocar una fuerte angustia y en ese caso, las acciones del cónyuge fiel son impredecibles.

El lenguaje de la ira y la decepción no siempre es placentero. Pero debemos recordar que la persona está confundida y sin buscar la orientación adecuada continuará reaccionando automáticamente, aunque no siempre sabiamente. Para poder recuperarse debe expresar su ira y debe hacerlo con intensidad, pero sin cometer pecado. Cuando las personas retienen y se niegan la libertad de enojarse acumulan resentimiento. Este comienza a destruirles y a producir amargura, por lo que no pueden encontrar solución a esa condición.

> ***Los cónyuges engañados no siempre saben expresar su ira sabiamente. Esa es una muy buena razón para buscar la guía divina y ayuda humana capacitada. Cada vez que los cónyuges engañados actúan mal porque están heridos y no saben cómo reaccionar, en vez de encontrar la solución, pueden agravar la situación.***

El rechazo y la angustia por la decepción experimentada

Debido al golpe duro y el descubrimiento de cómo su cónyuge rompió los votos matrimoniales y cómo quebrantó la confianza que habían creado con el paso del tiempo, la persona traicionada comienza a sentir un fuerte rechazo. Mientras va resistiendo la experiencia, el adulterio, también comienza a impugnar a las personas involucradas. Por ello evita pasar tiempo con su cónyuge, evita hablar, la cercanía y, por supuesto, todo acercamiento sexual. Poco a poco puede molestarle todo, incluso su mirada, su olor corporal, etc. Generalmente el cónyuge que falló interpreta esa reacción como un rechazo a su persona, pero la verdad es que el cónyuge fiel está rechazando las acciones pecaminosas aunque no sepa cómo comunicarlo.

Debido a que todo se fue al suelo y no sabe lo que ocurrirá en el futuro, la persona se llena de angustia. Es obvio que esté pensando que todos los planes se arruinaron. La reputación que tenían está destrozada. La confianza totalmente destruida. Una sensación de permanente tristeza le agobia y toma decisiones de acuerdo a las emociones que siente. Este es un periodo de mucha inseguridad e inestabilidad provocada por la incertidumbre. Ninguno de los dos sabe exactamente lo que ocurrirá y por ello, el cónyuge fiel generalmente decide algo y luego reflexiona y cambia. Ninguno de los dos sabe hacia dónde va la relación. El matrimonio podría mantenerse congelado en ese estilo lejano y de desconfianza, la relación podría terminar en un divorcio o podrían sanar las heridas y comenzar de nuevo.

Muchas veces los cónyuges fieles quieren ayudar, quieren responder lo más bíblicamente posible, desean ser justos, duros con el pecado y además, mostrar gracia en su reacción, pero no saben cómo hacerlo. Debemos recordar que el cónyuge fiel en muchas decisiones de la vida tuvo el asesoramiento, el consejo o la opinión de su cónyuge, y ahora no tiene la persona en quien confiar. La persona, ahora más que nunca, se siente sola y eso crea el ambiente propicio para esa profunda angustia que le impide relajarse o dormir, y por ello le cuesta recuperarse y descansar.

En muchos casos la persona se encuentra en un estado depresivo que aumenta su angustia pues se siente enferma física y emocionalmente. En esta fase la persona siente que da tres pasos adelante y dos para atrás. Se siente abandonada, se siente marcada para toda la vida. Le inunda un sentimiento de temor del futuro, a equivocarse y a perpetuar los actos infieles del cónyuge si no actúa con el debido cuidado.

La confrontación y resolución por la búsqueda de solución

A estas alturas del proceso algo muy importante ha ocurrido. Aunque el cónyuge fiel no lo ha buscado, debido a la confianza y la autoridad que el cónyuge adúltero ha perdido, ha existido una transferencia de mucho poder. El poder para la continuación o el término de la relación matrimonial ha pasado a manos de la persona herida. Sea que este cónyuge esté o no consciente, ha recibido una seria responsabilidad y debe tomar decisiones en los momentos de mayor fragilidad. Es muy difícil tomar decisiones tan radicales e importantes en los momentos de mayor crisis matrimonial. Cuando confronta el problema o es dirigida a confrontarlo se da cuenta de que tiene una inmensa responsabilidad y que sus acciones y reacciones son muy importantes. Los familiares, los amigos, todos tienen alguna opinión y sean buenas o malas, por lo menos el cónyuge ha escuchado una variedad de ideas sobre lo que debería hacer. La ayuda de un consejero profesional le evitará mucha confusión, le guiará a dar pasos concretos y asegurará que su reacción sea bíblica.

El cónyuge fiel no solo tiene el deber de perdonar, sino también de asegurarse que no está siendo engañado o manipulado. Tiene que aprender a salvaguardar sus emociones. Esta no es una tarea fácil, sobre todo si se ha acostumbrado a no pensar en sí mismo o a poner el interés de los demás miembros de su familia por sobre los suyos. La persona por momentos se sentirá egoísta pensando en ella y tendrá la tendencia a querer aumentar su comprensión de la situación, por lo que sentirá confusión.

Algunas personas inseguras, especialmente las mujeres que no han trabajado fuera del hogar, que se han dedicado o todavía están dedicadas a criar a sus hijos pequeños y no tienen otra manera de sobrevivir económicamente, se sienten atrapadas. Estos cónyuges, aunque tienen el poder de decidir, no tienen las circunstancias a su favor. Esto brinda una ventaja al cónyuge infiel que en muchas ocasiones se siente más seguro, no está intimidado y aprovecha su ventaja para manipular. Por esa razón, muchos minimizan el impacto y no presionan mucho al cónyuge infiel por temor a que se vaya con la otra persona.

Otros han sufrido tal decepción que harán todo lo que puedan para que se vaya lo antes posible. Este es el momento de mantener el equilibrio, buscar ayuda para aprender a tratar las emociones y tomar decisiones en el momento y en el estado de ánimo apropiados. La meta en este momento es confrontar la situación y observar la reacción del cónyuge infiel. Se van tomando determinaciones a medida que el proceso avanza para luego con la cabeza más fría y con las circunstancias bajo control —y anticipando la reacción del cónyuge sorprendido en adulterio, y con la ayuda el consejo sabio—, el cónyuge fiel pueda tomar decisiones más sabias y reales.

En esta etapa la persona debe recibir ayuda para determinar que no necesita de su cónyuge para poder vivir saludablemente, pero que sus decisiones deben ser bíblicas. Esto significa que tiene opciones y que no está atada a lo que haga o diga la otra persona. Esto comienza a entregarle poder para lidiar con su vida y ser responsable de sus acciones y no de las del cónyuge.

Cuando se ven más opciones, la persona comienza a pensar más en sí misma. Quiere comenzar a darse importancia y siente que tiene en sus manos el poder para decidir.

Ahora debe confrontar todo el problema para determinar cuáles son los pasos que dará. Debe llegar al momento en que se dé cuenta de que tener el poder en sus manos es una gran responsabilidad y que ahora debe elegir lo mejor y con sabiduría.

Con esos elementos puede comenzar a evaluar cuáles serán los pasos que dará para pasar la tempestad en que se encuentra.

La ayuda de un consejero profesional evitará mucha confusión y guiará al cónyuge inocente del pecado a dar pasos concretos, además se asegurará de que su reacción sea bíblica. No solo tiene el deber de perdonar, sino también de asegurarse de que no está siendo engañada o manipulada. Sea que este cónyuge esté o no esté consciente, ha recibido una seria responsabilidad y debe tomar decisiones en los momentos de mayor fragilidad. En esta etapa la persona debe recibir ayuda para determinar que no necesita de su cónyuge para poder vivir de manera saludable, pero que debe actuar siempre bíblicamente.

La recuperación y la planificación de la nueva relación

Si los cónyuges determinan que continuarán su vida conyugal, se debe iniciar una nueva relación. Deben recordar que el único problema que tienen como matrimonio no es el adulterio, sino también las razones que le llevaron a cometerlo. Una persona puede cometer adulterio aun sin tener conflictos serios en su relación conyugal. Puede cometerlo por razones pecaminosas que revelan su situación moral y su grado de madurez que continuarán afectando la vida personal del individuo y la vida conyugal mutua al cometer otro acto de adulterio u otra manifestación de su inmadurez. Es por ello que deben evaluar, recibir ayuda y corregir sus conflictos personales para tener saludables relaciones conyugales.

> ***El cónyuge fiel, al confrontar el adulterio, tiene la obligación de asumir la responsabilidad y determinar qué hará con su vida. Debe recordar que hay cosas que no se pueden cambiar aunque se derramen todas las lágrimas del mundo. Debe entender que su brillante futuro no depende del adulterio de su cónyuge o de si se rebela o si se arrepiente, sino de las decisiones sabias y bíblicas que tome para vivir adecuadamente en el presente para tener un futuro excelente.***

Reconocer su realidad y aceptarla: un inicio esencial

El primer paso es poner los pies sobre la tierra y reconocer que están viviendo una severa crisis que demanda una seria atención. La realidad le indica que existió un adulterio, que su relación conyugal ha estado en peligro, que debe tomar decisiones, que hay dolor, confusión y un matrimonio en crisis. La realidad le indica que ahora tiene la obligación de asumir la responsabilidad y determinar qué hacer con su vida y que su matrimonio está en sus manos. Debe recordar que hay cosas que no se pueden cambiar aunque se derramen todas las lágrimas del mundo. Debe entender que su futuro no depende del adulterio de su cónyuge sino de las decisiones de usted. Debe entender que la realidad es mala por el dolor que existe y el pecado que ocurrió y que si no hace lo correcto perpetuará el problema. Debe recordar que el pasado y la traición no se pueden borrar. Hay que aceptar que la traición, el rechazo, el rompimiento de la confianza existió y que su cónyuge falló, pero usted no tiene excusa para fallar al enfrentar su realidad.

Reconocer la responsabilidad y asumirla: una acción indispensable

No fracasamos en la vida por la irresponsabilidad ajena, sino por la nuestra. No salimos de las crisis personales por la respuesta adecuada de otros, sino por la sabia respuesta nuestra. Es cierto, el cónyuge provocó una crisis matrimonial que afectó su vida, pero usted debe responder bien, asumiendo su responsabilidad para no estimular una grave crisis personal. Debe entender con absoluta claridad que nadie más que usted mismo puede iniciar el proceso de recuperación. Ya ha ocurrido lo peor, ahora está en sus manos la decisión de enfrentar la vida con o sin su cónyuge.

Este es el momento oportuno para tener cuidado. Una de las primeras reacciones será comenzar a pensar solo en sí mismo. Pueden existir deseos de venganza o por lo menos de rechazar totalmente a la persona y no perdonar a pesar de que el perdón podría ser un excelente comienzo para la nueva relación. Es cierto que ahora tiene que pensar en sí mismo, pero no debe caer en los mismos actos de egoísmo y de orgullo que llevaron a su cónyuge al adulterio. Nuestros actos egoístas y orgullosos, y el dejarnos dominar por nuestras emociones, pueden llevar a errores y pecados, de la misma forma que motivaron el adulterio del cónyuge.

Por otro lado, actuar rápidamente, intimidado por las amenazas, el «qué me importa», o el temor a perder la relación de la cual es dependiente, pueden motivarle a mantener una relación con una persona que no tiene ningún deseo de cambiar. Asumir su responsabilidad es su obligación, pero tomar decisiones no sabias es un terrible error. Asumir su responsabilidad es su obligación, pero debe prepararse para ser bíblica y sabia.

Existen tres aspectos importantes que incluyen la responsabilidad particular de cada uno de los cónyuges.

Primero, la persona debe asumir la responsabilidad de amarse a sí misma como Dios le ama

No estoy promoviendo el egoísmo ni la egolatría. Por ello digo que la persona debe amarse a sí misma como Dios le ama. Esto significa que tiene que ser buena administradora de los tesoros que Dios le ha encargado. Su cuerpo, alma y espíritu son pertenencias divinas que han sido encargadas a los humanos. Sus emociones, sus deseos, sus anhelos, sus valores, todos son importantes. Debe aprender a demostrar y comunicar lo que siente con libertad porque sus emociones deben ser consideradas y respetadas. Su sufrimiento es correcto, su ira es necesaria, su confusión es lógica, pero no deben dominarle.

Sus principios y valores son importantes, y debe utilizarlos ahora más que nunca. Debe hacer conocer con claridad cuáles son sus valores pues ellos son el fundamento de sus decisiones. La persona fiel no debe tener problemas con expresar sus deseos y anhelos, pero hágalo con respeto y sabiduría. Sus pensamientos deben ser expresados con libertad ante las personas correctas, aunque no sean iguales. Usted es responsable de lo que haga con su vida, sobre todo en tiempo de crisis. Amarse a sí mismo significa que se preocupará de su salud integral. Se preocupará de sus emociones y para ello buscará el consejo sabio de un mentor. No hay nada que estabilice más las emociones que un consejo sabio que nos quite la confusión. Nada produce más calma a su crisis emocional que tener alguien confiable con quien consultar. Son las personas sabias las que nos entregan consejos bíblicos correctos, las que nos dirigen en tiempo de confusión, las que nos consuelan cuando sufrimos y que nos exhortan cuando estamos equivocados, las que nos ayudan a producir sanidad emocional. Las personas negativas, vengativas, criticonas, variables o que deciden emocionalmente nos perjudican y nunca nos benefician.

Debe preocuparse por su vida espiritual. No debe espiritualizar su situación ni querer traspasarle a Dios su responsabilidad. No crea que solo orando se recuperará. Por supuesto que Él puede hacer un milagro, pero sino lo hace, es su responsabilidad producir los cambios al asumir su responsabilidad. Debe orar durante momentos cortos, debe leer la Palabra para encontrar consuelo y dirección, pero no haga su interpretación privada. Necesitará de algún pastor que sepa cómo guiarle bíblicamente. Necesitará conocer cuál es su responsabilidad bíblica frente a la crisis y al pecado, y frente al arrepentimiento o la rebelión de su cónyuge, y para ello un consejero con gran conocimiento bíblico es esencial.

La persona debe ser buen mayordomo de su cuerpo. Debe preocuparse por su situación física con dedicación. No es posible salir de una crisis en forma saludable sin buscar maneras correctas de eliminar las tensiones y el estrés que generan esas experiencias dolorosas. En medio de ese sufrimiento, y para evitar caer en un estado depresivo, es esencial que si no tiene restricciones de salud y su médico no se opone, ingrese a un gimnasio para realizar ejercicios o elija un parque donde caminar. En estas situaciones estresantes debe hacerlo todos los días, preferiblemente. No solo le ayudará a no caer en estados de estrés graves o estados depresivos, sino que le ayudará a relajarse y tener más tranquilidad para tomar decisiones.

La persona debe asumir su responsabilidad de amar a su cónyuge como Dios lo ordena

Dios nos entrega la obligación de amar a nuestro cónyuge, no como nos imaginamos, como queremos o como hemos aprendido, sino como Él lo ordena. Debido al dolor, a la traición, al enojo acumulado, el cónyuge fiel puede ignorar su obligación de amar y no solo vengarse de lo que le hizo su cónyuge, sino evitar su sanidad y actuar en desobediencia. Usted no es responsable de lo que haga, hizo o no haya hecho la otra persona.

Es esencial que la persona entienda el concepto bíblico del amor pues a pesar de sus buenas intenciones cometerá serias equivocaciones si cree que el amor es producto de los sentimientos. Sin entender el amor, y debido a errores de juicio, puede sentir que no ha sido el cónyuge que debía y por ello sentir culpabilidad y aceptar lo que no debe. Puede que por un error de juicio se acuse de no haber tenido una actitud más confrontadora cuando comenzó a darse cuenta de que algo sospechoso y si no sospecho nada, puede acusarse de ser ingenuo, demasiado confiado y atribuyéndose culpas que no tiene.

Una vez más, mi recomendación es que la persona esté bajo asesoramiento sabio y bíblico, especialmente para que entienda que el amor no es un sentimiento que experimentamos, sino una decisión de hacer el bien a los demás sin perjudicar a nadie, basado en los valores y principios divinos y no en las emociones humanas. Debe entender que el hecho de sentir enojo, molestia y deseos de separarse de quien le engañó no es una expresión de odio y que si esas emociones las fundamenta en valores divinos, servirán para confrontar el problema con sabiduría.

Cuando la persona entiende el amor divino, comprende que por amor perdonará ya que Dios lo ordena y no porque sienta el deseo de hacerlo. Más bien perdonará aunque no lo sienta. Entenderá que por amor tendrá que expulsar a su cónyuge de la casa si no desea arrepentirse y continúa con el adulterio. También por amor podrá perdonar, exigir un proceso de asesoramiento y evaluar si el arrepentimiento es sincero. Quien entiende que debe amar con el amor divino, comprende que el amor nunca se termina y, como explico en mi libro sobre el amor, solo tiene manifestaciones distintas. A veces por amor confrontamos, a veces besamos, a veces disciplinamos, a veces nos unimos, a veces nos casamos y a veces nos divorciamos, especialmente cuando nuestro cónyuge determina vivir en adulterio y abandonarnos.

La persona debe amar bíblicamente, nunca con una idea de un amor que oculta, ignora o permite el pecado. Por amor usted puede evitar maltratar a su cónyuge infiel, pero no debe evitar que sienta el dolor de sus acciones. Por amor puede anhelar continuar su relación, pero no si desea seguir en adulterio. Por amor debe perdonar, pero no restaurar a su cónyuge al lugar que tenía sin una demostración sincera y práctica de su arrepentimiento, cambio y disposición a iniciar una nueva relación conyugal basada en el amor divino.

La persona debe asumir su responsabilidad de actuar y reaccionar basada en convicciones bíblicas y no en sus emociones

Aunque es una temporada muy emocional, es un serio error actuar basado en emociones. El cónyuge fiel debe recordar que por seguir sus pasiones y emociones el cónyuge infiel cayó en un terrible pecado. Así mismo, por seguir sus emociones, el cónyuge fiel puede tener una reacción demasiado blanda que motive al cónyuge infiel a perpetuar el pecado o demasiado dura que le impida perdonar cuando es sabio y bíblico hacerlo.

Ambos cónyuges deben abandonar ese patrón de conducta que mueve a la gran mayoría de las personas a responder y tomar decisiones por los sentimientos que experimentan. El éxito en la vida no se logra por tener una vida sin problemas o por estar relacionado con personas que no fallan ni pecan. Primero, es imposible encontrarlas y, segundo, las fallas de los demás no son justificación para que fallemos. El éxito lo logran quienes saben lidiar con su propia pecaminosidad y saben actuar bíblica y sabiamente cuando otros se equivocan.

Como explico en mi serie de conferencias titulada «El extraordinario valor de los valores», estos son la salvaguarda de la dignidad de los individuos. Nuestros padres fueron los encargados de enseñarnos los valores bíblicos esenciales para vivir una vida exitosa. Lamentablemente muchos padres no cumplen con esta responsabilidad dejando a sus hijos inexpertos para enfrentar los desafíos de la vida. Si nuestros padres, nuestros líderes, nos enseñaran a ser personas responsables, confiables, respetables, enfocadas, integradas, solidarias, justas y amorosas, no solo aprenderíamos a actuar con sabiduría, sino a responder inteligente y adecuadamente a los conflictos de la vida y a los que puedan surgir en nuestras relaciones. Sin embargo, si nuestros padres no cumplieron con su responsabilidad, no debemos vivir culpándoles y continuar equivocándonos, sino aprender sobre esos valores, estudiarlos, apropiarnos de ellos y utilizarlos para no ser movidos por nuestras emociones, ni por las emociones de los demás, sino para tomar decisiones basados en convicciones sabias.

El cónyuge fiel debe asumir su responsabilidad de amarse a sí mismo como Dios le ama y amar a su cónyuge como Dios lo ordena; pero para poder proceder bíblicamente y amar como Dios modela debe aprender a definir y practicar el amor no conforme a las ideas y los sentimientos humanos, sino conforme a los principios y mandamientos divinos.

Reconocer sus limitaciones y buscar ayuda: clave para actuar con conocimiento

Nadie puede hacer lo que no conoce. Recuerde que usted no tiene todo el conocimiento y seguramente no sabe qué decisión tomar, qué pasos dar y cómo manejar la crisis. La situación que experimenta no es un asunto diario ni tenemos práctica manejándolo. Esta es una experiencia totalmente nueva, grave y complicada, y usted necesita la ayuda adecuada.

No olvide tampoco que aun en sus intentos de ayudar a su cónyuge, usted también cometió errores y sus esfuerzos pueden ser contraproducentes. Puede hacer daño a pesar de que intenta hacer el bien cuando no tiene los recursos, las herramientas o el conocimiento necesarios para ayudar.

Debe evaluar lo que usted cree con respecto al amor, a la autoridad del hombre y la sujeción de la mujer. Si usted ha aprendido erróneamente, es posible que se equivoque al actuar. Los mismos mitos que le han impedido actuar sabiamente en el pasado aparecerán ahora para influenciar en sus decisiones. Recuerde que el cónyuge infiel solo podrá ayudarle demostrando con palabras, acciones y actitudes su arrepentimiento y humillación, pero no le puede ayudar en nada más en este proceso. Usted debe tomar su responsabilidad, reconocer sus limitaciones y buscar la ayuda de alguien que tenga el conocimiento necesario. Usted se encuentra frente a una de las decisiones más importantes de su vida. Así como decidió si debía o no casarse con su cónyuge, ahora debe decidir si debe o no continuar con la relación conyugal, por ello necesita orientación realmente bíblica, práctica y profesional.

Manejar el adulterio de un cónyuge es una responsabilidad seria y muy importante pues así como decidió en algún momento si debía o no casarse con su cónyuge, ahora debe decidir si debe o no continuar con la relación conyugal. Por esa razón necesita orientación verdaderamente bíblica, práctica y profesional.

Reconocer cuáles son sus opciones y obligaciones, y decidir su comportamiento: esencial para actuar bíblicamente

Tan pronto decida enfrentar la situación, a su mente llegarán algunas alternativas. El problema no es la falta de opciones que se le ocurren sino la variedad que se imaginará y que le recomendarán. La actitud correcta es determinar cuáles son las opciones bíblicas que tiene para poder decidir sabiamente. La orientación profesional de un consejero que basa su recomendación en la Biblia le brindará las opciones que tiene para confrontar su problema.

Bíblicamente, usted tiene la responsabilidad de confrontar el problema y no esperar que su cónyuge decida. Su labor es solamente investigar lo que piensa él o ella, las ideas que tiene, los deseos que expresa y aun las determinaciones que ha tomado para que usted —basado en los principios bíblicos— pueda tomar las decisiones apropiadas. Bíblicamente, usted tiene derecho y obligaciones como las siguientes:

Confrontar con sabiduría y con bases bíblicas

En distintas partes de este libro he escrito acerca de la confrontación, especialmente cuando examinamos la de Natán a David, de ahí que debe asegurarse que está procediendo bíblicamente. Después de sentir el dolor que causa una ofensa, la persona herida y sobre todo los líderes, tenemos la responsabilidad de seguir el consejo de Jesús. «Si tu hermano pecare contra ti, repréndele» (Lucas 17.3). Este es un acto que se realiza para el bien de aquel que nos ha hecho daño. Significa dejar que las personas sean responsables de sus acciones. Pueden decidir no serlo y precisamente esa actitud nos muestra si verdaderamente está arrepentida.

No en todos los casos es posible la confrontación. Cuando un cónyuge adúltero elige seguir en adulterio y no quiere tener ninguna comunicación, al cónyuge engañado solo le queda orar por la persona, orar por su situación, buscar la debida dirección y tomar determinaciones para el futuro de su vida.

Callarse, gritar, maltratar, insultar o pelear no ayuda en nada. No existen buenas soluciones cuando tomamos malas decisiones. Es esencial que el problema sea confrontado y en la gran mayoría de los casos los cónyuges, o por lo menos el que es fiel, debe buscar la ayuda y el apoyo de un pastor o consejero cristiano que sepa cómo tratar el asunto. No todos los pastores y los líderes saben cómo lidiar con el problema. Muchos se van al extremo de aconsejar una solución rápida basada en pedirse perdón y prometerse el cambio, mientras otros espiritualizan una confrontación que debe tener muchos aspectos prácticos.

Los conflictos sin resolver pueden afectar la relación conyugal incluso más que el mismo pecado. Esa sensación de confusión prepara el camino para el dolor y el resentimiento. Cuando los problemas no se resuelven pueden originar un distanciamiento doloroso e innecesario. Las consecuencias de un adulterio son conocidas y van desde el rompimiento de la confianza mutua, temor, rechazo, enojo, ira y aun resentimiento; y cuando esas emociones se guardan pueden producir una sensación de decepción profunda que puede generar deseos de venganza.

Confrontar no es una tarea fácil ni mucho menos sencilla. En la siguiente paráfrasis de 2 Corintios 2, se evidencia que aun Pablo tuvo dificultad para confrontar a las personas y se puede notar la lucha emocional que experimenta cuando tiene que realizarla:

> *—No —me he dicho— no los haré sufrir cuando los visite. Porque si los entristezco, ¿quién me alegrará después? Solamente ustedes, los que habré entristecido, pueden alegrarme. Precisamente por eso les escribí mi anterior carta, para que antes de mi llegada*

resolvieran los problemas que había entre ustedes. Así, al llegar, no me entristeceré con los que me debo gozar. Estoy seguro que la alegría de ustedes está tan íntimamente ligada a la mía, que no podrían sentirse gozosos si yo no lo estoy. Y que duro me fue escribir aquella carta. Se me partía el corazón al escribirla, sinceramente, lloré muchísimo. Mi intención no era hacerlos sufrir pero tenía que demostrarles el amor que les tengo y lo mucho que me preocupaba por lo que estaba sucediendo entre ustedes.

La confrontación es una tarea difícil porque son dos personas que han estado unidas, que tienen emociones, que están heridas y confundidas, y para quienes está en juego su relación conyugal. Durante este proceso habrá necesidad de muchas sesiones. Cada vez que el cónyuge fiel se dé cuenta de que algo está perjudicando el proceso de recuperación de la confianza, debe notificarlo con amor y sabiduría. Si no lo hace está permitiendo un virus que puede perjudicar seriamente más adelante. Y cada vez que el cónyuge infiel es advertido de que sus acciones o actitudes continúan siendo sospechosas, debe evaluar su vida y recordar que ahora, debido a su caída, está bajo constante inspección y que existirá más sensibilidad que nunca. El atraso que tenía, el momento en que no contestó la llamada al celular, no era sospechoso cuando la relación era saludable, pero ahora sí. Por ello, no debe molestarse sino comprender que su vida estará bajo escrutinio constante hasta que se restaure la confianza.

La confrontación no es una simple conversación ni una larga discusión entre dos individuos en problema. Es un proceso al cual nos introducimos con un gran propósito en mente. La meta no es el ataque a las personas ni la defensa de nuestro orgullo. La meta es la resolución del problema. En la confrontación bíblica, deseamos cumplir la voluntad divina en los momentos en que es más difícil. Cuando es más fácil operar bajo el orgullo y actuar con falta de humildad, cuando queremos ejercer nuestro poder y ganar nuestros derechos. Es precisamente cuando estamos en conflicto que deben salir todas las virtudes del individuo que confronta y donde deben exteriorizarse los frutos del espíritu en nuestra vida. Jesucristo fue claro y directo cuando dijo que no hacíamos nada extraordinario, ni éramos diferentes al mundo si hacemos bien a los que bien nos hacen.

La confrontación no es una simple conversación ni una larga discusión entre dos individuos en problema. La confrontación no es sencilla porque existen dos personas en una seria crisis. Según la enseñanza de Cristo, actuamos como hijos obedientes cuando hacemos bien a los que mal nos hacen. Confrontar y actuar bíblicamente es hacer el bien a pesar del mal recibido.

En la confrontación bíblica queremos lograr algo y vamos a dar todos los pasos que sean necesarios para alcanzar esa meta. Eso me obliga a tener todos los elementos necesarios en su lugar y a hacerlo como debo y no como yo quisiera.

Se debe realizar privadamente

Creo que la confrontación se debe realizar en forma personal. El cónyuge fiel debe planificarla. Que no sea una discusión en medio de insultos y maltrato. Debe recibir orientación y preferentemente realizarla con su consejero. Con la ayuda de un orientador podrá elegir el tiempo apropiado, la forma adecuada, las palabras sabias, la actitud necesaria y el procedimiento bíblico.

Al confrontar debemos reunirnos en privado y habiendo anunciado previamente el motivo del encuentro. No debemos confrontarnos en frente de un grupo de personas. Al hacerlo privadamente podemos conversar con el individuo sin las presiones propias de la presencia de otras personas. Podemos observar nuestras actitudes, poner atención al lenguaje no verbal y estar seguros de que nos estamos entendiendo o que tenemos grandes diferencias solamente observando nuestras expresiones.

Se debe realizar oportunamente

Debemos buscar el mejor momento para realizarla. No debemos permitir que se acumulen experiencias tras experiencias pues nos convertiremos en una bomba de tiempo. Pablo dice que no debemos permitir que se «ponga el sol sobre nuestro enojo». No debemos dejar que el tiempo pase sin confrontar la situación. El peligro que ve Pablo al no realizar la confrontación oportunamente, es que seamos influenciados por las fuerzas malignas. Por eso dice: «Ni deis lugar al diablo». Mientras más tiempo permitimos que pase, más vueltas le damos en nuestra cabeza, más víctimas nos sentimos y más posibilidades de actuar erróneamente tenemos. Guardar las situaciones que son demasiado hirientes en un saco y luego descargar todo eso sobre una persona, prepara el ambiente para un problema mayor.

Se debe realizar con la actitud apropiada

Debemos tener la intención de ayudar y no de destruir. El cónyuge fiel ha sido herido y tal vez el infiel ha fallado al enojarse por algo innecesario o por no llegar a la hora prometida, etc. Pero eso no le da libertad para elaborar un ataque despiadado o perder el control. La exhortación con amor es de gran bendición. Son mejores las palabras duras de un amigo que los besos de un enemigo. Algunos pasajes bíblicos nos ayudarán a mantener la actitud apropiada; entre ellos: Romanos 12.10; 2 Timoteo 2.24; 2 Corintios 10.1; Gálatas 6.1.

Es imprescindible que seamos optimistas en la búsqueda de la solución y positivos en nuestras reacciones. El negativismo nos impide entender el problema y nos convierte en jueces implacables. Los ataques personales y la actitud de desprecio nos nublan la visión y no podemos realizar una buena exhortación. Debemos ser claros y expresar honestamente lo que sentimos, sin actitudes de desprecio. Por supuesto que debemos enfocarnos en la acción errónea de la otra persona y condenar el pecado, pero sin maltratar al pecador.

El cónyuge engañado debe plantear declaraciones y preguntas específicas que necesitan ser aclaradas. Cuando un cónyuge confronta a otro, en muchas ocasiones tiende a ver todo negativo, y cuando van avanzando en el proceso, ante cualquier duda, tiende a pensar que el cónyuge infiel no ha avanzado nada en este duro proceso. Por supuesto que el problema fue suscitado por el cónyuge infiel y que él tiene la obligación de restaurar lo que destruyó, pero no es menos cierto que el cónyuge fiel también es pecador y también puede equivocarse, por lo que tiene una parte importante en su proceso de restauración.

A pesar de que el cónyuge infiel se haya arrepentido y elija tener la mejor actitud, sin una actitud de aceptación y humildad el cónyuge herido nunca se restaurará. Es cierto que el cónyuge infiel seguirá cometiendo errores, pero también necesita recibir ánimo y aprobación si es que está haciendo otras cosas en forma correcta. Por eso quien confronta debe tener mucho cuidado en su comunicación. No toda la vida de una persona ha sido mala, por lo general; ambos son pecadores, ambos han fallado, aunque ahora uno de ellos sea culpable de este pecado. Debemos hacer todo esfuerzo por descubrir lo positivo, lo que debemos afirmar, en medio de aquello que debemos corregir.

Nunca ataque a la persona, solo enfóquese en el conflicto

Por supuesto que no ha sido agradable el error cometido por una persona, y tenemos el derecho de estar en desacuerdo, molestos y con ira, pero no tenemos derecho de atacarla. Expresiones como: «Eres un problemático», «Eres un conflictivo», «Te odio, no te soporto», «Siempre me engañas», «Nunca me has amado», etc., son ataques directos a la persona y no producen ningún beneficio. La declaración «eres un sinvergüenza, te encanta el engaño y la mentira» es un ataque a la persona. Si descubre que su cónyuge está mintiendo, puede decir: «Tengo pruebas de que me sigues mintiendo, y no voy a aceptar ese comportamiento porque me recuerda el adulterio que cometiste y las mentiras que dijiste».

Identifique el conflicto con claridad. No haga declaraciones vagas, aunque sean ciertas. Por ejemplo: «Me has herido y no quiero saber nada de ti». «No quiero tenerte cerca, quiero sacarte de mi corazón». ¿Qué significa eso? ¿Quiere separarse, quiere divorciarse?

Es importante que sea claro, específico, que identifique cuál es el problema. Necesitamos descubrir por qué una persona actúa de una manera, por qué dijo lo que dijo o qué hizo específicamente que está perjudicando el proceso de restauración de la relación conyugal.

El cónyuge herido debe descubrir qué fue lo que realmente piensa que ocurrió y cómo se sentía en ese momento. Debe declarar con claridad cuál es el problema, por qué ese asunto es importante y cómo se siente. Existe un asunto que tiene que ser aclarado, acciones que no han sido de su agrado o que van en contra del proceso y sentimientos que han sido heridos. Todo eso hay que identificarlo en forma separada.

No busque detalles del pecado, solo identifique la extensión del pecado

La mayoría de las personas que cometieron adulterio solo confiesan hasta donde han sido descubiertos. No pueden negar las acciones en las que fueron sorprendidos. Si el cónyuge en pecado fue descubierto enviando mensajes de texto, solo admitirá hasta lo que ha comunicado en el texto aunque allí no aparezca toda la verdad. Si ha sido sorprendido hablando por teléfono y diciendo palabras amorosas y comprometedoras, solo eso aceptará. Si fue sorprendido besándose, solo eso aceptará y si fue sorprendido teniendo relaciones sexuales, solo aceptará que fue la única ocasión.

Creo que tanto la confesión del cónyuge infiel como la investigación del cónyuge engañado deben tener equilibrio. Quien confiesa no debe mentir y quien ha sido engañado no debe tratar de conocer todos los detalles. Todo extremo es malo. Los detalles de los pecados solo hieren más, de modo que la curiosidad del cónyuge herido casi nunca se termina.

Creo que la confesión debe ser concreta. Si su realidad es que ha tenido una relación pecaminosa con envolvimiento físico, que ha permanecido por un espacio de tiempo, que se vieron en distintos lugares, eso debe ser admitido. El cónyuge engañado no debe investigar si tuvieron sexo oral, si lo hicieron en un hotel, si se sentía bien con la otra persona, cuántas veces a la semana lo hacían, qué sentía cuando estaban juntos, si pensaba en su familia, etc. Ninguno de esos detalles ayuda al proceso, solo perjudican. En privado, el consejero puede entrar en detalles para saber cuán serio fue su envolvimiento. El consejero determinará cuáles son los detalles que debe conocer para ayudar a que el cónyuge que adulteró no deje abierta puertas de vulnerabilidad que deben ser cerradas.

Siempre que en una confrontación elegimos la actitud de Cristo, seremos beneficiados y obtendremos buenos resultados. Cuando elegimos el tiempo, las palabras y la actitud adecuadas, la persona infiel será bíblicamente confrontada y la relación conyugal saldrá beneficiada.

Perdonar con sabiduría y con bases bíblicas, haya o no arrepentimiento

Esta declaración le puede parecer ridícula e inhumana. Es cierto. Pero es una declaración de principios divinos. Perdonar no es una opción humana sino una obligación divina. El deber de todo cristiano es perdonar independientemente de que la persona confiese o no, se arrepienta o no o si cambie o no. En medio del dolor por la falla de otro, lo que necesitamos es sanar nuestra vida porque no podemos sanar vidas ajenas. Cuando sanamos nuestras heridas y lidiamos con ellas sabiamente, no acumulamos la angustia que produce resentimiento y que conduce a la amargura. Lo ideal es que le pidan perdón quienes pecaron contra usted y demuestren su arrepentimiento genuino, pero si no lo hacen, debe perdonar también porque el perdón no se enfoca primariamente en la otra persona. Aunque usted no perdone, la otra persona sinceramente arrepentida y enfocada en su restauración puede vivir saludablemente. El que no vivirá saludablemente es usted por no perdonar.

Siempre que explico esta parte del perdón las personas rechazan la idea, pero la razón es porque no entienden el concepto bíblico del perdón. Perdonar significa que cancelará la deuda. Sea que la persona pida perdón o no, usted debe perdonar. Esto permitirá el inicio de su sanidad emocional y a la vez, se libera de la responsabilidad de querer herir, o cambiar a la otra persona. Al perdonar, usted sabiamente le entrega a Dios su caso y Él lidiará con el cónyuge infiel. Si se arrepiente, lo restaurará y bendecirá; si se rebela, lo disciplinará. Mientras queremos mantener a la otra persona bajo nuestro castigo, le estamos diciendo a Dios: «Yo no voy a perdonar» y el mensaje para Dios es: «Tú no te metas. Yo me encargo de la situación. Yo sé como tratar el asunto, yo sé como herir, yo sé como vengarme, yo sé lo que tengo que hacer».

Pablo nos ordena que perdonemos, y no de cualquier manera, sino de la misma forma como Cristo nos perdona a nosotros:

> *Soportándoos unos a otros, y perdonándoos unos a otros si alguno tuviere queja contra otro. De la manera que Cristo os perdonó, así también hacedlo vosotros.*
>
> —Colosenses 3.12-13

Jesús enseñó a sus discípulos a orar incluyendo esta importante declaración: «Perdónanos nuestras deudas así como nosotros perdonamos a nuestros deudores».

Cuando una persona perdona a quien le ha ofendido se ha realizado un milagro. Actuar así no es posible si no fuera por la asistencia divina. Cuando perdonamos le decimos a Dios: «Yo le doy la libertad a este individuo. Lo declaro libre. Yo no manejo más esta situación a mi manera. Te la entrego a ti, Juez justo. Yo no puedo hacerlo, me equivocaré, me dejaré llevar por mis emociones y no actuaré justamente, pero tú sabes como aplicar la justicia, eres capaz de controlar mi dolor y hacer justicia».

Recuerde que la Biblia enseña que la ira del hombre no obra la justicia de Dios. Cada vez que actuamos con ira y sin control, cada vez que nuestra ira quebranta los principios divinos, pecamos y somos candidatos a enfrentar la justicia divina. Dios aplica su justicia en nuestros conflictos interpersonales cuando el hombre renuncia a sus deseos de tomar la justicia en sus manos. Cuando perdonamos somos nosotros los que sanamos, aunque el cónyuge siga resentido y enfermo, y aunque determine seguir pecando. Cuando confesamos nuestras ofensas en toda relación, incluyendo la conyugal, y nos perdonamos, sanamos nuestras heridas. En Santiago 4.12 dice:

> *Confesaos vuestras ofensas unos a otros, y orad unos por otros, para que seáis sanados.*

El perdón es extraordinario y siempre luce bien. El perdón obtiene su esplendor y su belleza como efecto de la sanidad que produce en el alma de quien perdona a quien ni siquiera busca el perdón. El perdón es sanador y nos permite vivir saludables porque también sana el alma de quien lo busca sinceramente, aunque no sea perdonado. El perdón produce paz en cada individuo que lo practica y produce una doble porción de paz cuando el ofendido perdona y el que busca el perdón es perdonado.

El perdón es maravilloso y sin él es imposible que los seres humanos tengamos relaciones saludables. Sin el perdón es imposible la relación con Dios y viviríamos con relaciones enfermas por la acumulación de dolor, resentimiento y amargura.

El perdón obtiene su esplendor y su belleza como efecto de la sanidad que produce en el alma de quien perdona a quien ni siquiera busca el perdón. El perdón también sana el alma de quien lo busca sinceramente,

aunque no sea perdonado. El produce una doble porción de paz cuando el ofendido perdona y el que busca el perdón es perdonado.

Sin embargo, como todo concepto divino, el concepto bíblico del perdón puede ser malentendido y malinterpretado; y una mala definición siempre nos lleva a una equivocación. Por ello es necesario hacer algunas declaraciones bíblicas con respecto al perdón:

El perdón no implica olvido

Cuando perdonamos no necesariamente olvidamos. No podemos perdonar a las personas por hechos que ni siquiera recordamos. Necesitamos perdonar precisamente porque no podemos olvidar lo que nos hicieron. Nuestra mente mantiene el dolor vivo por mucho más tiempo que el dolor que sentimos. Luchar por olvidar rápidamente puede ser muy peligroso y olvidar súbitamente por temor y por una actitud de negación es perjudicial. Olvidar rápidamente puede ser un mecanismo de negación del dolor. Tenemos tendencia a olvidar las cosas pequeñas que nos dolieron poco y las cosas demasiado grandes que nos hirieron mucho.

Una vez que hemos perdonado obtenemos la libertad que tanto necesitamos para que se inicie la etapa de olvidar. Podemos olvidar porque hemos sanado nuestra relación y no porque decidimos olvidar. Dios nos puede dar el poder de perdonar lo que todavía recordamos, pero que aún nos causa dolor. Sin embargo, con el paso del tiempo la herida sanará y aunque todavía podamos recordar el hecho, cada vez iremos sintiendo menos dolor.

No necesariamente tenemos que olvidar después de que hemos perdonado. Aunque no olvidemos y aun no sanemos la herida, nuestro perdón sigue siendo sincero. Poco a poco y debido a nuestra obediencia a Dios y nuestro perdón sincero iremos olvidando y aun cuando el hecho permanezca en nuestra memoria, no afectará nuestra relación actual.

Olvidar rápidamente puede ser un mecanismo de negación del dolor. Para no tener tanto dolor tendemos a olvidar las cosas pequeñas que nos dolieron poco y las cosas demasiado grandes que nos hirieron mucho. El perdón no significa olvido, solo abre las puertas para que aunque recordemos, nunca más nos afecte negativamente y podamos seguir viviendo de forma saludable.

Excusar no es perdonar

Excusar es exponer y alegar causas o razones para liberar a uno de la culpa que se le imputa. Excusamos a las personas cuando nos convencen de que no son culpables. Tendemos a excusar cuando nos enfocamos en las razones y por ello encontramos justificaciones. Usted excusará a su hijo que se cayó por desobediente, y no le corregirá y disciplinará si solo lo excusa porque es pequeño y débil. Sin duda hay razones para el pecado. La influencia satánica, la naturaleza pecaminosa, los conflictos en la relación conyugal, la presión de la tentación, etc., pero no debemos excusar a quien cometió el pecado porque excusamos erróneamente cada vez que justificamos equivocadamente. Por nuestras erróneas concepciones excusamos, por temores, excusamos, pero no se necesita gracia para excusar a alguien, aunque sí la necesitamos para perdonarlo.

Hay personas que buscan ser exonerados de sus pecados y tienen toda una estrategia así como la astucia para convencer. Esa misma astucia que consiguió la excusa es la que puede llevarle al siguiente pecado. Quienes buscan ser excusados rápidamente no quieren disciplina, ellos quieren recuperar sin demora la confianza de su cónyuge y el restablecimiento a su lugar de autoridad. Quien pone condiciones para sentirse perdonado y comprendido busca ser excusado y no perdonado. Quien se humilla y no pone condiciones, quiere ser perdonado.

Y perdonamos genuinamente cuando hacemos responsable al pecador, le permitimos el dolor, cuando no le evitamos las consecuencias y cuando rechazamos el deseo de excusarlo.

Perdonar no es minimizar ni suavizar el conflicto

Algunos quieren evitar la confrontación fuerte y por eso no le dan la seriedad que tiene el caso. Algunos cónyuges infieles quieren restar importancia a su pecado, reducir sus efectos o cargas y así evadir sus responsabilidades. Algunos cónyuges fieles no hablan con honestidad, no expresan sus sentimientos de enojo y decepción y así no se puede actuar sabiamente ni realizar la debida confrontación. Algunas congregaciones no disciplinan con energía por temor a crear nuevos conflictos o agravar la situación o porque los miembros se pueden ir de la congregación. Tratar de tranquilizar las aguas turbulentas no es lo mismo que salvar al que se ahoga. Tratar de tranquilizar sin confrontar es perpetuar los errores. Minimizar o suavizar los conflictos evitando la confrontación enérgica, con amor y autoridad es un error que producirá consecuencias. No debemos reaccionar mal al pecado cometido minimizando o suavizando el conflicto, debemos motivar a la confrontación, arrepentimiento y perdón aunque eso provoque un estado de turbulencia.

No perdonamos bíblicamente a quien peca gravemente cuando minimizamos o suavizamos el pecado, sino cuando amamos al pecador pero aborrecemos, declaramos y definimos claramente el pecado.

Perdonar no es tolerar

Tolerar es permitir algo que no es lícito sin aprobarlo expresamente. Tolerar es soportar, aguantar, resistir el dolor y el problema pero no confrontarlo sabiamente para encontrar la solución. Quien tolera el pecado de los demás prepara su corazón para severos conflictos y para relaciones interpersonales enfermas. Solo tolere la indisciplina, la rebelión, los insultos de sus hijos y ese es el clima familiar que tendrá. Podemos perdonar todos los pecados pero no tolerar el comportamiento pecaminoso. No debemos permitirlo solo por temor o falta de firmeza. Aunque no lo aprobemos, si lo permitimos sutilmente estamos aprobando comportamientos pecaminosos. Quien permite que el cónyuge infiel siga teniendo una relación conyugal normal a pesar de que sus actitudes o acciones nieguen el arrepentimiento que ha comunicado por medio de sus palabras está tolerando el pecado, no está perdonando al pecador.

Algunos cónyuges vuelven a tener sexo sin haber confrontado el problema y haber permitido las consecuencias y así toleran el pecado. Ellos solo tienen sexo, el mismo que se puede tener con una prostituta o amante, pero no pueden tener la intimidad que Dios demanda en la vida conyugal.

No debemos tolerar lo erróneo que la gente hace a pesar de que le hemos perdonado por lo que hicieron.

> ***Algunos cónyuges aceptan volver a tener una relación conyugal normal a pesar de no haber concluido la confrontación. Vuelven a tener sexo sin haber confrontado el problema y haber permitido las consecuencias y así toleran el pecado. Solo tienen sexo, el mismo que se puede tener con una prostituta o amante, pero no pueden tener la intimidad sexual que Dios demanda en la vida conyugal.***

Restaurar con sabiduría y ponerle en el lugar bíblicamente apropiado

Restaurar es reparar, renovar, volver a poner la relación en aquel estado, estimación, autoridad y responsabilidad que antes tenía. La restauración es un proceso, son pasos que se van dando para conseguir un resultado. El resultado de la restauración debe ser la sanidad.

La restauración debe realizarse con bases bíblicas y poco a poco debemos ir poniendo al cónyuge infiel en el lugar más apropiado. Este proceso va avanzando dependiendo de la sinceridad, del arrepentimiento, de los cambios que la persona vaya realizando y que vayan demostrando que no sigue con ese comportamiento pecaminoso que le llevó y luego provocó la crisis de adulterio.

El cónyuge fiel, que desea actuar con gracia y en obediencia al Señor, hará lo que esté a su alcance y que sea saludable y bíblico para motivar y permitir que el cónyuge infiel restaure su relación con Dios, su relación conyugal y familiar y con la iglesia. Debe estar siempre del lado de la verdad y de los procedimientos y acciones que tienen fundamento bíblico sin importar el dolor que causen al cónyuge que pecó. Debe evitar apoyarle en sus intentos por minimizar o suavizar su pecado, así como sus intentos por evitar u oponerse a las consecuencias.

Es el cónyuge infiel quien de acuerdo a sus actitudes irá aportando los ladrillos que construirán las bases de la confianza que le permitirá ser restaurado como esposo. La sinceridad, la ausencia de engaño, la humillación que demuestre van proveyendo de materiales valiosos para la restauración de la confianza.

Sin embargo, existen varias barreras que pueden aparecer y que impiden que aun los esfuerzos sinceros y la más grande humillación del cónyuge infiel no sean suficientes para conseguir restaurar la confianza.

El cónyuge fiel será un obstáculo para su propia sanidad, para la restauración del pecador y para la sanidad de la relación conyugal si elige las siguientes actitudes erróneas:

—*Su falta de disposición a creer en la sinceridad del arrepentido.* Nunca podemos comprobar si el pecador es sincero al inicio de la etapa de confrontación. Los seres humanos podemos engañar, podemos llorar, convencer con ruegos y confesiones dramáticas, y así el cónyuge fiel puede creer que quien pecó está sinceramente arrepentido. El cónyuge fiel debe creer que la persona es sincera, pero si con el paso del tiempo va descubriendo que no lo es, entonces debe lidiar con esa realidad y confrontar y permitir las consecuencias necesarias. Algunos cónyuges han tenido que ser expulsados de su casa porque luego se descubrió que seguían con la relación pecaminosa, otros han tenido que contratar a un investigador porque siguieron viendo muestras de la relación pecaminosa y el cónyuge infiel actuaba con gran astucia.

—*Falta de disposición para perdonar al cónyuge infiel.* Es imposible sanar particularmente, propiciar el cambio y sanar la vida conyugal desobedeciendo a Dios.

—*No actuar por temor a ser herido otra vez.* Las relaciones interpersonales no son perfectas y nunca podemos evitar todas las heridas. Si aprende a evitar heridas y a curar las que no se pueden evitar, aprendió a vivir saludablemente. Si le paraliza el temor nunca tendrá una relación saludable.

—*Deseos de venganza.* La ira mal manejada puede llevar a los deseos de venganza, pero lidiar pecaminosamente con el pecado de nuestro cónyuge nos pone en la misma categoría que ellos. Es pecado la acción que rompe los principios divinos y es pecado la reacción que hace lo mismo.

—*Insistencia en recordar el pasado constantemente.* Su lucha no debe ser por olvidar sino por perdonar y actuar bíblicamente; al hacerlo así, con el paso de tiempo, recordará el pecado pero no le hará daño.

Establecer el proceso de restauración de la confianza con sabiduría y bases bíblicas

Debido a que el poder de terminar o seguir en la relación conyugal ha sido entregado al cónyuge fiel, este debe establecer el proceso que de acuerdo a la Biblia le ayudará a restaurarla. Para ello es indispensable recibir orientación bíblica y sabia. Para ser más efectivo en este proceso, le recuerdo algunas cosas importantes.

Así como el cónyuge infiel fue responsable del rompimiento de la relación conyugal, si decidió luchar por su matrimonio, usted es responsable de que la recuperación tenga un proceso bíblico apropiado. Hay procesos buenos y malos. Hay unos que pueden permitir la restauración o impedirla. Existen otros que son bíblicos y basados en principios y aun otros que son basados en las emociones, el sentido común y el razonamiento.

Debe explicar con sinceridad las actividades, asociaciones y acciones o actitudes que provocan su desconfianza. No olvide que la persona debe ser sincera y que debe expresar sus sentimientos con libertad, responsabilidad y respeto. Si usted no comunica lo que está perjudicando la restauración de su confianza, su cónyuge no tiene opción de saberlo. Puede que establecer límites, insistir en la separación de personas y los horarios más controlados desagraden a su cónyuge, pero son necesarios. Debe existir disciplina para permitir el proceso de restablecimiento de la confianza. También su cónyuge debe expresar con libertad si se siente excesivamente controlado, y con la ayuda del consejero determinarán si el cónyuge fiel está exagerando y ha entrado en un estado de pánico y autoritarismo o si el cónyuge infiel está rechazando un control esencial para restaurar la relación conyugal.

Debe recordar que no existen garantías de que el cónyuge adúltero se convierta en fiel. No es absolutamente seguro que quien promete cambiar su estilo de vida pecaminoso realmente cambie. Todo es asunto de tiempo y de la comprobación que se pueda realizar. Por eso, ciertos mecanismos de control son indispensables. A veces las consecuencias son tan graves como tener que dejar su empleo porque allí convive con la persona que cometió adulterio. Eso tiene que ser pensado seriamente por las implicaciones económicas que produce y la crisis de la vida familiar. A veces resulta en el cambio de congregación si allí se congrega la otra persona y si el consejero cree que es indispensable, aunque debe evitarse el castigo a toda la familia, especialmente si los hijos están involucrados y adaptados a la vida eclesiástica. Por lo tanto, debe estar alerta. Sin embargo, cada caso debe ser analizado independientemente y evaluar todas las circunstancias.

Como no existen garantías del cambio, el cónyuge fiel debe permanecer alerta sin convertirse en celoso enfermizo. No obstante, si hay fuertes evidencias de la falta de cumplimiento de la promesa de permanecer fiel y alejado de la relación pecaminosa o un rechazo a las reglas establecidas, el cónyuge fiel tiene la libertad de investigar e inclusive contratar servicios de investigación. Si descubre que vuelve a caer en adulterio debe parar el proceso y tomar acciones más drásticas.

> ***No existen garantías de que el cónyuge adúltero se volverá fiel ni forma de comprobar inmediatamente que es sincero. Sin embargo, hay garantías totales de que si usted se somete a la Biblia y sigue un procedimiento estricto y disciplinado, será el cónyuge beneficiado. No sufriremos disciplina divina por la falta de sinceridad del cónyuge infiel, sino por cometer o mantener nuestros propios pecados.***

Determinar los límites para su propia vida. La mayoría de las personas tienen serios problemas para establecer sus límites y en medio de una situación como esta, algunas tendrán la tendencia a poner fuertes límites a los demás y no establecer los propios. Debemos determinar que no vamos a permitir abuso, maltrato, que nos ignoren, que nos falten el respeto, que nos engañen, que no sean responsables con nosotros, pero lo mismo debemos hacer con los demás.

Los límites definen lo que uno es como persona. Cuando los establecemos estamos comunicando con claridad qué es lo que permitiremos que hagan o no hagan otras personas con nosotros y qué es lo que haremos con otros. Los límites dan seguridad y permiten identificar cuando alguien está entrando al interior de nuestra propiedad y puede causarnos daño. Nos permiten determinar cuál será la sanción que tendrá quien se atreva a traspasar los límites que hemos establecido.

Dios nos ha entregado tesoros personales. Estos son nuestras emociones, nuestros sentimientos, nuestros valores, etc. Nosotros tenemos el deber de protegerlos. No debemos permitir que nadie nos dañe. Nuestro cónyuge debe saber exactamente lo que nos gusta y lo que no nos gusta, especialmente si ahora estamos haciendo cambios en nuestro comportamiento y en nuestra forma de relacionarnos, tal vez porque antes nosotros mismos cometimos errores que propiciaron una relación enfermiza y que ahora no queremos continuar.

Una persona que aprende a poner límites sabe decir «sí» o «no» a sus propios comportamientos pecaminosos que perjudicarán a otros y a los que le perjudicarán a ella misma. Los «sí» y «no» que establecerán no están basados en simples gustos personales, sino en los valores bíblicos esenciales que permiten que vivamos una vida de valor y dignidad.

Si en el matrimonio no tenían límites saludables porque ninguno de los dos los había establecido bíblicamente, estos deben fijarse. Un estudio completo de cómo hacerlo lo encontrara en mi serie de conferencias titulada *Límites.*

El cónyuge fiel no solo tiene el derecho, sino la obligación, de amarse a sí mismo y evitar todo abuso o manipulación.

Exigir sin transar un matrimonio al estilo divino

Esta no es una opción del cónyuge fiel. Ahora que tiene el poder en sus manos no debe exigir sus gustos y deseos, no debe aprovecharse para controlar y maltratar, pero debe exigir que para poder continuar con la relación matrimonial con el cónyuge infiel, ambos deben comprometerse a tener un matrimonio al estilo divino. No debe aceptar nada menos que eso. Para ello será indispensable tener asesoramiento y hacer conocer cuáles son los conceptos que ambos tienen con respecto a cómo tener un matrimonio con base bíblica. Tendrán que informarse bien sobre la vida matrimonial. Mis materiales de estudio, libros, discos compactos y vídeos le ayudarán a conocer a su cónyuge, a establecer fundamentos en su relación conyugal, a enfrentar los conflictos con sabiduría. Con la ayuda de materiales profesionales y de un consejero, pueden conversar con honestidad y determinar cuáles son las diferencias que existen y de qué forma sus opiniones son distintas a los principios bíblicos. Son los cónyuges los que deben determinar en que área estaban fallando en su relación conyugal y realizar un serio examen de comportamientos erróneos que ambos tuvieron y dónde es esencial la corrección.

En el momento de reinicio de la relación, existen las mejores condiciones para revisar lo inapropiado de la relación conyugal y determinar qué es lo que deben cambiar.

Exigir un proceso de asesoramiento

El cónyuge fiel debe exigir un proceso de asesoramiento. Cometen un serio error si tratan de arreglar una de las más grandes crisis de la vida conyugal, sin la necesaria ayuda bíblica y profesional. Debido a la situación de la relación conyugal, así como las circunstancias que llevaron a esta dolorosa experiencia, el buscar asesoramiento es indispensable. El cónyuge fiel debe poner como condición de la restauración recibir asesoramiento. Si su cónyuge no está de acuerdo y se niega, es una buena muestra de su falta de disposición a arreglar sabiamente el problema e incluso podría ser un buen indicativo de la falta de sinceridad en su arrepentimiento.

Interrumpir el proceso de restauración y empezar de cero cuando el cónyuge infiel vuelve a fallar.

El cónyuge fiel debe ser un vigilante de que se cumplan los pasos del proceso establecido bajo asesoramiento. Si el cónyuge fiel no lo hace, si no mantiene la disciplina y el enfoque en el proceso de restauración y las consecuencias, con gran facilidad el cónyuge adúltero se comenzará a desviar. Como humanos tendremos la tendencia a ignorar ciertos pasos o postergarlos o ser incoherentes en el cumplimiento de las distintas etapas, por lo que debemos luchar por ser fieles al proceso.

Es responsabilidad del cónyuge fiel vigilar el cumplimiento del proceso e identificar las fallas de su cónyuge. Si el cónyuge infiel se comprometió a llegar después de treinta minutos de concluida su jornada de trabajo porque ese es el tiempo que demora en llegar a su casa y llamar por teléfono cuando tenga una emergencia y no lo está haciendo. Si el cónyuge infiel se comprometió a mostrar el registro mensual de las llamadas telefónicas y no quiere hacerlo, entonces existen muestras de un cambio que debe ser investigado para tomar nuevas decisiones.

Después de ser descubiertos, confesar su pecado y aceptar las consecuencias, algunos cónyuges infieles vuelven lentamente a su envolvimiento emocional. Si el cónyuge vuelve al proceso y no ha podido superar su pasión, el cónyuge fiel puede suspenderlo y separarse definitivamente de quien no tiene la firme intención de tener una relación saludable y que ha elegido continuar con una relación física o emocional con su amante.

Pasos sabios para un proceso difícil

Si compara lo que ocurrió con el cónyuge infiel y lo que le recomendé que debe hacer con lo que le sugiero ahora que debe ocurrir con el cónyuge fiel, se dará cuenta de que es un proceso que incluye los mismos elementos, pero que es la otra cara de la moneda.

El cónyuge infiel arrepentido no sabe bien cómo proceder pues está siendo observado regularmente y el cónyuge fiel no siempre evalúa sabiamente. A veces creerá que el silencio de su cónyuge no es una señal de reflexión, sino que está pensando en la amante. A veces creerá que la alegría que expresa en una reunión social no es porque está volviendo a vivir normalmente, sino porque no le da importancia al dolor que ella tiene. En ciertas ocasiones, y si el cónyuge infiel es el marido, no manifestará sinceramente su tristeza o dolor y por ello será criticado o a veces exagerará su dolor para que su esposa le crea. Por otra parte, el cónyuge fiel a veces querrá demostrar su misericordia pero tendrá miedo de que su cónyuge tome livianamente la situación y a veces actuará con dureza desmedida para hacer conocer su dolor.

El cónyuge fiel debe tener cuidado y un gran equilibrio para participar sabiamente en este proceso de restauración. Algunas recomendaciones son:

Debe mantener su enfoque en el desarrollo y su realización personal en forma bíblica

El cónyuge infiel cayó en pecado por tener un amor desmedido a sí mismo y fue movido por el egoísmo. El cónyuge infiel se pasó de los límites y decidió buscar la satisfacción de sus pasiones sin preocuparse por el dolor que causaría a sus seres queridos y a pesar del rompimiento de su relación con Dios.

El cónyuge fiel ahora debe aprender a enfocarse en sí mismo, pero sin irse al extremo de llegar al egoísmo. El cónyuge fiel debe pensar en lo que bíblicamente es bueno para él o ella aunque no le guste a su cónyuge. Comete un serio error que perjudicará el proceso si decide ignorar la satisfacción de sus necesidades legítimas por ayudar a su cónyuge. Debe ayudar bíblicamente, pero debe amarse a sí mismo sabiamente.

Debe continuar con el respeto y con el amor por su cónyuge

El cónyuge infiel con sus palabras, actitudes y acciones ignoró los sentimientos de su cónyuge y le faltó el respeto. El cónyuge fiel en cambio, con amor y buen discernimiento debe demostrar con sus palabras, acciones y actitudes sus sentimientos de profundo respeto por la dignidad de su cónyuge.

El cónyuge fiel debe amar, pero no basado en sus ideas humanas sino en el concepto bíblico y divino. Un amor que apoya y anima, pero que también confronta y disciplina.

Debe evitar el dominio de la emociones y actuar por convicciones

El amor debe estar basado en los principios bíblicos y no en las emociones. A pesar de que tendrá una fuerte influencia de estas, el cónyuge fiel debe rechazar ese señorío. Las emociones son cambiantes, pero los valores bíblicos no cambian. Lo que mueve al cónyuge fiel a actuar deben ser los valores y principios bíblicos a pesar de que no lo sienta, no le agrade o le disguste. En todo el proceso y para que ocurra la restauración —y para que Dios sea glorificado— debe ser hecha la voluntad divina y no la de los hombres.

Tristemente muchos de los casos de adulterio se dan en la mediana edad de los cónyuges. Y en esta época no solo existen razones para pecar sino también para reaccionar inadecuadamente al pecado cometido. Existen razones por los cambios hormonales, las crisis emocionales, los conflictos conyugales acumulados, los temores y el hecho de que los hijos ya hayan llegado o pasado la mayoría de edad y sea más fácil separarse si se mantenían casados por los hijos.

Las razones para reaccionar inadecuadamente son los cambios hormonales. La segunda adolescencia que comienza a vivir el hombre y la menopausia de la mujer. En medio de estas crisis, enfrentar una crisis de adulterio crea un caos. A veces el hombre le da menos importancia y como sabe que su esposa depende mucho de él, no se preocupa mucho por la situación. En ciertos casos la esposa está en crisis depresivas, angustias, ansiedad, sentimientos de indignidad, falta de deseos de vivir debido a los cambios hormonales y los asocia con el problema de adulterio del marido. Entonces no encuentra satisfacción y culpa más al marido no solo del pecado sino de cómo ella se siente. Una parte es verdad. Ella se puede sentir angustiada por todo el estrés del descubrimiento del pecado y la confrontación, pero también existe un gran porcentaje de dolor y angustia debido a su depresión como producto de la menopausia.

El consejero debe ayudar a ambos cónyuges a que vean la realidad, que enfrenten el pecado y sus consecuencias con equilibrio y sabiduría, y que entiendan que tienen otros asuntos que tal vez deben resolver con tratamiento médico.

Para llevar a cabo este proceso se requiere:

*Dedicar **tiempo** y tener paciencia.*

Es esencial la paciencia para pasar por un proceso que demanda esperar y evaluar resultados. Se requiere tiempo para la sanidad, para el cambio, para la restauración. Se exige tiempo para la recuperación. No es posible sanar inmediatamente. No es posible que el cónyuge infiel cambie al instante. Debe abandonar el pecado de inmediato, pero habrá otras cosas que corregir que tomarán tiempo.

*Una **entrega** sincera del cónyuge fiel para lograr la restauración.*

Para alcanzar la restauración de la relación conyugal se necesita entrega de ambos cónyuges. Tienen que aprender a entregarse por completo a esta dura tarea que tienen por delante. Sé que es duro entregarse cuando la otra persona ha provocado el dolor y la crisis, pero el cónyuge infiel no es responsable de la sanidad del cónyuge fiel. Cada uno es responsable y de ambos se exige una gran entrega.

*Una buena **planificación** de su envolvimiento en el proceso de parte del cónyuge fiel.*

No es posible lograr las más altas metas sin planificación. El proceso de restauración no llega automáticamente con el paso del tiempo. No existe una restauración sabia en un proceso desordenado. Recuerde que el desorden perjudica y el tiempo no cura nada. La sanidad viene como producto de un proceso, de un envolvimiento y de acciones bien planificadas. Seguir un proceso bien planificado y con gran organización es lo que abre las puertas a la recuperación.

*La **expresión sincera** de sus sentimientos entre los cónyuges.*

Mientras más expresen con respeto y sinceridad lo que sienten, más libre se sentirán. Si antes de que existiera la caída no había apertura y libertad de expresar lo que sentían, ahora deben cambiar totalmente la forma de comunicarse. Cuando ambos se dan la libertad, se permiten expresar los sentimientos, se escuchan y se comprenden, se inicia un acercamiento que da fortaleza y seguridad al matrimonio y que permite el avance del proceso de restauración. Mientras más se acepten como son y se comprendan, mientras más empatía tengan el uno por el otro, más fuerte es la relación conyugal y más intimidad habrá.

*El uso de la herramienta de la **confrontación**, por parte del cónyuge fiel, cada vez que sea necesario.*

Mientras se vaya desarrollando el proceso, habrá fallas. Puede que el cónyuge infiel se salga del proceso, olvide comunicar algo con lo que se había comprometido, o definitivamente esté dando pasos de retroceso y que muestran que está volviendo a comportamientos no aceptados y es indispensable la confrontación. Esto no significa que el cónyuge fiel se debe dejar consumir por los celos y controlar indebidamente la relación, pero debe existir una constante evaluación que determine si van avanzando conforme a lo estipulado. La confrontación permanente permitirá que se mantengan coherentemente dentro del proceso.

Disfrutar de su proceso de ***recuperación.***

Así como el cónyuge fiel debe utilizar la confrontación cuando falla el proceso, también debe emplear las palabras de motivación por el avance en el proceso de recuperación. Ambos cónyuges deben ir disfrutando de la sanidad. Poco a poco van teniendo más cercanía y más confianza y se va dando una proximidad más natural y de eso deben disfrutar. No existe razón para que dos cónyuges que aman a Dios, que quieren vivir en obediencia, que aman la Biblia y sus valores, que aprenden a vivir con amor y con gracia, no logren recuperarse del duro golpe de una experiencia dolorosa, por traumática que sea.

> *No es posible que dos cónyuges imperfectos y pecadores tengan una relación conyugal sin fallas. Siempre cometerán pecados que tienen que ser evaluados y corregidos y, mediante el perdón y la disciplina, pueden conseguir la restauración. No existe razón para que dos cónyuges que aman a Dios, que quieren vivir en obediencia, que aman la Biblia y sus valores, que aprenden a vivir con amor y con gracia, no logren recuperarse del duro golpe de una experiencia dolorosa o de una crisis por una acción pecaminosa, por traumática que esta sea.*

Capítulo 12

INDICACIONES CONCRETAS PARA LA RESTAURACIÓN EN LA CONGREGACIÓN

Muchos matrimonios que desean recuperarse de una experiencia de adulterio no están capacitados para hacerlo bíblicamente. Los líderes sensatos, que conocen la Biblia y los procesos de confrontación y restauración son clave para guiar sabiamente a los cónyuges que por su debilidad y pecaminosidad, han cometido pecados graves y necesitan la guía y la restauración divina.

No tengo ninguna duda de las buenas intenciones de los líderes de muchas congregaciones, pero luego de conversar, recibir cartas y entrenar a miles de pastores, tampoco tengo dudas de que muchos no están preparados para responder bíblicamente a los casos de adulterio.

Tristemente hoy no se practica en muchas congregaciones la disciplina bíblica que tiene el propósito de proteger la vida de la iglesia, de conservar la buena doctrina y el buen comportamiento de quienes somos parte de la familia de Dios. Disciplina que tiene el propósito de restaurar al pecador a su comunión con Dios y con los demás y desanimar a otros que quieren vivir liviana o pecaminosamente creyendo que pueden participar sin restricciones de la vida eclesiástica o del liderazgo.

Hoy día se aplica muy poco la disciplina bíblica. No entraré en detalle al respecto ya que es materia de otro de mis estudios y que usted puede ordenar. Sin embargo, quiero enfatizar en algunas verdades bíblicas pertinentes a este escrito.

Existen iglesias que castigan severamente y sin misericordia al culpable, mientras hay otras que no aplican una disciplina fuerte y coherente, y aun otras que ignoran las situaciones para no provocar mayores conflictos.

Los resultados de una confrontación y del arrepentimiento genuino

La confrontación bíblica puede conducir al arrepentimiento genuino. Ese tipo de actitud es esencial para la restauración de las personas. Pablo, como líder de la iglesia, tuvo que actuar sabiamente. Él nos dejó hermosos ejemplos de la actitud apropiada, los procesos y los resultados que se obtienen cuando los líderes y los miembros de una congregación deciden someterse a la Biblia.

Pablo no solo actuó como un líder sabio que conocía los procedimientos, la justicia, el amor y la misericordia, sino que también en muchas ocasiones actuó como un padre amoroso que no solo exhorta y disciplina, sino que explica lo que se necesita para pasar por un proceso de confrontación que tiene como meta final la restauración. Demos una mirada a la experiencia de Pablo pues en ella podemos aprender acerca de la forma y los resultados que producen una buena exhortación y un arrepentimiento genuino.

La primera observación es que existía una relación dañada que necesitaba reparación y Pablo realiza una seria exhortación. El apóstol decidió que tenía que realizarla pues existía una situación que lo demandaba; además, tenía la autoridad y era apropiado y necesario hacerlo. Observe con cuidado el relato de lo que este líder sabio tuvo que hacer.

> *Porque aunque os contristé con la carta, no me pesa, aunque entonces lo lamenté; porque veo que aquella carta, aunque por*

algún tiempo, os contristó. Ahora me gozo, no porque hayáis sido contristados, sino porque fuisteis contristados para arrepentimiento; porque habéis sido contristados según Dios, para que ninguna pérdida padecieseis por nuestra parte.

—2 CORINTIOS 7.8-9

Los líderes deben actuar bíblicamente y eso siempre provocara dolor, pero es un dolor que es necesario. Los líderes de las congregaciones debemos actuar así, aunque nuestra actuación provoque reacciones que no quisiéramos. A veces algunos miembros se rebelan, a veces se van de las congregaciones, pero los que se someten al procedimiento divino y al proceso bíblico de los líderes serán bendecidos.

Observe algo importante en lo que Pablo enseña con respeto al dolor que experimenta la persona arrepentida. Enseña que hay un proceso doloroso y que el dolor que provoca el amor de Dios, «la tristeza que es según Dios», produce frutos. Todo cónyuge que practicó la infidelidad debe sentir dolor por sus acciones pecaminosas. Cuando realizamos el proceso bíblico y la persona así lo entiende y reacciona bíblicamente, el primer fruto es el arrepentimiento. Es decir, quien hizo lo indebido realmente siente dolor por haber ofendido a Dios y a las personas. Reconoce con dolor y sin defensa su pecado. Confiesa con honestidad. Y cambia de actitud con decisión. Esa persona sabe que antes hizo lo que le agradaba y ahora hará lo que agrada a Dios aunque por momentos le desagrade.

Con ese cambio de actitud someterá sus acciones y palabras a la Palabra de Dios y a las debidas convicciones en vez de permitir ser dirigido por sus pasiones. Ese no es un dolor por haber sido sorprendido en pecado, sino por haber fallado.

En el caso de los corintios, la amonestación del apóstol produjo ese arrepentimiento que se demostró en la «solicitud». Esa misma actitud deben tener todos los que dicen estar arrepentidos. La solicitud puede ser descrita como un deseo ferviente de someterse a las indicaciones de la Palabra. La solicitud mencionada por Pablo es un deseo diligente de hacer todo lo que sea necesario para ser restaurado. El cónyuge infiel debe tener esa solicitud, debe experimentar ese deseo ferviente de dejarse guiar por los principios divinos, debe tener un deseo diligente de volver a actuar correctamente.

Otra demostración del arrepentimiento de los corintios fue lo que Pablo llama «defensa». Esta palabra describe el deseo de recuperar lo que le pertenece, de aclarar las dudas y actuar como debe para quitarse la culpa. Ellos estaban dispuestos a hacer lo necesario por recuperar su honor, su prestigio, su integridad. No es una actitud de defensa de las acusaciones, no es el deseo de defender lo indefendible, no es defenderse de los pecados cometidos, sino la actitud de lucha por aclarar su dignidad e impedir que Satanás le siga destruyendo.

El cónyuge infiel debe anhelar recuperar su honra. Debe entender que es un ser humano que puede vivir con integridad, que ha vivido en santidad, pero que eligió una temporada de pecaminosidad y debe anhelar volver a ese estado de santidad.

La tercera palabra para describir las acciones que confirmaron el arrepentimiento es indignación. Es un enojo fuerte contra ellos mismos por el error que cometieron al permitir que el escándalo se supiera en la congregación. Es la indignación por haber fallado, no por ser descubierto. La molestia, la ira, la indignación es contra su naturaleza pecaminosa y no contra los demás y mucho menos contra su cónyuge que es inocente de ese pecado.

Luego Pablo dice que esa tristeza, que es según Dios y que produce arrepentimiento, también trajo como fruto el temor. Temor que produce un sistema de alarma para no caer en el mismo comportamiento. Es temor a lo que Dios podría hacer si sigue ofendiendo. El cónyuge infiel debe desarrollar ese temor a Dios que había ignorado y temor a caer en el mismo pecado, temor a volver a ser seducido por su pecaminosidad.

También ese arrepentimiento produjo afecto ardiente. Ellos no podían resistir ese amor que les quemaba por dentro. Se dieron cuenta de que sus líderes buscaban lo mejor para su pueblo. Se dieron cuenta de que su actitud indolente era errónea y sintieron un afecto por la actuación correcta de las personas que les amaban. El cónyuge infiel, junto con el odio al mal que cometió y el dolor por haber pecado, debe ahora restituir su cariño, afecto, ternura con la persona a quien le falló.

La siguiente palabra que Pablo utiliza es celo. Es diligencia para evaluarse, es el desarrollo de un cuidado especial, es estar pendiente de sus acciones y reacciones. Ellos pusieron cuidado, se esmeraron por hacer lo que debían en su relación con Dios y la iglesia. Si el creyente infiel antes actuó egoístamente, ahora debe ser celoso de su relación con Dios y con su pareja. Debe esmerarse por mantener su relación conyugal dentro de los principios correctos.

Finalmente, Pablo dice que hubo vindicación. Ellos hicieron lo que tenían que hacer con quien había pecado. Lo metieron en el proceso de disciplina, le exhortaron, lo guiaron porque en ellos existía el deseo profundo de que exista justicia. Quien falló y sabe que falló, que está arrepentido de sus fallas, ahora debe anhelar restaurar todo. Su anhelo debe ser restituir la confianza, el afecto y el cariño que su cónyuge merece. Restablecer el respeto, reparar las emociones dañadas y reanudar una relación santa. Creo que todos estos elementos deben ser parte de las acciones de quien se ha arrepentido.

El hijo prodigo sintió el dolor por lo que había hecho, y se arrepintió. Por su arrepentimiento estaba solícito a arreglar la situación, estaba listo a defender la dignidad que había tenido, estaba indignado por su pecado, volvió a sentir temor a Dios y temor de no caer en lo mismo, sintió un afecto grandioso por lo que era su padre. Antes lo despreció, ahora quiere estar con él, ahora tenía celo por someterse aunque fuera como un jornalero y estaba dispuesto a reparar la relación aunque fuera como un trabajador. La situación crítica que vivía y el recuerdo de una relación saludable que voluntariamente había abandonado provocando dolor a sus seres queridos fue suficiente presión para que en vez de pensar en su sola satisfacción, pensara en servir a su padre aun como uno de sus trabajadores (Lucas 15.17).

Un tributo a la restauración

No puedo imaginarme un mundo donde no exista la restauración. Tendríamos que desechar las casas antiguas, los automóviles tendrían que ser todos nuevos y modernos, no pintaríamos las casas ni cambiaríamos las alfombras. ¿Puede imaginarse usted una iglesia donde no se permita la restauración y todo el que peca sea desechado? ¿Se puede imaginar las relaciones familiares sin posibilidad de restauración?

Cuando una persona ha caído en un pecado grave no solo se afecta a sí misma, sino también a su familia y congregación. *La restauración significa que el individuo volverá a tener una relación franca con Dios, consigo mismo, con su cónyuge, su familia y la congregación.*

Debemos recordar que si el que ha caído es uno de los líderes, ha creado una situación sumamente dolorosa también para la iglesia y los demás dirigentes de ella. No es fácil ni sencillo lidiar con la situación de un hermano caído. También la congregación y los líderes tienen sus emociones confundidas. Si quien ha caído ha jugado un papel importante en sus vidas, el dolor es más de lo que se puede imaginar el que ha pecado.

Los líderes, como cualquier otro ser humano que tiene que intervenir en una situación altamente traumática como esta, también viven temporadas de confusión. Sobre todo cuando uno de los de ellos cae en este pecado, tienen mayor presión por todas partes. Las congregaciones están compuestas por individuos con distintos grados de madurez y todos sufren de diferente manera. Algunos reaccionan con madurez y sabiduría, y otros como adolescentes inestables, irresponsables e insensibles y otros como niños. Algunos están dispuestos a orar y apoyar mientras otros se escandalizan, lloran, sufren, se rebelan y aun encuentran apoyo para realizar sus propias arrancadas pecaminosas.

Algunos se acercan al que ha caído y lo apoyan sinceramente. Otros son tan sensibles y delicados que prefieren mantenerse a la distancia, pero lloran y oran sin que nadie lo sepa. Unos son sinceros, otros hipócritas. Unos hablan por delante, otros por detrás. Unos están de acuerdo con un lado y luego con el otro. Todo eso lo están viviendo los líderes de la congregación. Ellos están sufriendo y siendo criticados por tener que tratar una situación que nunca hubieran querido tener en sus manos.

Algunos miembros de la iglesia los verán como sabios y acertados en sus decisiones mientras otros lo tildarán de aprovechadores y oportunistas. Unos creerán que son muy duros y otros muy blandos. Quienes hemos estado encargados de procesos disciplinarios sabemos lo doloroso que este puede ser y el inmenso estrés que produce no solo en los líderes, sino también en sus familias, que quedan expuestas a la presión y la crítica.

Los líderes de la iglesia tienen un solo camino y es actuar bíblicamente, por lo tanto deben:

—Hacer una profunda investigación ajustada a los principios bíblicos a fin de seguir todos los pasos necesarios para aplicar la disciplina, la restauración y la restitución cuando sea apropiado. En la Biblia está el proceso, ese es el que hay que seguir.

—Emprender una búsqueda sincera de ayuda por parte de algún profesional en el asesoramiento o con algunos pastores maduros y entendidos en la materia. En la multitud de consejeros hay sabiduría y eso es lo que hay que buscar.

—Someterse a las prácticas establecidas por la denominación, cuando la iglesia pertenezca a una. En la obediencia hay bendición, eso es lo que deben hacer.

—Evitar tratar el problema en forma emocional. Las emociones son variables, no son seguras.

—Ser imparciales con las diferentes posiciones que nazcan en la reacción emocional de la congregación, nunca deben tomar partido. Los criterios no siempre son bíblicos, eso es lo que hay que evaluar.

—Tomar decisiones en consenso, como equipo de líderes. Nunca deben decidir individualmente. Es indispensable y bíblica la responsabilidad mutua, y eso es lo que hay que practicar.

La iglesia cumple la función de instruir, exhortar y disciplinar a sus miembros. Por eso debe instruir a los miembros acerca de lo que afecta su relación con Dios. Cuando alguien peca, la iglesia —a través de sus líderes— somete al pecador a la exhortación. Si este insiste en pecar, la iglesia iniciará un proceso de disciplina cuyo fin es la restauración de la persona. Este proceso incluye nuevamente exhortación, instrucción, suspensión de privilegios y entrega de directrices para que la persona decida entrar en el proceso hacia su restauración.

La restauración la inicia el que pecó, la iglesia provee los instrumentos y recursos para lograrla, pero es el individuo que pecó el que con su actitud inicia el proceso. Esto es muy importante pues quien no se arrepiente y no se humilla no inicia el proceso para su restauración. No importa qué haga la iglesia, es la misma persona la que detiene el proceso.

Todo miembro de iglesia es responsable de su integridad moral ante Dios. Dios ha dejado en su Palabra indicaciones claras que cuando las desobedecemos exponemos nuestra vida a sus acciones disciplinarias. Todo cristiano debe dar cuentas a Dios, y aceptar su exhortación y disciplina.

Cada ser humano es responsable por su integridad moral ante su familia. Los cónyuges son responsables entre sí y ante sus hijos. Los hijos ante sus padres. Ningún miembro de la familia, ni siquiera los padres por tener la autoridad, tienen la facultad de desviarse moralmente y no ser confrontados y disciplinados.

Todo cristiano es responsable ante la congregación, incluyendo los dirigentes; más bien, con mayor razón el liderazgo de la congregación. Todos los cristianos somos responsables ante la iglesia de mantener la integridad moral.

Por eso Dios puede disciplinar a un hijo que ha fallado moralmente. Por eso la familia puede disciplinar y separar de su medio a quien persista en vivir en pecado. Lo mismo ocurre con la iglesia. Esta tiene la obligación de disciplinar y aun separar de su medio a quien viole su integridad moral. Cuando alguien comete pecados que afecten el testimonio de la iglesia, esta debe disciplinar al individuo que ha caído pero que ama a la iglesia, a Dios y a su familia. El propósito debe ser motivarle a hacer todo lo necesario para volver a ser íntegro. La meta es que renuncie a su pecado, que sienta dolor por su falta y el daño causado, que lo confiese y que lo abandone con una actitud de humillación. Así puede volver a su estado de integridad, cuando ha logrado la restauración.

Pablo les explica a los corintios que cuando les exhortó duramente para que sacaran inmediatamente a quien estaba en pecado en medio de la congregación, lo hizo con dolor. No quería atacarlos ni herirlos, lo hizo para que se dieran cuenta de que verdaderamente les amaba. Les estaba diciendo la verdad con amor, les estaba exhortando y les estaba motivando a que reflexionasen y cambiasen. Su intención era que salieran del error que cometían (2 Corintios 2.1-4).

Pablo les había animado a que —seguramente los líderes— actuaran con autoridad sobre el pecador. «Le basta a tal persona la reprensión hecha por muchos» (2 Corintios 2.6).

Esta reprensión no fue fácil de recibir. Provocó dolor. Esa es la intención de la exhortación. Provocar dolor. No es herir ni destruir, sino permitir que la persona se percate del dolor que provocan los actos pecaminosos.

Cualquiera que intente evitarle el dolor al que debe sufrir las consecuencias de su pecado, está perjudicando el proceso. En muchas ocasiones los cónyuges fieles, por amor y por ayudar —creyendo que van a herir si toman decisiones radicales—, prefieren evitarlas. No debemos herir a la persona, pero tampoco evitarle el dolor por sus malas acciones.

Pablo dice que después del arrepentimiento del pecador hay que «perdonarle y consolarle para que no sea consumido de demasiada tristeza» (v. 7). Note que no dice que no hay que provocar tristeza sino detener el proceso cuando ya ha tenido la suficiente tristeza que le ha llevado al arrepentimiento.

Pablo les hace saber que el proceso de disciplina y la restauración deben tener un tiempo límite. Los líderes deben ser sensibles y proveer los medios para que la persona alcance restauración en su área de debilidad y aprenda a lidiar con ella, ya que le llevó a cometer tal pecado.

Si el pecador, a pesar de su arrepentimiento, falla al no buscar ayuda en su área de debilidad no podrá ser restaurado a su integridad. Si una persona peca por robar dinero y no ha sido ayudado en esa área, volverá nuevamente a sufrir las más serias tentaciones cuando tenga oportunidad de tocar dinero. Si alguien ha fallado en su integridad moral debe recibir ayuda específica en esa área, eso es parte del proceso de restauración a la integridad moral del individuo.

Cuando los líderes no perdonan y no restauran a quien se ha arrepentido genuinamente están abriendo las puertas para que Satanás salga exitoso con sus maquinaciones causando dolor innecesario y martirizando al creyente para que siga sumido en la tristeza y la culpabilidad, a pesar de que ya haya sido perdonado.

La participación de los líderes en la restauración

Cualquiera sea la forma en que la persona fue obligada a confesar su pecado, debe seguir todo un proceso para llegar a su restauración. Este procedimiento es claramente descrito en las Escrituras y no existe otra forma de ser restaurado. Sin embargo, es muy importante que se entienda la diferencia entre *restauración y restitución.*

Ponga atención a esta situación hipotética que Pablo presenta en las Escrituras.

Reacción de los líderes ante el descubrimiento del pecado

Pablo, escribiendo a los Gálatas, les informa: «Hermanos, si alguno fuere sorprendido en alguna falta...» La interpretación puede ser que la persona fue descubierta en su pecado o que sin pensarlo cayó en las garras del pecado. No es una persona que voluntariamente descubre su pecado. Tampoco describe a alguien que está buscando caer en pecado. Este ha llegado en forma sorpresiva, tal vez cuando menos lo pensaba y por su propio descuido. Descuido en su proceso de crecimiento, descuido en su nutrición espiritual, descuido en su relación conyugal.

La verdad es que el pecado debe ser condenado. Sin embargo, este individuo necesita restauración, tal como todos la necesitamos cuando pecamos. Sea que la persona fuese sorprendida en su pecado, o que la caída en el pecado le sorprendiera a ella, o que poco a poco haya planificado su pecado, tenemos el deber de reaccionar bíblicamente para que enfrente la posibilidad de arrepentirse o no y en cualquiera de las dos situaciones, debemos tratar con ella.

La responsabilidad del tratamiento

Son los líderes y no los miembros de la congregación los que deben asumir la responsabilidad de lidiar con la situación y de iniciar el proceso con todas las partes involucradas. La ausencia de envolvimiento de los líderes, la demora o el mal manejo siempre produce una especulación que impide la solución.

No deben ser los novatos, inmaduros o nuevos creyentes los que participen en este proceso. Debido a que en las congregaciones existen muchas personas que recién inician su caminar en la vida cristiana o están en la etapa de niñez o adolescencia espiritual, no debe ser la congregación en general por una votación democrática la que debe determinar si se restaura a un individuo que ha caído en el pecado o no.

Las decisiones de los inmaduros en la vida cristiana son muy influenciadas por las emociones. Esta labor es otorgada a los líderes espirituales pues el apóstol cree que ellos deben tener el conocimiento y la madurez necesaria para dirigir. Ellos deben saber tratar con sus emociones y someterse a la Palabra, les guste o no. Sin embargo, y lamentablemente, esta no es la realidad en muchas congregaciones.

Tampoco es la persona a quien el pecado ha sorprendido quien debe ser parte de los que determinen lo que harán para restaurarle. Deben ser los espirituales. Un cristiano es carnal en el momento que entrega la dirección de su vida a las pasiones de su carne e ignora su deber espiritual. Cuando prefiere la satisfacción de sus pasiones a pesar de que está ensuciando su relación espiritual, se ha convertido momentáneamente en un cristiano carnal.

Por eso Pablo advierte que cualquier persona puede caer. Aconseja que el que está firme, que quien está actuando como espiritual, tenga cuidado con el juicio y el proceso que establece pues con la misma vara será medido si es que cae como el que en algún momento de su vida fue espiritual y ahora actúa como carnal.

Cuando Pablo determina que deben ser los espirituales los que llevan a cabo este proceso no está diciendo que deben ser creyentes sin faltas o que nunca se equivoquen, sino quienes tienen madurez, han demostrado un crecimiento consistente y hoy tienen una buena relación con Dios y buscan la guía de la Palabra y del Espíritu Santo (1 Corintios 2.15; Hebreos 5.13-14).

Lo más sabio en estos casos es que los líderes no actúen en forma independiente sino que tomen decisiones como equipo. No deben actuar solos sino seguir el consejo bíblico que nos asegura que en la multitud de consejeros hay sabiduría.

Estos líderes no deben actuar con un ánimo revanchista ni de aprovecharse para matar al herido dándole el tiro de gracia para que no sufra. Ellos buscarán la guía del Espíritu, orando fervientemente por la situación y las personas, buscarán el consejo de otros dirigentes y escudriñarán con diligencia las Escrituras para saber cuál es el camino que deben seguir. Estos cristianos (Gálatas 5.16, 18, 25) aunque pueden correr el peligro de dejarse guiar por sus emociones, pasiones y naturaleza pecaminosa, están dispuestos a buscar la guía del Espíritu. De esa forma evitan actuar con vanagloria solo porque ellos no hayan caído, causando irritación por el mal tratamiento del proceso, o actuando mal por envidia (Gálatas 5.25-26).

La actitud

Esta actitud positiva tiene dos características. Primero, un «espíritu de mansedumbre». Con ese espíritu se puede evitar la venganza, un espíritu destructivo o la intención de dañar a la otra persona. Debe haber ternura en el trato, combinada con firmeza y autoridad. Un espíritu de mansedumbre no significa que no pueden confrontar, exhortar o corregir, sino que todo eso lo realizan con ternura.

La segunda característica de este proceso es que debe ser realizado sin orgullo. Pablo exhorta a los espirituales a ponerse en la situación de la otra persona y pensar que ellos también están sujetos a las tentaciones. Debe existir empatía para identificar el dolor del que cayó, autoridad para condenar el pecado y determinar el proceso y con la convicción y conciencia de que si uno cayera, le gustaría que siguieran el mismo proceso que uno ha determinado pues tiene su total fundamento en la Biblia.

Los espirituales no deben actuar como lo harían los legalistas que actúan erróneamente cuando alguien ha caído en pecado (Juan 8.3-5; Hechos 21.27-29.)

Al contrario los cristianos maduros deben tener una meta en este proceso.

Debe realizarse un proceso disciplinario

Este proceso es más fácil si la falta de quien pecó es sencilla y la actitud es de humillación y arrepentimiento. La exhortación de algún líder es la primera parte de un proceso disciplinario. Si la falta es sencilla puede mantenerse entre el líder y el exhortado. Si el pecador vuelve a reincidir pues no realizó el cambio necesario, debe ser llamado ante otros dirigentes como segundo paso en su proceso de confrontación.

Si la falta es grave debe ser conocida inmediatamente por todos los líderes. El líder que descubrió el pecado o a quien se le confesó, debe buscar la ayuda de otros colegas maduros, especialmente si la falta puede provocar un escándalo. Y con mayor razón si uno de los líderes es quien ha cometido una falta que incluye escándalo y quebrantamiento.

Si la persona que comete pecados graves como adulterio, relaciones homosexuales, incesto, fornicación es sorprendido y confrontado, y continúa engañando, no evidencia arrepentimiento y reincide en el mismo pecado o desobedece las órdenes expresas durante el proceso de asesoramiento, debe ser expulsado de la iglesia y en algunos casos, denunciado públicamente. Situaciones tan graves, como el abuso infantil, deben ser denunciadas a la justicia inmediatamente. Los líderes de la congregación tienen el deber de proteger a los niños y cuando haya abuso infantil o cualquier manifestación de abuso sexual, deben tomar medidas muy drásticas. Los padres deben ser informados y el infractor debe ser denunciado.

En el caso de adulterio de un miembro de la congregación que al ser confrontado expresa claramente que elige seguir en su relación pecaminosa, o si dice arrepentirse y se comprueba que sigue en el pecado, se debe considerar ese acto como una rebeldía y debe ser excluido de la comunión de los santos. El apóstol Pablo exhorta enérgicamente a no permitir el pecado en medio de la congregación, a disciplinar a quien lo cometa, a excomulgar al que se rebele y a separarse y no asociarse con quien llamándose cristiano elige continuar viviendo en pecado (1 Corintios 5).

Podemos notar que el proceso se complica cuando no existe un genuino arrepentimiento y cuando el pecador reincide en su falta, sea esta pequeña o grande. Una falta pequeña puede llevar a faltas más graves y eso agudiza el proceso disciplinario. Una simple mentira puede rebelar que existe rebelión a la autoridad eclesiástica y eso siempre agrava el proceso y endurece las consecuencias. Una falta grave con demostración de un arrepentimiento genuino llevará al perdón y la restauración, actos posteriores que demuestren rebelión producirán un tratamiento más duro y una más grave sanción.

La posibilidad de restitución

Este no es un manual de disciplina, restauración ni restitución de las personas; por lo tanto, solo daré algunas indicaciones que creo son importantes.

La restitución es un tema diferente a la restauración de las relaciones. Es devolver una cosa o cargo a la persona que antes lo tenía. Es volver a la persona al lugar o a la posición que antes ocupaba. La restitución se relaciona con la posición de autoridad que la persona tenía antes de su caída en el pecado y al igual que todo el proceso, esta es posible si el pecador se arrepiente y da todos los pasos necesarios en su proceso de restauración.

Creo que cada caso debe ser estudiado en forma separada, ya que existen niveles de restitución. A veces se puede restaurar totalmente al ministerio que la persona tenía y en otros casos puede modificarse su labor ministerial, pero habrá otros casos en que no debe volver a la posición ministerial.

Nadie destituyó a la persona que pecó, antes bien fue su comportamiento pecaminoso lo que le inhabilitó para cumplir la función para la que fue elegido. Por su comportamiento pecaminoso se destituyó a sí misma. Esa persona ya no cumple los requisitos que son indispensables para que ocupe esa posición de autoridad. Esa es la razón por la que los líderes de la iglesia deben quitarle la investidura y la autoridad que le había sido dada a quien estaba capacitado para hacerlo y cumplía los requisitos demandados, pero que fue inhabilitado como producto de su pecado grave.

Cuando un líder peca no deja de ser capaz. Tiene el conocimiento y la habilidad, su problema es que no cumple los requisitos en el momento. Por su pecado deja de tener la autoridad con que había sido investido y ya no puede cumplir la función. Cuando un líder peca, siempre se pierde algo. Se pierde la integridad, la fidelidad, la confianza o la autoridad.

El adulterio de un líder de una congregación sometida a una denominación

Las denominaciones tienen una estructura organizacional, así como reglamentos internos, manuales de disciplina y procedimientos bíblicos que facilitan que el proceso siga los cursos requeridos y se tomen en cuenta todas las personas y las circunstancias. Si el adulterio de un líder es descubierto por los miembros de la congregación, deben denunciarlo a alguna autoridad superior y pedir la intervención de ellos. Estos tendrán la responsabilidad de seguir el proceso bíblico.

Tristemente, en muchos casos en que he sido consultado he notado que algunas denominaciones tienen procedimientos disciplinarios tan llenos de leyes y pasos y tan poco prácticos que se convierten en sistemas condenatorios y no restauradores. Otros sistemas son legalistas y punitivos, pero sus procesos no están diseñados para lograr la restauración de las personas. Otros sistemas son espiritualizados y muy poco prácticos, por lo que también impiden los procesos que concluyen en la restauración integral, mientras que otros son tan antiguos que impiden que ciertas denominaciones sigan un procedimiento que considere todas las situaciones y a todas las personas.

Mi recomendación es que las congregaciones revisen sus procedimientos pues algunas iglesias son morgues con campanarios. Sus sistemas están muertos y los procedimientos administrativos así como los libros de estatutos y reglamentos son más gruesos y consultados que la Biblia. Otras congregaciones son independientes hasta de la Biblia y de la instrucción divina. Como se nombran pastores solos y algunos solos se llaman, así forman congregaciones que no tienen ni siquiera declaraciones de fe integrales ni bíblicas y cuyo sistema de gobierno es el que se le ocurrió al fundador. Algunas de esas congregaciones independientes no tienen sistemas de disciplina, no saben cómo proceder y por ello necesitan buscar ayuda bíblica y profesional.

Las congregaciones que están bajo la sombrilla de una denominación deben seguir los procedimientos con fidelidad y buscar ayuda de un consejero profesional si su sistema no toma en cuenta el tratamiento integral; es decir, la restauración física, emocional y espiritual de los feligreses.

El adulterio de un líder en una congregación independiente

Algunos líderes de congregaciones independientes me han consultado en algunas oportunidades sobre cómo proceder cuando su pastor ha caído en adulterio. También algunos pastores de esas congregaciones que han confesado su pecado y quieren seguir un proceso bíblico. No debemos olvidar que cuando el líder está en pecado de adulterio pierde su comunión con Dios y esta debe ser restaurada mediante el arrepentimiento y su pertinente abandono de la relación pecaminosa. Esa persona pierde la comunión con su familia, por lo que también debe buscar la restauración mediante el arrepentimiento, por medio de la renovación de su pacto de fidelidad y de la pertinente humillación para restaurar la confianza perdida. Poco a poco va dando testimonio de su cambio y eso va restaurándole a su posición en su familia.

El pecado también produjo un rompimiento de la comunión con la congregación que lideraba. El liderazgo no es solo un título asignado, sino una posición privilegiada por un llamamiento recibido así como por las virtudes y capacidades demostradas. El líder que pecó debe buscar la restauración siguiendo todo el proceso bíblico y mediante su fidelidad al proceso y su cambio de actitud revelará si merece un nivel de restitución y a qué nivel puede acceder. Como cualquier otro miembro de la congregación, debe someterse a los líderes sabios de la iglesia independiente, donde no existe otra autoridad que el pastor. Los dirigentes de ella y el pastor que pecó, deben buscar la orientación de un líder que conozca la Biblia y sea profesional en su asesoramiento para seguir sus instrucciones. Como he dicho en otras partes del libro, ningún cónyuge o líder debe ser la víctima, el victimario, el abogado acusador, el abogado de la defensa, el juez y el jurado. Esto tristemente ocurre en ciertas congregaciones donde el pastor tiene toda la autoridad.

Todo líder de cualquier congregación —independientemente del sistema de gobierno que tenga— debe pasar por un proceso y demostrar que va creciendo en su fe y que va restaurando cada aspecto del carácter necesario para cumplir la función ministerial que cumplía dentro de la grey. Poco a poco, con esta actitud de humillación, va demostrando su capacidad y el cumplimiento de los requisitos indispensables para volver a estar calificado para algún ministerio. No debemos olvidar que para que llamemos a cualquier persona al ministerio se deben dar algunas condiciones y estas no deben ser disminuidas ni minimizadas cuando un pastor se ha descalificado a sí mismo debido a su pecado.

Para pensar en una posibilidad de restitución del pastor, debe realizarse el mismo proceso de evaluación. Así como cuando un cónyuge comete adulterio, luego debe ser evaluado para saber si realmente está arrepentido y si ha determinado cumplir los requisitos para ser una esposa o esposo conforme al modelo divino.

Los líderes deben determinar si es el momento y si las circunstancias son adecuadas para que el líder vuelva a ocupar la posición. En la realidad de América Latina, lamentablemente la mayoría de los pastores que caen en adulterio vuelven a pastorear aun sin pasar por un proceso bíblico. Algunos quieren seguir un proceso, pero no saben cómo hacerlo pues la estructura autoritaria de su congregación independiente ha permitido que tenga toda la autoridad y no tiene líderes capacitados. Algunos solo se convierten en tiranos y ellos mismos establecen su disciplina y se reintegran o dividen la congregación si los demás no le aceptan sin un procedimiento.

En otros casos forman otra congregación. Yo estoy convencido de que muy pocos líderes deberían volver a cumplir la misma función. Un líder que ha permanecido fiel, que ha tenido una relación conyugal saludable, que ha demostrado su carácter bien formado, su madurez en la congregación y cae víctima de una tentación está en una condición diferente a la de aquel que ha mostrado problemas de carácter en otra áreas, tanto en su familia como en su congregación y que ahora está involucrado en otro problema serio como una relación de adulterio.

También estoy convencido de que debido a la realidad en América Latina, la mayoría vuelve a ministrar, por lo que prefiero dar indicaciones concretas y bíblicas para que si los líderes o aun el pastor determinan que volverá a pastorear y nadie puede impedírselo —y aun los dirigentes y su esposa están de acuerdo que lo haga—, por lo menos sigan un procedimiento bíblico que les permita trabajar con su carácter y ser responsable bajo la guía de un consejero cristiano y profesional.

No creo que la realidad de América Latina suavice la condenación del pecado, lo debemos seguir condenando. No obstante, es mi deseo ayudar a que esas congregaciones, esos líderes que buscan una respuesta, tengan un procedimiento que les permita actuar lo más bíblicamente posible. No creo que todos los líderes que pecan deban abandonar todos sus ministerios, creo que algunos pueden ser restaurados y restituidos; pero muchos —debido a que no han tratado sus problemas y los mantienen— deben ser descalificados. No creo que todo líder que cae debe ser restituido, pero todos deben someterse a un proceso de asesoramiento que permita al consejero decidir cuál es su situación real en cuanto a su vida emocional y espiritual. Creo que todos los casos deben ser estudiados en forma independiente, tratados sabiamente, evaluados bíblicamente y manejados por personas que conozcan bien la Biblia y tengan capacidad para brindar asesoramiento profesional.

En todos los casos que quieran proceder a una restitución deben determinar si el candidato reúne los requisitos que demanda tal posición: si ha sido restaurado y está mostrando el carácter indispensable para cumplir ese ministerio. En esta evaluación, la opinión del cónyuge fiel es esencial. Ese cónyuge debe responder con sinceridad si su esposo o esposa ha seguido los pasos instituidos, si ha tomado la iniciativa para sanar su relación conyugal, si ha cambiado las áreas conflictivas que mostraba anteriormente.

Creo que una de las opiniones más importantes y objetivas, es la del cónyuge que ha sido testigo minuto a minuto de todo el proceso, siempre y cuando actúe bíblica y justamente. Junto con el compañero, los líderes deben evaluar si el esposo tiene la actitud de siervo que se necesita y no sigue actuando con el orgullo que le caracterizara en la temporada pecaminosa que vivió. Los líderes deben tener la confianza necesaria, deben aprobar su participación, determinar las reglas que deben practicarse en el ejercicio de la función pastoral y las consecuencias que acarreará por sus comportamientos pecaminosos que se repitan o por evidenciar actitudes y acciones sospechosas.

Opciones para el líder que pecó

El estudio de la realidad me indica que cuando un líder cae en pecado, elige diferentes opciones, algunas saludables y otras muy pecaminosas. Observemos las respuestas que he encontrado.

Algunos líderes abandonan al ministerio y a su familia

Las familias y las congregaciones que viven esta experiencia pasan por una de las vivencias más traumáticas. Su líder familiar, el dirigente admirado de la congregación, los ha dejado huérfanos y decepcionados. Es esencial que tanto la familia como la congregación reciban un asesoramiento bíblico. La esposa traicionada necesita ser consolada y tratada profesionalmente. Por desdicha, los líderes creen que solo el paso del tiempo puede sanar el dolor de la congregación, pero no es verdad. Un asesor sabio debe ayudar a la congregación a ser restaurada.

Algunos líderes se rebelan ante cualquier proceso disciplinario de su congregación y deciden asistir en forma anónima a otra congregación

Si el disciplinado no acepta el proceso y no quiere ser sumiso a los líderes, ha elegido una actitud de rebeldía. Si no quiere transferir su condición de miembro a otra congregación para iniciar en ella su proceso de restauración, si no sale de su congregación con una actitud de humillación y si no deja su comunidad después de un tiempo de reconciliación y perdón mutuo, su salida es producto de su orgullo.

La rebeldía es un pecado serio delante de Dios y debe ser tratado con la misma dureza que Dios lo trataría. En este caso la obligación de los líderes de la congregación que fue abandonada por su adalid es actuar dentro de los límites de la verdad. Ellos tendrán que comunicarle a la congregación lo que el pastor eligió e informar de la situación. Deben comunicar cuál ha sido el pecado cometido, cuál ha sido la actitud que ha tenido el ministro y la determinación de la congregación de declararlo en rebeldía.

Algunos líderes eligen salir de su congregación e iniciar el proceso de restauración en otra congregación

En algunos procesos de disciplina, por notar que en la congregación los líderes no tienen la capacidad, el personaje disciplinado prefiere iniciar el proceso de asesoramiento en otra congregación. El pastor debe pedir una carta de traslado a otra congregación para someterse al liderazgo bíblico profesional que ha aceptado incluirle en un serio proceso bien supervisado. Es indispensable que el cónyuge infiel se reúna con el pastor de la congregación a la que asistirá y que esté de acuerdo en ser un vigía del proceso de restauración. Debe exigir un procedimiento de consejería integral que incluya a su familia y su vida conyugal. El pastor debe comprometerse a conducir al cónyuge infiel en este proceso y notificarlo oficialmente a la congregación de la cual sale. Este a su vez debe aceptar la autoridad pastoral de quien ha elegido y entregarle la autoridad para que lo supervise. Todo este proceso debe ser realizado con el más profundo amor y respeto. Los líderes de la congregación que ha vivido la crisis deben buscar ayuda de un consejero experimentado en tales situaciones para que ayude en el proceso de sanidad de la grey y en el nombramiento de líderes interinos hasta que pueda conseguirse el reemplazo.

El cónyuge infiel puede decidirse a iniciar el proceso de restauración en su propia congregación

Por supuesto, esta es la determinación más difícil, pero la más grande prueba del arrepentimiento y humillación. En este caso será constantemente recordado de su pecado, en algunos casos en forma directa y en otros, de forma indirecta. Los líderes tendrán más presión para hablar del tema del adulterio y cuando lo hagan el cónyuge infiel sentirá la incomodidad y hasta la molestia. Si el cónyuge infiel ha sido pastor de la congregación tendrá problemas con todos los cambios que hagan los nuevos líderes, los cuales no le agraden. Las cosas que se hacen de una manera diferente a como él lo haría por lo menos le producirán desagrado, en muchas casos molestia.

Tendrá que lidiar con las opiniones diferentes de las personas. Algunas no le apreciarán, otras lo criticarán; aun otras lo soportarán, unas creerán que es sincero, otras lo juzgarán como hipócrita. Algunas lo apoyarán incondicionalmente y querrán presionarlo para que reinicie su liderazgo. Él sentirá la inmensa tentación de utilizar sus dones. Sentirá la necesidad de ayudar en las áreas que tiene capacidad para hacerlo. Sentirá que otros no están realizando el trabajo como deberían.

En todo eso debe mostrar un inmenso dominio propio. No debe aceptar que nadie lo presione a ejercer el liderazgo. Debe acallar cualquier comentario contra los líderes que actualmente están dirigiendo. No debe animar las críticas, ni escucharlas, y mucho menos participar en ellas.

Debe mostrar su sumisión a las autoridades de la congregación esté o no de acuerdo con ellas. Tal como existieron personas que no estuvieron de acuerdo con todo lo que realizó durante su ministerio, así existirán algunas que no estén de acuerdo con los nuevos líderes. Incluso él no estará de acuerdo con todo, pero debe existir respeto y amor.

Todo este nuevo procedimiento debe ser determinado por el consejero en una reunión de reconciliación con los guías de la iglesia. Este acuerdo debe ser comunicado oficialmente a la congregación.

Los líderes deben nombrar un consejero bíblico y profesional que asista al pastor con el asesoramiento conyugal. Es el consejero quien determina cuándo se han dado todos los pasos requeridos en el asesoramiento y cuándo la pareja superó el problema. El consejero y los líderes de la congregación poco a poco irán observando el progreso en el proceso de restauración.

Cuando se hayan tratado las áreas de conflicto en la relación conyugal y cuando se hayan trabajado las áreas conflictivas que llevaron al cónyuge a cometer la infidelidad y, además, este haya aprendido a tratarlas con sabiduría, entonces los líderes tendrán la opción de comenzar a utilizarle en algún área de ministerio que estimen conveniente y en la que tenga menor responsabilidad. La restitución al ministerio es una opción que debe ser considerada con mucho cuidado y con ayuda profesional para determinar si la persona pudiera alcanzar la restitución total o la integración a otro ministerio.

No creo que todos los líderes que pecan deban abandonar todos sus ministerios y no tengan la oportunidad de ejercerlos otra vez. Sería una generalización que no admite la restauración. Creo, sin embargo, que algunos pueden ser restaurados y restituidos a la misma posición o a otra labor ministerial. Creo que muchos —debido a que no han tratado sus problemas y los mantienen, y se niegan al asesoramiento y al proceso de disciplina— deben ser descalificados. No creo que todo líder que cayó debe ser restituido, pero todos deben someterse a un proceso de asesoramiento que le permita al consejero decidir cuál es su situación real y el estado de su vida emocional y espiritual. Creo que todos los casos deben ser estudiados en forma independiente, tratados sabiamente, evaluados bíblicamente y operados por personas que conozcan bien la Biblia y tengan capacidad para brindar el asesoramiento profesional que permita realizar una evaluación bíblica e integral.

Capitulo 13

CARTAS DE AMOR PARA QUIENES LAS NECESITAN

«No existe cónyuge inocente de pecado cuando existe una crisis en la relación conyugal. Todos los cónyuges pecamos y cometemos errores, pero no existe justificación para que debido a los problemas, uno de ellos elija la inmoralidad sexual. En esos momentos de crisis y confusión, ellos no solo necesitan una sabia exhortación, sino también amor, gracia, principios bíblicos y la debida orientación».

No creí justo terminar mi libro sin un resumen que tiene el propósito de describir el proceso que vive cada cónyuge en la difícil experiencia de confrontar el adulterio. Pasar por una temporada de shock debido a que ha sido sorprendido puede provocar una de las más grandes confusiones y de las más difíciles temporadas de remordimiento. Sufrir el doloroso engaño, la incertidumbre y la decepción tampoco es sencillo. Existen dos personas en conflicto y cuando la caída es de un líder, existen muchas personas que experimentan una difícil temporada de dolor, decepción y mil preguntas en medio de la confusión. En esos momentos se escuchan muchas voces. Desde las abundantes críticas destructivas y salvajes, pasando por las escasas palabras duras y sabias y recomendaciones bíblicas y profesionales de un número reducido de líderes sabios, hasta la actitud errónea de quienes por su profundo cariño por uno, no asumen la postura de equilibrio y exhortación, sino el apoyo irrestricto por un concepto equivocado del amor.

Creo que nunca actuará con más sabiduría el cónyuge culpable del adulterio que cuando decide someterse a la exhortación, la guía, el consejo bíblico y las consecuencias que imparten líderes bíblicos y sabios. En ese momento de crisis no debemos tener la osadía de querer manejar nosotros nuestros pecados y sus consecuencias, a pesar de que podemos ser líderes que creen que conocen mucho de esas experiencias. Es el momento de humillarse y seguir todo el proceso y los consejos de personas con autoridad bíblica y profesional y no entregar el manejo de nuestra situación a personas que no tienen la capacidad de establecer un proceso y por lo tanto, cometerán errores graves a pesar de su buena intención.

En este capítulo he incluido dos cartas de amor genuino, con palabras bíblicas de orientación para que los cónyuges comprendan que lo que viven y lo que sienten no es su patrimonio personal, sino el proceso lógico que vive toda persona que enfrenta la misma situación. Las siguientes cartas tienen la intención de comprender y mostrar mi empatía, y también orientar y recomendarle ciertas actitudes y comportamientos que son claves para preparar el camino para la restauración y la sanidad de muchos. Al cónyuge que aunque seguramente ha cometido varios errores y pecados, no es culpable de la mala elección del cónyuge que adulteró, mi carta demuestra mi empatía y a la vez confronta las actitudes y acciones erróneas y aun pecados que puede cometer quien debe actuar y reaccionar sabiamente y con responsabilidad e integridad frente a la triste caída de quien ha roto su pacto de fidelidad. A la misma vez escribo con amor al cónyuge que aunque seguramente ha tenido muchos aciertos y ha actuado en muchas áreas y aspectos de su vida con integridad, también existen otras que deben ser confrontadas. Ninguna exhortación y orientación es más importante que la que recibe de alguien que se ha preparado profesional y bíblicamente para ayudar en medio de esta temporada de prueba y dolor. Por lo tanto, con mucho amor y respeto escribo esta *Carta de amor a mi amiga engañada* y *Carta de amor a mi amigo que ha pecado*. Le invito a leer con mucha atención, no una, sino varias veces, y a orar y reflexionar seriamente para saber si está actuando a base de principios bíblicos:

Carta de amor a mi amiga engañada

Aunque la experiencia que vives es una de las más dolorosas que existe en toda relación conyugal, he decidido guiarte por medio de una carta que tiene como finalidad orientarte bíblicamente para que vuelvas a vivir saludablemente. Aunque tu situación es difícil, tú puedes ser la responsable de postergar tu restauración. Es cierto, aunque tú hayas fallado y actuado pecaminosamente en tu relación matrimonial, tu cónyuge es el único responsable del pecado cometido, pero tú eres la única responsable de responder sabia y bíblicamente, aunque él haya pecado gravemente. Recuerda siempre que dos males nunca hacen un bien y que Dios solo bendice tu sumisión pues Él siempre bendice la obediencia personal y no la obediencia ajena. Si tu esposo obedece en su proceso de arrepentimiento, a pesar de su pecado él será bendecido. Si tú desobedeces a Dios por el pecado de tu esposo, tú recibirás la disciplina por tu desobediencia; pero si ambos obedecen a pesar de sus pecados personales, Dios no solo bendecirá sus vidas, sino también su relación conyugal.

Para actuar bíblicamente, aunque no será fácil, debes someterte a los siguientes principios:

No importa cuántos errores hayas cometido, el pecado de tu marido no es tu culpa

Nadie es culpable de los pecados de otros y no existe ninguna justificación para el engaño y la infidelidad. Es cierto que pueden existir razones, pero los pecados nunca son justificados. Sé que muchas mujeres se sienten culpables en alguna medida del adulterio de sus maridos, pero los maridos sabios y fieles tienen otras formas bíblicas de confrontar los pecados de sus esposas y en vez de cometer adulterio por la falta de satisfacción en su relación conyugal, tienen la obligación de enfrentar el conflicto bíblicamente y con sabiduría.

Tú podrías haber tenido veinticuatro años y un cuerpo magistral y aun así tu esposo sería dominado por su mundo pasional, porque el problema no radica fuera de él, sino dentro de él. La mujer con quien te engañó no es culpable del pecado de tu esposo sino sus fuertes tendencias pecaminosas y el dominio de sus pasiones por sobre sus débiles convicciones. Nadie peca solo por las tentaciones, estas tienen que juntarse con los deseos internos, con las emociones, y quien finalmente decide es quien enfrenta la difícil tentación. El problema principal es la falta de aplicación de los valores bíblicos, su propia pecaminosidad, los conflictos no resueltos y una pasión sexual que nunca termina por saciarse.

No debes permitir que tu esposo te cree culpabilidad diciendo que tus relaciones sexuales no eran normales, que no tenía la frecuencia que necesitaba y que no recibía la atención, el cuidado, el cariño que necesitaba o que no era lo suficientemente admirado; esas pueden ser palabras que describen algunas verdades, pero no son justificaciones para cometer pecado.

No permitas que tu esposo alimente la culpabilidad que estás experimentando. Muchas mujeres se sienten culpables por no haber sido la esposa que debían y seguramente tienes razón porque nunca alcanzarás un nivel de perfección, pero el pecado personal nunca debe ser justificado por las fallas ajenas. Todo matrimonio tiene conflictos conyugales y toda persona tiene conflictos personales, pero ni tus problemas, ni los problemas que experimentan maridos y mujeres normales son la causa de los pecados personales. Así como tú no tienes justificación para maltratar, insultar, ser violenta o buscar un hombre y engañar a tu marido como un acto de venganza porque tu respuesta al pecado sería otro pecado, él tampoco debía reaccionar pecaminosamente aunque en su matrimonio hayan tenido problemas graves y su relación haya sido conflictiva.

Además, tú no puedes arreglar lo que no causaste y es por eso que tu énfasis debe ser en cómo arreglar tus faltas y cómo corregir los errores que estabas cometiendo no porque fueron la justificación de los pecados de tu esposo, sino porque son razones para los problemas de la vida conyugal. Tu meta no es arreglar los conflictos del marido que amas aunque te haya fallado, sino convertirte en la mujer que Dios quiere que seas. Si tu esposo tiene problemas no resueltos de índole personal, sexual, emocional o espiritual y no tiene una buena relación con Dios, él tratará de evitar su responsabilidad y buscar cualquier forma de justificar en su mente el pecado cometido, porque un hombre no presenta excusa, no culpa, no intenta justificar y determina aceptar su responsabilidad y las consecuencias solamente cuando está sinceramente arrepentido.

No te degrades ni permitas que tu esposo lo haga

Tú eres preciosa a los ojos de Dios, aunque también eres una mujer pecadora. No mancilles tu dignidad pues tu esposo no puede rebajarla. Los pecados que él ha cometido no te convierten en una mujer sin valor. Quienes no se dieron el valor que tienen fueron tu marido y la mujer que solo por infatuación y la presión pasional prefirió un hombre casado con quien no tiene ningún futuro ni puede desarrollar una relación santa y normal.

Tú deshonras tu vida cuando permites que permanezca contigo un cónyuge que no está verdaderamente arrepentido. Te degradas cuando vuelves a la vida sexual cuando aún no han sanado su relación conyugal. Traes afrenta a tu vida cuando permites que él se mantenga en pornografía, que a pesar de tener sexo contigo se mantenga en masturbación o que permanezca a pesar de que él admite que no puede terminar su otra relación.

Estoy convencido de que si en tu época de noviazgo hubieras descubierto que era dependiente de pornografía, que visitaba prostíbulos o tenía otra novia, o que era adicto sexual, nunca te hubieras casado. Te deshonras, te degradas, no muestras tu dignidad cuando le permites seguir en una relación conyugal que es enferma, que te encierra en una prisión y que te llevará a una segura destrucción.

Tú tienes el deber de comportarse como una hija de Dios que tiene valor y dignidad y él tiene que elegir entre vivir sabia, saludable, respetuosa y amorosamente con una mujer con dignidad o las adicciones y traiciones que disfruta en el mundo de maldad.

A pesar del dolor experimentado haz todo esfuerzo por tener energía y empatía

Te aconsejo energía pues aunque la experiencia es dolorosa, y las confrontaciones son hirientes, necesitas fortaleza de carácter, braveza y fuerza de voluntad para pasarlas. No digas cosas que no vas a cumplir ni aceptes conversar de cosas que no vas a aceptar. Mantente firme en las cosas correctas y no transes con el pecado ni con las actitudes, palabras y acciones que conducen a él. No permitas maltrato, insultos ni amenazas. Ustedes no deben actuar como niños que pelean y discuten por una tontería, sino como dos adultos que están discutiendo problemas graves y preparándose para tomar decisiones que afectarán su familia y toda su vida. Asegúrate bien de que tus pensamientos, tus actitudes y tus determinaciones estén basados en valores, en la verdad de Dios y en sus mandamientos, y no decidas llevada por tus sentimientos. Cuando estés convencida de que estás actuando bíblicamente, mantén tu postura, y actúa firmemente.

Te aconsejo que tengas empatía porque si bien es cierto que tu esposo tiene algunos problemas y ha cometido un pecado, no significa que tú no los tengas o que seas perfecta. Tu esposo es un pecador como tú y este es su turno en un tipo de falla y pecado cometido, el tuyo ya pasó o vendrá en cualquier momento cuando cometas algunas fallas o pecados personales. Si tu esposo inició su camino a la recuperación de una seria adicción debes entender que es un camino y que los logros no ocurren inmediatamente. Las adicciones no se marchan súbitamente, pero no se pueden vencer sin hacerlo bajo supervisión y planificadamente. Es posible que tenga alguna recaída y necesitará confrontación, pero debes hacerle entender que tu comprensión y paciencia no son un estímulo a su desobediencia. Debes comprender que los hombres adictos generalmente comenzaron en su adolescencia o han recorrido un largo camino y han echado raíces profundas, y que encontrar la libertad no depende solo de ellos, sino de su intimidad con Dios, de su amor por ellos mismos, de su amor por ti. Tampoco es asunto de un momento, sino el resultado de un disciplinado procedimiento. Tú puedes ayudarle si él es sincero y tú le permites la sinceridad. Debe tener la libertad de admitir alguna falla y tú de responder con enojo y comprensión y con mucha oración, siempre y cuando noten que van avanzando en el proceso de dejar la adicción. Cuando oras por él, involucran a Dios en el proceso y él se siente animado, y tal vez, sienta que está recibiendo la gracia que tanto ha necesitado.

Busca ayuda sabia, bíblica y profesional

Este no es un problema en el que tienes experiencia y no es una crisis sencilla de resolver. En la gran mayoría de los casos ninguno de los cónyuges está capacitado para lidiar sabia, bíblica y profesionalmente con una situación complicada que afecta el espíritu, el cuerpo y las emociones. Se necesita la guía sabia y bíblica de alguien que ama a Dios y que es un profesional para que trate el asunto en forma integral.

Tú has sido herida profundamente y necesitas expresar tu dolor, llorar, cuestionar y sacar de tu corazón la ira y la angustia para no caer en estados depresivos, por eso necesitas un consejero profesional que tenga claro los procedimientos y sea comprensivo. No compartas tu problema con todas tus amigas. No muchas son sabias, no saben cómo enfrentar bien estos problemas en la vida ni todas actúan en forma positiva. Lo peor que puedes hacer es conversar con personas negativas que tienen muchas ideas, dicen muchas palabras, están llenas de opiniones, pero no saben tomar decisiones basadas en convicciones. Sí puedes compartir con una amiga que sepa mantener confidencias, que ore contigo, te escuche, te anime, ore por ti y tenga mucha paciencia. Su rol debes limitarlo a esas situaciones pues ella no es una experta en adulterio ni adicciones. Esto no significa que no debes expresar a tu esposo tu dolor, tus sentimientos y tus opiniones, solo digo que él no debe ser la única persona que escucha tus verdades, tu dolor y tus frustraciones.

Cometes un serio error si comienzas a compartir tu dolor con un amigo de la oficina, la empresa en que trabajas o la iglesia donde te congregas. Buscar consuelo, cariño, aprecio, comprensión, guía, empatía, es lindo y es una búsqueda apropiada, pero es un error que conduce a pecados buscar todo eso en la persona equivocada. No comiences a ver películas pornográficas para aprender técnicas para conquistar a tu esposo, ni te vayas a ningún extremo mientras intentas vencer el estrés y evitar la depresión. Comer demasiado, dormir mucho, pasar mucho tiempo despierta, salir excesivo tiempo de tu casa, pasar mucho tiempo con tus hijos, pasarlo sola encerrada, vivir llorando, evitar derramar una sola lágrima, hablar con muchas personas, no hablar con nadie, alejarse totalmente de tu intimidad con Dios o vivir orando y llorando, todos son extremos destructivos y herramientas equivocadas.

Para tu fortaleza y recuperación espiritual necesitas cortos momentos disfrutando del amor de tu Creador. Tu deber es tener intimidad y cercanía con Dios en forma adecuada. Unos momentos de oración y una simple adoración, cortos momentos de lectura de la Palabra incluyendo salmos de consolación, son esenciales como herramienta espiritual de tu recuperación.

Para tu fortaleza y recuperación emocional necesitas relaciones humanas sabias y confortables. Tu deber es compartir con alguna amiga en forma periódica, privada, sabia y muy equilibrada. Tu deber es conseguir un consejero profesional, bíblico y sabio que te guíe por procesos bíblicos y prácticos que te muestren la solución y te permitan la recuperación.

Para tu fortaleza y recuperación física necesitas un gimnasio, un parque seguro o una piscina y una amiga o instructora que te diseñe un programa de ejercicios diarios. Su práctica no solo te ofrecerá la necesaria diversión, sino que te evitará la terrible depresión.

Asume tu responsabilidad

Recuerda que nadie es responsable de tu recuperación sino tú. Las demás personas pueden ofrecer el cariño, la dirección, el consuelo y el apoyo que necesitas con regularidad, pero tú necesitas asumir tu responsabilidad. No puedes arreglar los problemas que ha creado tu marido, ni tampoco puedes arreglar la vida de él si sufre las consecuencias de los problemas que tú le has creado. Si le insultaste o provocaste heridas por tu mal comportamiento, él tiene que lidiar con el dolor y la angustia que experimente en ese momento. No puedes arreglar la vida de tu marido ni él puede arreglar la tuya.

No lamas tus heridas, cúralas. No logras absolutamente nada llorando y metiéndote en tu fiesta de autocompasión. Declaraciones como «nadie me ama», «nadie me quiere», «nadie me comprende», «todos me ignoran», «todos me hieren» no solo son declaraciones extremas sino destructivas pues enfocan en tu dolor y tu persona y no en el problema y la solución.

No te quejes, agradece. Una cosa es sentir dolor y confesarlo delante del Señor y otra es vivir quejándose de todo lo que está ocurriendo. Los lamentos, las maldiciones, las protestas y críticas constantes nunca han traído ninguna solución, solo aumentan la ansiedad y crean un clima de tensión que impide la solución.

No minimices, sé real. Tampoco te vayas al otro extremo de no dar la importancia que realmente tiene el problema. El problema es grave, pero tú no agraves tu situación. El pecado de tu marido es grave pero no imperdonable, el arrepentimiento parece fácil, pero debe comprobarse con el paso del tiempo. Tu esposo fue infiel, pero puede volver a ser fiel. No es una experiencia sencilla, es una crisis. En todos los matrimonios existen crisis. Hay que aceptar la realidad y saber enfrentarla.

No mezcles todo, separa. Examina bien por qué te sientes cómo te sientes. Tu tendencia será a mezclar todo y culpar de todo a tu marido o de todos tus males a esta mala experiencia. Cuando existe una experiencia así, muchas veces se exacerban algunas heridas que estaban en tu corazón, se activan algunas malas reacciones que hemos acostumbrado o somos movidos a utilizar herramientas equivocadas. Es cierto que la experiencia es traumática, pero tal vez estás viendo demasiado negro y nublado por las dolorosas experiencias del pasado. Es cierto que te deben molestar algunas actitudes y acciones de quien te hirió y por ello estás enojada, pero tal vez estás utilizando las mismas actitudes infantiles y las palabras groseras y erradas que utilizabas equivocadamente cuando antes estabas enojada. Es verdad, debes sentir dolor y sentirte angustiada, con deseos de llorar, sin poder dormir, con ansiedad, estresada, atemorizada e irritada, pero no estés segura que es solo por el pecado de tu esposo, especialmente si estás sintiendo los estragos de tu periodo menstrual, o estás en plena menopausia o aun sin haber vivido esta terrible decepción, ya venías con un cuadro de depresión. Sé sabia y determina si algo de lo que sientes, sentías antes cuando tu vida era más normal y no está relacionado con la crisis actual.

Sé obediente, practica el perdón

Nota que no dije que sientas ganas de perdonar. Estoy diciendo que debes ser obediente. Ya sé lo que me dirás pues lo he escuchado muchas veces: «No estoy lista a perdonar, me cuesta obedecer a Dios en estas circunstancias», «Es muy difícil responder bien en medio del mal», «Ahora no siento ganas de hacerlo». Te fijaste en las respuestas. Son exactamente las respuestas que permitieron que tu esposo cometiera el adulterio: «No estoy listo a evitar esta tentación, me cuesta obedecer a Dios en estas circunstancias», «Es muy difícil responder bien en medio de la tentación». «Ahora siento ganas de hacerlo».

El perdón no debes relacionarlo con los deseos porque nunca debe ser una respuesta emocional, sino una respuesta en obediencia de una persona espiritual. Dios no nos manda a sentir el perdón, sino a realizarlo; no es nuestra opción, es nuestra obligación.

El perdón es esencial para desprendernos de la amargura y el resentimiento y solo así podemos vivir una vida normal. No estoy pidiendo que olvides, porque nuestra mente nunca olvida nada. El recuerdo siempre estará presente, pero el perdón te guiará en la recuperación para que un día, el recuerdo no sea doloroso. Perdonar no significa que terminarás con el dolor que sientes, solo comenzarás a desprenderte de él lentamente. Perdonar no significa que interrumpes tu proceso de lamento o que niegas tu dolor, pues para perdonar lo primero que tienes que hacer es admitir que fuiste herida. Perdonar te permite declararlo a tu marido libre para que él haga lo que quiera. Sí, leíste bien. No puedes convertirte en una agente secreto pues será imposible controlar toda su vida. Él es libre para hacer lo que quiera; después de todo, no hará lo que le dices, sino lo que él quiera, y puede querer lo malo o lo bueno y tendrá su estrategia para hacerlo. Si decide volver a lo malo, te darás cuenta, notarás su cambio y si existen sospechas tendrás que investigarlo. Si desarrolla la confianza y se comporta como debe, hará lo indispensable para poder restaurarla.

Una de las acciones con las que más imitamos a Cristo es cuando decidimos perdonar. Jesucristo fue asesinado por las personas que amó, para que las personas que amó puedieran acercarse a Él. Tú también fuiste traicionada por la persona que amas y la única manera de quitar toda barrera de separación e iniciar una nueva relación es utilizando la virtud del perdón. Si no perdonas y te conviertas en espía, le prohíbes a Dios que actúe. Tu mensaje es sencillo y directo. Le dices a Dios: «Tú no te metas, solo yo puedo tratar con mi marido». Cuando no perdonas, acumulas ofensas, dolor y todos los malos sentimientos, y por ello terminarás en amargura y resentimiento. Si lo perdonas le entregas a Dios la maravillosa tarea de tratar con la gracia, amor y justicia que caracterizan su amor. Si le perdonas tú serás libre, evitarás tu sufrimiento y serás una gran motivación para que él elija el arrepentimiento.

No inicies la nueva relación sin establecer límites y sabias condiciones

Las adicciones no se marchan solas ni después de un simple susto. Los maridos que no son adictos y cometen el pecado de ver pornografía, involucrarse emocionalmente con otra o aun cometer adulterio, cuando son descubiertos y confrontados y se arrepienten sinceramente, es difícil que caigan en adicciones; pero quienes son adictos, con la vergüenza, con el susto inicial por ser descubiertos, con la crisis provocada, pueden sentir remordimiento, pero no siempre están listos para un genuino arrepentimiento. Ellos muchas veces necesitan una confrontación muy dura y sistemática y un proceso firme de guía y dirección y aun un poco de sufrimiento, para comenzar su proceso de arrepentimiento.

Tu esposo cedió su poder y lo entregó a la maldad. Eres tú quien tiene que tomar las riendas de la restauración para tratar de volver la relación a la normalidad. No siempre es posible, pero aunque él se marche y destruya la relación matrimonial, tú todavía podrás vivir una vida de excelencia y normalidad. Volver a vivir con excelencia, en paz y tranquilidad tomará un cierto tiempo, pero todo volverá a la normalidad cuando pase el periodo de lamento y hayas actuado en obediencia a Dios y sin responder con odio ni motivada por el resentimiento.

Después de descubrir actos de infidelidad es esencial establecer una estructura de convivencia que permita relacionarse con excelencia. Después de confrontar el problema con sabiduría, se inicia una nueva relación matrimonial en la cual deben existir límites saludables y acuerdos esenciales. Definitivamente existen cosas que nunca más debes permitir y su reincidencia traerá más serias consecuencias. Si tu cónyuge no abandona la infidelidad, tú serás la encargada de terminar la relación que sigue incluyendo actos de pecaminosidad. Si su problema es pornografía y masturbación deben acordar remover todo lo que exista en la casa y permita practicarlo. Y deben decidir si bajo la ayuda de un consejero que entienda la situación debe entrar en un programa para poder abandonar su adicción. Las mentiras, el engaño y la hipocresía son partes esenciales para mantener una adicción, y nunca debes tener una relación conyugal con alguien que tiene esas características. Siempre debes creer que son sus acciones las que prueban un cambio de comportamiento y no las palabras que prometen cambio en todo momento.

Hablar de su problema y hablar de sus pecados no es fácil para ti ni tampoco para él. Si es sincero y está arrepentido, experimentará gran vergüenza y dolor, evitará dar muchos detalles y sufrirá internamente. Si no se ha arrepentido o aún está en proceso puede explotar en ira o en algunas acusaciones, o quizás comentarios de tu comportamiento que le permitan algunas justificaciones. No te envuelvas en una confrontación violenta, antagónica, cínica o hiriente, ese sistema nunca permite encontrar la solución. Tu enfoque debe ser el asunto y no la persona, los pecados específicos y no los detalles, los acuerdos y no los gustos.

Si el pecado fue el adulterio tendrás que exigir algunas reglas que ayudan en la restauración. La primera de ellas es exigir un proceso de asesoramiento profesional que permita ir a las raíces del problema y evaluar los errores que ambos han cometido en su relación conyugal. No debes permitir nada en secreto; debe ser que todo puede ser investigado. Su teléfono, mensajes de texto, llamadas, correos electrónicos y todo lo que puede utilizarse para el mal, aunque no debes impedirle ni impedirte vivir una vida normal. Debe ser respetuoso de tus horarios, comunicarse regularmente contigo, evitar los sitios y personas peligrosos y mantener siempre un espíritu de cooperación y respeto y una actitud amorosa.

Que Dios sea tu mejor amigo, y determina vivir para su gloria

En muchas ocasiones vivimos como si los miembros de nuestra familia fueran nuestros dioses o por lo menos nuestros ídolos. En muchas ocasiones las esposas traicionadas me han dicho: «Él era todo para mí», «Nunca pensé que él iba a pecar», «Él prometió que nunca me engañaría, pero falló». Por supuesto, todos prometemos y todos, o por lo menos muchos, tenemos buenas intenciones y no planificamos nuestros pecados, pero no somos dioses para nunca fallar. Nuestros cónyuges no son infalibles, omnipotentes ni omniscientes y nunca debemos depender de ellos como si fueran dioses, ni tener tanta pleitesía como si fueran ídolos. Cuando ponemos a alguien o algo en lugar de Dios y le dedicamos toda nuestra devoción y por esa persona podemos dejar todo, o permitir lo que a ninguna otra persona permitiríamos o aun dejar de cumplir con algo que Dios demanda por satisfacerlo, entonces, erróneamente convertimos a nuestros cónyuges en dioses o ídolos.

La verdad te enseña que tu esposo no era un príncipe, ni tampoco un caballero con su brillante armadura y las esposas no son la octava maravilla del mundo. Así como los hombres nombran dios a su trabajo, así las mujeres convierten sus relaciones en ídolos. Por ello, algunas mujeres creen que estarán completas y felices cuando encuentren un marido bueno, sabio y cristiano, pero pronto se decepcionan porque es imposible obtener felicidad de otro ser humano. Muchas mujeres tienen expectativas exageradas de un ser humano imperfecto y quedan decepcionadas cuando comprueban su imperfección. Muchas mujeres creen que la fuente de aumento de su autoestima debe ser su marido y equivocadamente los nombran los espejos donde miran sus virtudes y defectos, pero no es virtud sino un defecto elegir un espejo imperfecto.

Tu fuente de autoestima, es decir, lo que piensas de ti misma, nunca debe ser la opinión, los criterios, las demandas o las ideas de tu marido falible, sino el espejo divino, la Palabra extraordinaria que te revela la opinión de un Dios infalible. Dios piensa bien de ti aunque todos piensen mal. Dios no te condena aunque otros te condenen pues su acto de condenación no es contra ti, sino contra el pecado que produjo tu rebelión.

Si antes vivías para agradar a tu marido y para que él opinara bien de ti, ahora tienes que aprender a agradar a Dios y buscar que Él piense bien de ti, pues solo amando y agrando a Dios podrás amar a tu marido como Dios quiere que le ames. Hoy debes aprender a vivir para la gloria de Dios. Fuiste creada para la gloria de Dios y si quieres alcanzar la realización plena, tienes que vivir para la gloria de Él, sea que los demás lo hagan o no. Es tu deber creer, amar, obedecer, adorar, servir, cantar, reír, hablar, desarrollar tu vida, cuidar tu cuerpo, vestirte, tener relaciones íntimas, dormir, descansar, hablar, callar, animar, confrontar, disciplinar y restaurar para la gloria de Dios. Es tu deber vivir en santidad aunque tu marido elija el pecado, es tu deber reaccionar bien aunque tu esposo actúe o reaccione mal, es tu deber hacer lo correcto aunque tu cónyuge elija lo incorrecto, es tu deber vivir para la gloria de Dios, aunque nadie más lo haga. Si quieres vivir con felicidad no tienes que ser lo que otros quieren que seas, ni siquiera lo que a ti te gustaría ser. Para vivir una vida fructífera y realizada tú tienes que ser la persona amable, cariñosa, respetuosa, amorosa, justa, responsable y respetable que por Dios fue diseñada.

Carta de amor a mi amigo que ha pecado

Traté de elegir el título más suave porque sé que fuera de la merecida reprensión divina y la confrontación de tu esposa querida, también estarás recibiendo algunas pedradas que no suavizan sino que agravan las crisis. Hubiera podido titularla «Carta a mi amigo pecador» pero suena muy duro, o «Carta a mi amigo adúltero» pero suena a condenación y quiero que notes mi aprecio y no una mala intención.

Si eres uno de esos cónyuges rebeldes que no intenta arrepentirse, no existen palabras que te pueden convencer, pero si has determinado tu seguro arrepentimiento, quiero que elijas reflexionar en este importante momento.

En medio de las crisis que otros nos provocan o cuando nosotros las provocamos, no existe nada mejor que estar dispuestos a recibir orientación y que haya alguien dispuesto a otorgarla. La razón de esta carta es entregarte la orientación bíblica y práctica para confrontar la seria crisis en que te encuentras. Espero que con corazón abierto estés dispuesto a recibirla o si no tienes mayor interés, espero que, por lo menos, leas con atención para ver si al final de tu lectura, ha cambiado tu corazón.

Uno de los errores más graves que podemos cometer es tomar determinaciones serias y radicales en medio de las crisis personales.

Independientemente de cómo veas la situación, debido a que has confesado o se ha descubierto tu adulterio, no solo tú, sino también tu familia está en seria crisis. El resultado de esta experiencia dolorosa y los efectos que tendrá en tu vida, depende solo de ti. Tu orgullo y necedad acumularán maldad, dolor y resentimiento. Un mal nunca se arregla eligiendo malos comportamientos, actitudes y palabras. Por lo tanto, si tu interés real es enfrentar la maldad y realizar un cambio radical, también tu actitud y tus determinaciones deben ser radicales.

En esta carta te entregaré algunos consejos que son esenciales para lograr restaurar tu vida y para que produzcas el ambiente propicio para que las personas que has afectado sean motivadas a la restauración y para que tengas la única posibilidad de restaurar tu relación conyugal. Notaste que lo único que aseguré fue la restauración de tu vida pues para ello, solo tú eres responsable. No prometo que tu esposa será restaurada pues aunque hagas todo lo correcto, ella puede elegir la amargura y el resentimiento y vivir así toda su vida, pero esa no es tu responsabilidad. Tampoco he prometido que haciendo lo correcto restaurarás tu relación conyugal, pues si tu esposa decide utilizar tu adulterio para su divorcio, tiene razones para hacerlo, y si elige nunca perdonarte, tu matrimonio nunca será restaurado; pero si tú determinas obedecer a Dios y someterte a sus mandamientos y principios y vivir una vida de obediencia y alta moralidad, tu vida será restaurada y podrás vivir una vida realizada: soltero, casado, viudo o divorciado.

Y ahora, lee los siguientes principios con la intención de entender un procedimiento divino y no con una actitud negativa contra lo que consideres solo ideas humanas:

Aunque tengamos justas razones para actuar con rebelión, para cometer pecados nunca existe justificación. Nadie nos obliga a actuar pecaminosamente. Nosotros elegimos la rebelión voluntariamente. RECONOCE QUE FUE TU ELECCIÓN.

Estoy convencido que tuviste muchas razones para caer en ese terrible pecado. Nadie está casado con un cónyuge perfecto, todos los matrimonios tienen problemas y el tuyo no es la excepción. Pero fuiste tú quien decidiste marcharte. Tú determinaste alejarte del Padre celestial que te hizo parte de su familia y que tanto te ha amado. Tal vez tu esposa se había convertido en alguien negativa, problemática, indiferente y poco cariñosa. Es difícil convivir con alguien así. Tal vez ella falló al no reconocer tus sacrificios y en vez de admirar tus logros vivía condenando tus fracasos. Tal vez comenzó a rechazar sistemáticamente la vida sexual y no estuvo dispuesta a atender tus necesidades con regularidad. Puede que debido a ello perdiste el encanto y pensaste que se había marchado el amor y buscaste una nueva ilusión. Tal vez te sentiste ignorado y despreciado por tu esposa y admirado, respetado y tratado con ternura por una persona con quien volviste a sentir una ilusión, volviste a sentirte amado y terminaste profundamente enamorado. Tienes toda la razón del mundo para sentirte bien con quien te trata bien y mal con quien te trata mal: el problema es que seguramente si me entrevisto con tu esposa, también tendrá la misma opinión. Seguramente me dirá: «La razón por la que dejé de admirarlo, respetarlo y desearlo es porque él primero me irrespetó, me ignoró, me maltrató y dejó de demostrar admiración y cariño». No tengo ninguna habilidad de determinar qué fue primero, ¿el huevo o la gallina? Y por ello debo concluir que ambos cometieron errores, ambos fallaron, ambos de alguna manera se ignoraron, se irrespetaron, se descuidaron, se maltrataron y debido a ello tienen razones para sufrir, sentirse heridos y rechazar ese comportamiento inadecuado, pero ninguno de los dos tiene justificación para elegir el pecado. Es cierto, tu esposa tuvo razones para pecar, y ella también te otorgó razones para que eligieras el pecado, pero las razones que ambos han encontrado jamás justifican nuestros pecados. Nadie te obligó a pecar, tú lo elegiste. Nadie te obligó a adulterar, tú lo elegiste, y no por los errores de tu esposa, sino por la actitud errónea y rebelde de tu corazón pecaminoso.

Así como tú decidiste rechazar al Padre amante que anhela tu bien, también elegiste una actitud egoísta. Decidiste marcharte de la comunión con Él en respuesta a tu deseo egoísta de satisfacción personal. Alguien te impresionó, te impactó, te conquistó, te atrajo, te emocionó y te excitó. No pensaste si impactaría a tu esposa, tu familia, tu congregación, tu trabajo o tus hijos pues todo giró en torno a tus gustos, tus deseos y tus pasiones egoístas. Decidiste ignorar a tu Padre celestial, a tu familia y a tu cónyuge con quien tenías un pacto de fidelidad hasta que la muerte los separe y no hasta que ella te ignore, te maltrate, te irrespete. Tú decidiste rebelarte e hiciste lo mismo que el personaje de este relato:

También dijo: Un hombre tenía dos hijos; y el menor de ellos dijo a su padre: Padre, dame la parte de los bienes que me corresponde; y les repartió los bienes.

Tu pecado ocurrió por una sencilla razón, la rebelión de tu corazón. No solo engañaste a tu esposa, te rebelaste contra Dios, y la razón es que eres pecador. Elegiste marcharte como el rebelde de nuestra historia:

No muchos días después, juntándolo todo el hijo menor, se fue lejos a una provincia apartada; y allí desperdició sus bienes viviendo perdidamente.

Elegiste la vida de derroche de tus valores y principios. Aquellos valores que tenía tu Padre celestial y que te los traspasó, los ignoraste, los desechaste y elegiste vivir una vida desenfrenada. Pero llegó tu momento de admitir que fuiste tú y nadie más él que eligió vivir como viviste.

El primer paso en todo proceso de recuperación es ese, admitir tu realidad, admitir que nadie fue responsable de tu pecado sino solo tú. ¿Es esa una sorpresa? Por supuesto que no, pero además de tu inevitable pecaminosidad, tú elegiste seguir tus gustos, pensamientos y pasiones humanas en vez de la sabiduría divina. Ahora tienes que revertir ese proceso. ¿O quieres seguir actuando y reaccionando de acuerdo a tus ideas después que has confesado que fallaste precisamente por eso? Este es el momento de un cambio radical, la verdad es que no es fácil ni natural. Hoy tienes que decidir renunciar a tus planes, ideas y estrategias, para someterte a los decretos extraordinarios de un Dios amoroso que no solo quiere tu satisfacción, sino que tiene caminos extraordinarios para tu necesaria restauración. Y ahora, manos a la obra, querido amigo que has pecado. Así como fuiste valiente para desobedecer al Dios fuego consumidor que puede destruir al pecador, aplica algo de esa valentía para someterte humildemente a quien nunca se equivoca y que te ha demostrado siempre su gran amor.

A pesar de todas las técnicas o sabiduría que pueda utilizar un cónyuge para descubrir a la esposa o al marido que le está engañando, nunca somos descubiertos por la astucia humana, sino por la maravillosa soberanía divina. NO TE MOLESTES POR HABER SIDO DESCUBIERTO.

Dios tiene maneras excelentes de operar y recursos que los seres humanos no podemos imaginar. Él sabe cómo mover todas las circunstancias para que cuando menos lo imaginemos, seamos descubiertos. La intención divina siempre es buena. Dios tiene dos perros cazadores y a uno lo ha llamado gracia y al otro misericordia. Ellos nos seguirán toda la vida. Dios nunca estará contento con nuestra rebelión ni se alegra cuando sus hijos elijen vivir en temporadas de desobediencia. Él nunca deja de amarnos y más bien motivado por su amor, elige responder con justicia. Y es precisamente por la justicia de Dios que todo ha salido a la luz. Solo Él permitió que fueras descubierto y todo lo hizo por tu bien. Así ocurrió también en la historia paralela que vamos analizando:

Y cuando todo lo hubo malgastado, vino una gran hambre en aquella provincia, y comenzó a faltarle. Y fue y se arrimó a uno de los ciudadanos de aquella tierra, el cual le envió a su hacienda para que apacentase cerdos. Y deseaba llenar su vientre de las algarrobas que comían los cerdos, pero nadie le daba.

Dios soberanamente permitió que existiera esa hambruna en el país y que el protagonista comenzara a vivir las consecuencias de su terrible decisión. Lo mismo ha ocurrido contigo. Dios soberanamente te llevó a un callejón sin salida. Él movió las piezas precisas para que te encontraras donde estás. Por ello, si fuiste acusado, denunciado, investigado, seguido y descubierto por tu cónyuge, alguien de tu familia, un amigo o un extraño, ellos no son instrumentos satánicos para hacerte mal sino instrumentos divinos para hacerte el bien. Tú no podías salir de su estado de locura temporal sin que instrumentos fueran utilizados soberanamente por el Dios que te ama sinceramente. No culpes a ningún instrumento de tu descubrimiento, culpa a quien realmente es culpable y ese ineludiblemente eres tú.

***Cuando somos descubiertos por la soberanía divina nuestro deber es abandonar toda actitud de rebeldía y reconocer que no existe mejor lugar para vivir realizados que volver a los principios y valores divinos que habíamos renunciado.** DETERMINA RESTAURAR TU INTIMIDAD CON DIOS.*

Renunciar a la casa del Padre celestial y rechazar sus valores fue el más grande error que cometiste. Los principios y verdades divinos son claves para vivir una vida de felicidad y realización. El vacío y dolor que experimentamos se debe a que elegimos nuestra pasión humana en vez de vivir una vida de sumisión a la voluntad divina. No existe mejor actitud que volver a tener la intimidad y cercanía con el Dios que tanto nos ama. Debes volver a tu intimidad con el Dios que desobedeciste. No se puede demostrar el arrepentimiento sin entender verdaderamente que hemos ofendido a Dios y que le necesitamos con urgencia. Debes cambiar tu actitud con Dios. Él no te ha fallado, Él siempre te ha amado y esperado. En nuestra errónea actitud con Dios, cuando nos alejamos de Él, podemos llegar al extremo de decir que amamos al Señor y nos interesan sus principios y muy adentro de nosotros sabemos que no tenemos la intención de cumplirlos. Así viviste por un tiempo, pero no debes seguir igual. Debes volver a tener intimidad con Dios pues si Dios realmente no te interesa, ni tu esposa te interesará. Vuelve a tu primer amor, vuelve a amarle con pasión. Tener intimidad con Dios significa que tienes con Él una relación reservada, entrañable y profunda; que volviste a desarrollar la virtud de entregarte y volviste a restaurar tu relación con Dios y esa disposición y determinación a que Él sea tu máxima lealtad y que por amor te someterás a su principios y mandamientos a pesar de lo que otros digan o hagan y a pesar de tus sentimientos. Esta intimidad se caracteriza por tu asociación con Dios, por tu contacto regular, por tu familiaridad muy estrecha. Esta intimidad se caracteriza por ser una amistad cálida que se desarrolla mediante una asociación permanente a un nivel muy personal y muy privado. Es tu deseo genuino de amarle por sobre toda persona y sobre todas las cosas y de vivir una vida de sumisión y obediencia permanentes.

No existe mejor lugar que la casa de Dios, no existe mejor lugar para la satisfacción de nuestras necesidades sexuales tal como Dios las diseñó, que una relación conyugal hermosa y saludable. No existe mejor lugar donde recibir y dar cariño, donde recibir y dar respeto, donde amarnos y ser amado que en medio de las personas que deberían ser las más íntimas y cercanas, nuestra familia.

El rebelde de nuestra historia vivió el dolor de la lejanía y la falta de aquello que en algún momento despreció. En los últimos tiempos en su casa, no apreciaba lo que tenía y creía que por fuera, la situación era mejor. Pero llegó el momento de comprobar que nada se compara a un hogar saludable y nada puede ser más destructivo que una familia con relaciones enfermas. El rebelde de la historia dicha por Jesús sufrió, tal como tú. Estás sufriendo por tus decisiones erróneas y no por culpa de quien no tenía una relación correcta contigo o por culpa de quien te sorprendió:

Y cuando todo lo hubo malgastado, vino una gran hambre en aquella provincia, y comenzó a faltarle. Y fue y se arrimó a uno de los ciudadanos de aquella tierra, el cual le envió a su hacienda para que apacentase cerdos. Y deseaba llenar su vientre de las algarrobas que comían los cerdos, pero nadie le daba. Y volviendo en sí...

Es verdad. Al fin volvió en sí, al fin dejó su estado irracional, al fin se puso a pensar que su hogar era mejor, que nadie podía darle lo que la familia le podía dar. Al fin volvió a pensar como debía. Al fin comenzó a analizar la vida con objetividad y visión y se dio cuenta de su equivocación. Al fin entendió que vivir en desobediencia solo trae un estilo de vida desordenado, desesperado y pecaminoso. Eso es precisamente lo que tiene que ocurrir contigo. Debes entender que no existe mejor lugar que un hogar saludable. No dije que el hogar que tenías pues tal vez una de las razones de tu pecado fue lo enfermizo de tus relaciones. No digo que debes volver a esas relaciones conflictivas y decepcionantes, sino que deben buscar la ayuda para corregir los errores y su relación puede ser mucho mejor que la que tenían, debido al manejo bíblico de la situación vivida.

***Cuando entendemos que nosotros somos los únicos responsables de los pecados cometidos y de restaurar nuestra vida en forma integral, debemos desarrollar una estrategia que nos permita obedecer a Dios y regresar a la vida normal.** DETERMINA SER EL ESPOSO QUE DIOS DEMANDA.*

Sin Dios y sin obediencia no podemos vivir la vida que Dios demanda que vivamos. Sin una estrategia no podemos regresar al lugar que corresponde. Sin un plan bíblico y bien establecido, nuestras buenas intenciones solo quedan en eso. Tú debes diseñar la estrategia de tu regreso y solo tú eres el encargado de cumplirla a pesar de todos los obstáculos que puedas encontrar. Así ocurrió en la historia que cuenta Jesús:

Y volviendo en sí, dijo: ¡Cuántos jornaleros en casa de mi padre tienen abundancia de pan, y yo aquí perezco de hambre! Me levantaré e iré a mi padre, y le diré: Padre, he pecado contra el cielo y contra ti. Ya no soy digno de ser llamado tu hijo; hazme como a uno de tus jornaleros. Y levantándose, vino a su padre.

La estrategia fue volver y admitir su pecado, mostrar su arrepentimiento y aceptar todas las consecuencias resultantes de su temporada de rebelión. No se quejó de su situación, sino que admitió su condición y no solo pensó actuar bien, sino que se levantó y se dirigió a cumplir lo que había planificado. En las palabras de planificación de su estrategia de restauración, no existe ninguna palabra de condenación para lo duro de su situación, sino muchas palabras de reconocimiento de lo terrible de su rebelión. Eso es precisamente lo que tú tienes que hacer. Debes elaborar tu estrategia, pero no conforme a los deseos de tu corazón, sino conforme a los mandatos de tu Señor. Dios nunca nos mete en tentaciones, pero cuando nosotros cedemos a ellas, siempre tiene preparada una salida. Él te la ha otorgado ahora, aunque tu terco corazón se llene de enojo con quienes han sido utilizados divinamente para que no sigas viviendo pecaminosamente. Él no quiere que permanezcamos en las consecuencias terribles de nuestras elecciones, aunque a veces permita que comamos con los cerdos para que anhelemos volver al hogar hermoso y limpio que despreciábamos. Sin duda mientras disfrutabas del pecado no sufrías pensando en tu hogar, pero ahora has descubierto que aunque en ese momento disfrutabas por satisfacer tus pasiones desordenadas, estabas en medio de la inmundicia del pecado y con una persona que no amabas, sino que usabas para satisfacer tus deseos pecaminosos. Es que el amor genuino nunca engaña ni adultera, nunca hace nada indebido, ni se alegra en la injusticia, ni busca la satisfacción de los deseos egoístas. Tú no amaste, ni te amaron; te apasionaste y se apasionaron, engañaste y te engañaron. Desde el punto de vista de Dios, aunque haya sido satisfactorio y emocionante, ambos pecaron.

Tu estrategia no puede ser otra que la que Dios ordena. Quien peca debe humillarse y planificar su regreso al hogar que despreció, aunque nunca seas aceptado. Tu estrategia debe ser la sumisión y aceptación de cada una de las consecuencias que resulten de tu temporada de desobediencia. Tu plan debe ser no actuar erróneamente sino con la verdad e integridad, a pesar de quienes como producto de tu pecado estén actuando con falta de sabiduría y aun con maldad.

No respondas erróneamente a quienes responden mal a los errores que cometiste, solo agravarás la situación. Tu bendición y restauración resultarán si actúas correctamente aun con quienes actúen equivocadamente como respuesta a tus pecados porque es pecador el que peca como acción y el que peca como reacción.

Cuando somos sorprendidos o admitimos nuestros pecados, la única respuesta bíblica, saludable y que permite nuestra restauración es un arrepentimiento genuino y de todo corazón. DETERMINA ARREPENTIRTE Y DEMOSTRARLO CON TUS PALABRAS, ACTITUDES Y COMPORTAMIENTO.

En la mayoría de los casos las personas son sorprendidas en adulterio. Es muy difícil que alguien confiese sin que alguien le haya descubierto. En la mayoría de los casos eso complica el verdadero arrepentimiento. En la mayoría de los casos las personas no saben cómo actuar ni cómo pasar por un proceso saludable y a veces es más destructiva la falta de sabiduría para enfrentar las consecuencias del pecado, que el dolor por el pecado cometido. Pasarás por una temporada de temor por las consecuencias que puedes experimentar y en algunos casos, de alivio porque ya estás obligado a confrontar la situación. En cierto momento sentirás ira por haber sido descubierto y la angustia o depresión por lo conflictiva de la situación. En ciertos momentos tendrás la determinación a realizar cambios radicales y en otros momentos preferirás dejar todo a la deriva. A veces te dará dolor ver a tu cónyuge y familia en un estado de confusión y otras veces, la ira por las reacciones irrespetuosas, de inseguridad, la desilusión o las reacciones inadecuadas por la frustración que invadirá tu corazón, si te enfocas en los errores o reacciones equivocadas de tu cónyuge, si te molesta el control que ella quiere tener o decides que tu proceso de arrepentimiento dependa de las acciones y reacciones de tu esposa.

Tu único camino seguro y lo único que permitirá la restauración de tu vida, aunque ni la situación ni las personas involucradas nunca cambien, es el verdadero arrepentimiento y este debe seguir el siguiente proceso:

Eres tú el que tiene que cambiar, no tu esposa. Eres tú el que tienes que ir arrepentido, no tu esposa, eres tú el que tienes que tomar la iniciativa y actuar bíblicamente. Eres tú el que tiene que regresar con cariño, con dolor, con respeto, tú vas a ella como Dios ordena y sin esperar que ella reaccione como esperes. Puede que ella te reciba como esposo y te abrace y te bese, pero es muy difícil porque la traición fue grande. También puede que te declare lo que estás pidiendo, aunque sea ser uno de sus jornaleros. Pero tu actuación correcta no depende de lo correcta o equivocada que esté tu esposa. Nota la reacción genuina del hijo arrepentido de la parábola de Jesús:

Y cuando aún estaba lejos, lo vio su padre, y fue movido a misericordia, y corrió, y se echó sobre su cuello, y le besó....

Este padre corrió a su encuentro y amó a su hijo. El hijo regresó sinceramente arrepentido.

Y el hijo le dijo: Padre, he pecado contra el cielo y contra ti, y ya no soy digno de ser llamado tu hijo.

Tu pecado fue contra Dios y contra tu esposa y no mereces ser nuevamente el cónyuge. Debes demostrar con tus palabras, actitudes y comportamiento que quieres ganarte la confianza y seguir todas las instrucciones que procedan de un consejero. Nota que no dije todas las instrucciones que procedan de ella porque por el dolor, la inexperiencia, la inmadurez o la confusión, ella no siempre estará acertada ni demandará cosas correctas. Ella demandará que demuestres tu arrepentimiento siguiendo sus órdenes y algunas de ellas no serán racionales, bíblicas ni correctas. Tendrás que responder preguntas con sabiduría y evitar dar detalles innecesarios de lo que ocurrió en tu adulterio. Ella estará interesada en conocer aun lo que es innecesario y lo que le hará daño. Tú tienes el deber de persistir en ser humilde y mostrar tu vida como libro abierto. No debes temer al control o a que revisen tu teléfono, tus correos electrónicos, tus camisas, tus tarjetas de crédito o aun que te sigan para ver si vas a tu trabajo o si terminas a la hora que dices. Recuerda que el que nada hace nada teme y quien anda por caminos correctos puede ser investigado y seguido por los agentes más inteligentes y no encontrarán nada engañoso o pecaminoso. Tu humildad debe llevarte a no responder mal sino con corrección y respeto, pues debes vencer el mal con el bien y solo tu actuación correcta, bíblica, sabia y prudente, te dará la oportunidad de ganar la confianza nuevamente. No es fácil ni sencillo y solo los que están dispuestos a vivir en pureza y santidad, con respeto y equilibrio, con autoridad y responsabilidad, disfrutarán de la bendición divina aunque no tengan buenas reacciones de los humanos. Tu meta debe ser agradar a Dios con humildad y sencillez de corazón. Solo así tu esposa no tendrá argumento válido para rechazarte y si lo hace, será el resultado de su propia rebelión por la que será disciplinada, y no producto de tu decisión de actuar erróneamente.

Es cierto que el deber de tu esposa es obedecer al mismo Dios que tú estás obedeciendo y si lo hace será bendecida. Si siguen los pasos divinos entregados a los pecadores arrepentidos, ambos serán bendecidos. Si actúas con rebeldía y ella obedientemente, ella será bendecida. Si actúas con humildad y sumisión y ella elige la rebelión, tú recibirás la aprobación y bendición divinas, porque Dios bendice la obediencia personal y no la obediencia ajena.

La verdad es que aunque tu pecado es serio y por su gravedad produce serias consecuencias como las que estás viviendo y aun otras más graves, tu esposa también ha cometido pecados que Dios conoce y que demanda que se arrepientan y cambien radicalmente para que desarrollen ahora su relación conyugal bíblicamente. Ambos deben venir a su Padre celestial totalmente arrepentidos. Ambos deben reconocer que abandonaron la casa de su Padre y los principios y valores por Él enseñados, para vivir sus pasiones, gustos y emociones. Ambos deben volver en sí, ambos deben levantarse e ir al Padre y decirle: Padre hemos pecado contra el cielo y contra ti y no somos dignos de ser llamados tus hijos, queremos humillarnos y vivir aunque sea como uno de tus jornaleros. Si tomas la iniciativa y determinas vivir en obediencia y actuar con respeto y humildad y someterte a los principios y valores divinos, aunque en el pasado hayas elegido la maldad, y si tu esposa sigue tu ejemplo de humildad y arrepentimiento y reconoce sus propios errores y pecados, si ella te perdona genuinamente y si buscan la ayuda profesional y bíblica aconsejable y obedecen los consejos fielmente, lograrán la restauración indispensable y tendrán una relación que se caracterizará por la obediencia y la excelencia.

En cartas como estas no pretendo haber identificado exhaustivamente todos los aspectos y experiencias, así como las emociones que se experimentan y las actuaciones que se deben realizar, pero sí es mi deseo que sirvan como una guía bíblica que debe motivarle a tener más intimidad con Dios y ser más sabio en su conducta con todos los que le rodean. Nunca olvide que al adulterar todo ha sido afectado y todo merece nuestra sincera atención para evitar que se agrave la ya muy triste situación. Le amo y deseo lo mejor para usted y su familia y por ello he compartido estas cartas de amor.

Conclusión

Si al leer este libro todavía tiene preguntas, le felicito. Yo también. Si cree que me he equivocado en algunas cosas, es lógico que piense así. Todos tenemos opiniones válidas y no en todo estamos de acuerdo. Si cree que he sido muy blando, pregunte a los que creían que podían abusar de la gracia y salir libres de la disciplina divina. Si cree que he sido muy duro, pregunte a los que necesitaban una palabra de aliento y comprensión, y que vivían bajo condenación. Si cree que nadie tiene toda la verdad y que se necesita un gran equilibrio para no permitir que nos destruya el legalismo y para evitar que abusemos de la gracia, estamos de acuerdo.

No creo que exista nada más despreciable que el pecado. Por él nos divorciamos, adulteramos, mentimos, robamos dinero, maltratamos a los niños, abusamos de la autoridad, condenamos a los que fallan, tenemos relaciones sexuales antes del matrimonio, manipulamos desde los púlpitos, nos enriquecemos con el dinero de las ofrendas, nos convertimos en zares que se aprovechan de los pobres y los ingenuos, etc.

No existe nada más maravilloso y sublime que el amor divino. Dios nos inunda de su gracia y con esta nos da lo que no merecemos, nos otorga abundantemente su misericordia. No nos da lo que merecemos y nos trata inevitablemente con su justicia, y así nos da lo que merecemos. Es por su amor que existen cónyuges perdonados, y madres solteras que concibieron a sus hijos en un acto pecaminoso y que viven vidas santas y hermosas. Por su amor existen cónyuges adúlteros que no solo se arrepintieron sino que aprendieron a ser lo que Dios manda. Por su amor existen hijos pródigos amorosos y mujeres que han expulsado a sus cónyuges violentos. No existe nada más terrible que el pecado humano y nada más maravilloso que el amor divino.

Después de escribir un libro como este, si alguna vez le he ofendido o me he aprovechado de su cariño y su amor, esta es una excelente confesión. Si alguna vez le he guiado y orientado, esta obra es una excelente demostración de mi amor por Dios, el estudio de su Palabra, la iglesia y por las personas así como su restauración. Espero que comprenda mi deseo de ayudarle y que tome la determinación de ser parte de mi organización de ayuda a la familia, para que al hacer contacto conmigo, sea parte de estos recursos de ayuda y de una organización que tiene como meta orientar al pecador que amamos, y ayudar para que las personas tengan herramientas para abandonar el pecado que condenamos. Y ahora, unas sencillas conclusiones.

Ningún hombre puede hacer algo tan malo que haga que Dios le ame menos. Ni puede hacer algo tan bueno que haga que Dios le ame más. En este libro no está en duda el amor divino. Dios siempre nos ama, su amor no varía. Él es el mismo por todos los siglos. En Él no hay sombra de variación. Su amor es permanente e invariable. Cuando hacemos lo malo, Dios nos ama. Cuando hacemos lo bueno, también nos ama. Nunca deja de amarnos, solo que la manifestación de su amor es distinta dependiendo de nuestra actuación. Cuando hacemos bien nos anima y se alegra. Cuando nos equivocamos, nos exhorta y nos sigue amando. Cuando nos rebelamos, nos disciplina y nos sigue amando.

Nuestro deber como pastores, como consejeros, como miembros de las congregaciones es imitar el maravilloso amor de Dios. Debemos amar a los que pecan, a los que no les hemos descubierto su pecado, a los que pecan en aspectos poco escandalosos y hasta a los que dicen que no pecan. Debemos amar siempre. A veces recompensamos una obra bien hecha y mostramos nuestro amor con estímulos y recompensas. A veces disciplinamos una mala actuación o un acto pecaminoso expulsando a los rebeldes y restaurando a los arrepentidos; sin embargo, en todos los casos debemos actuar con amor. Ese amor que abraza, besa, acaricia, exhorta, anima, separa o expulsa y que nunca varía aunque lo manifestemos en forma distinta.

Ningún pecado está libre de consecuencias, aunque Dios perdona todos los de quienes le solicitan su perdón. Pablo les dice a los Gálatas: «No os engañéis Dios no puede ser burlado: pues todo lo que el hombre sembrare eso también segará. Porque el que siembra para su carne de la carne segará corrupción; mas el que siempre, para el Espíritu, del Espíritu segará vida eterna» (Gálatas 6.7). Todo pecado tiene consecuencias. Sea que lo notemos o no, todo pecado producirá algún resultado en nuestra vida y si usted determina evitarlos, evitará también más terribles consecuencias. A veces no notamos las consecuencias que produce un estilo de vida pecaminosa, pero eso no significa que no existan; a veces no las vemos en el momento, pero eso no significa que no vendrán.

Debe recordar que siempre que pequemos tendremos consecuencias espirituales. El pecado siempre nos quita la comunión con Dios. No podemos tener una apropiada relación de intimidad con Dios y una relación íntima con el pecado. El pecado pone una barrera entre Dios y nosotros que solo al arrepentirnos y ser perdonados por la gracia divina logramos derribar. David dice: «Porque de día y de noche se agravó sobre mí tu mano. Mi verdor se convirtió en sequedades de verano» (Salmos 32.4).

El pecado produce consecuencias emocionales. David declara que como producto de su pecado sufrió grandemente. Afirma que sus emociones fueron alteradas. Y dice: Sufrí «en mi gemir todo el día». Esto describe la angustia emocional que vivió mientras mantuvo su pecado oculto. David no es el único. Todos los que ocultan su adulterio, aunque disfruten del sexo, también están destruyendo su vida emocional. Los permanentes conflictos emocionales, el estado de estrés que produce el engaño, siempre hacen daño. Lo que comienza con enfermedades del alma, se transforma en enfermedades del cuerpo.

El pecado a veces produce consecuencias físicas. David dice en el Salmo 31: «Mientras callé envejecieron mis huesos». Esto describe su estado físico. La fractura de la intimidad con Dios, la falta de cercanía con Él le llevó a una debilidad emocional que se transformó en una vida pasional. Esa vida gobernada por pasiones afectó sus emociones y su mundo de confusión emocional tuvo efectos físicos que produjeron enfermedades. Debido a un adulterio no solo podemos destruir nuestra intimidad con el Todopoderoso, sino también con nuestro cónyuge y sufrir no solo problemas espirituales, sino también un estado estresante y depresivo permanente que afectará nuestro físico inevitablemente.

Ninguna persona llega a ser tan fuerte que se convierte en supervulnerable. Todos somos vulnerables al pecado. La mayoría de los hombres es supervulnerable a las tentaciones sexuales. Hay pecados que son veniales porque se oponen levemente a la ley o a los preceptos y son más fáciles de conquistar y vencer; además, tienen consecuencias menores. Sin embargo, otros pueden ser mortales porque igualmente afectan nuestra comunión con Dios y son difíciles de abandonar, producen consecuencias graves y pueden atraparnos en una cadena de pecados que pueden producir hasta la muerte, tal como ocurrió con David y su familia. Lanzar la piedra para condenar a la esposa adúltera mientras el marido es violento, la usa sexualmente, la insulta, la humilla, es convertirse en un fariseo hipócrita. Despreciar, maltratar o no perdonar al marido que se arrepiente de su adulterio, mientras la esposa sin tener razones bíblicas y sabias ignora, maltrata, desprecia y se niega coherentemente a tener relaciones íntimas saludables con él, mientras ella ha rechazado la intimidad por traumas o legalismos que nunca ha superado, también la convierte en pecadora. Entonces... ¿quién apedrea a quién?

La advertencia divina que dice: «El que está firme, mire que no caiga», es real. Ningún ser humano, sin importar su condición social, económica, su educación o su sexo es inmune al pecado. No importa su título, no importa la experiencia, los años de cristianismo o la educación que tengamos. Basta un momento de descuido, basta que una esposa ignore a su esposo y se niegue a tener relaciones sexuales regularmente y basta que aparezca una mujer que le agrade y que esté dispuesta a coquetear, para que aumente la vulnerabilidad y corra el peligro de caer en adulterio. Basta que un hombre sea incomprensivo y juegue con los sentimientos de su esposa, basta que la ignore y la maltrate y que otro hombre la trate con cariño y aprecio para que ella vaya haciéndose más vulnerable. Ni los carpinteros, ni los ingenieros, ni los jóvenes, ni los ancianos, ni los hombres, ni las mujeres, ni los no cristianos, ni los cristianos, ni los miembros débiles de una congregación, ni los maduros, ni los ministros estamos libres ni somos invulnerables. Es por eso que la Palabra de Dios no nos manda a enfrentar las pasiones y las tentaciones, sino a huir de ellas lo más rápido que podamos.

Cuando se trata de pecaminosidad humana, nadie está libre de culpa. No debemos preguntarnos si caeremos en pecado, sino cómo podremos fortalecernos para evitarlo y determinar nuestra estrategia bíblica para restaurar a quien peque, así como también saber la manera de restaurarnos cuando caigamos. Lanzar la piedra para condenar a la esposa adúltera mientras el marido es violento, la usa sexualmente, la insulta y la humilla, es negar su pecado personal y convertirse en un fariseo hipócrita. Despreciar, maltratar o no perdonar al marido que se arrepiente de su adulterio, mientras la esposa sin tener razones bíblicas y sabias, ignora, maltrata, desprecia y se ha negado a tener relaciones íntimas con su marido, y mientras ella ha rechazado tener intimidad por traumas o legalismos que nunca ha superado, es negar sus pecados personales y convertirse en un fariseo hipócrita. La pregunta es: ¿Nos apedreamos sin misericordia? o ¿Nos confrontamos, arrepentimos y restauramos bíblicamente?

Printed in the USA
CPSIA information can be obtained
at www.ICGtesting.com
LVHW010037031124
795532LV00002B/2

9 781602 553651